LA MISE EN ŒUVRE DU DROIT DE L'ENVIRONNEMENT AU MAROC

Logiques Juridiques

Fondée par Gérard Marcou

Dirigée par Jean-Claude Némery et Thomas Perroud

Le droit n'est pas seulement un savoir, il est d'abord un ensemble de rapports et pratiques que l'on rencontre dans presque toutes les formes de sociétés. C'est pourquoi il a toujours donné lieu à la fois à une littérature de juristes professionnels, produisant le savoir juridique, et à une littérature sur le droit, produite par des philosophes, des sociologues ou des économistes notamment.
Parce que le domaine du droit s'étend sans cesse et rend de plus en plus souvent nécessaire le recours au savoir juridique spécialisé, même dans des matières où il n'avait jadis qu'une importance secondaire, les ouvrages juridiques à caractère professionnel ou pédagogique dominent l'édition, et ils tendent à réduire la recherche en droit à sa seule dimension positive. À l'inverse de cette tendance, la collection « Logiques juridiques » des éditions L'Harmattan est ouverte à toutes les approches du droit. Tout en publiant aussi des ouvrages à vocation professionnelle ou pédagogique, elle se fixe avant tout pour but de contribuer à la publication et à la diffusion des recherches en droit, ainsi qu'au dialogue scientifique sur le droit. Comme son nom l'indique, elle se veut plurielle.

Dernières parutions

Hugues RABAULT, *La constitution financière de la France Sources fondamentales du droit des finances publiques, Seconde édition actualisée et augmentée*, 2024.
Eric FÈVRE, *Comparaison du chef de l'Etat et du chef du Gouvernement en France et en Allemagne*, 2024.
Henri BOUILLON, *Droit de la laïcité*, 2024.
Nadine NAJEM, *Théorie des intérêts moratoires*, 2024.
Caroline PELOSO, *L'autorité de la chose jugée au pénal à l'égard des décisions européennes, Essai de droit comparé franco-italien*, 2023.
Bamba Nonféni Michel ZARATIONON, *Les mesures provisoires de la CourADHD. Le contentieux du provisoire devant la Cour Africaine des droits de l'Homme et des Peuples,* 2023.

Ahmed Benattou

LA MISE EN OEUVRE DU DROIT DE L'ENVIRONNEMENT AU MAROC

Le cas de la forêt de Maâmora

L'Harmattan

5-7, rue de l'École Polytechnique, 75005 Paris
http://www.editions-harmattan.fr
ISBN : 978-2-336-47126-6
EAN : 9782336471266

DEDICACE

À ma très chère mère, qui demeure dans mon cœur comme une étoile éternelle. Ta présence aimante et tes enseignements précieux continuent d'illuminer mon chemin chaque jour. Cet ouvrage est dédié à toi, car c'est grâce à ton amour et à ton aide inestimable que je suis devenu celui que je suis aujourd'hui. Tu resteras toujours ma source d'inspiration et de force. Ta mémoire vivra à jamais dans ces pages, en témoignage de l'amour inconditionnel que nous partageons. Tu me manques infiniment.

Ton fils Ahmed.

L'homme est peut-être le seul être vivant de tout l'univers à avoir une conscience universelle - une étourdissante perception de cet immense et énigmatique tout dont nous sommes une part essentielle. Conserver le fondement de la vie sur cette planète n'est donc pas une simple responsabilité mondiale. C'est une responsabilité cosmique.

Jostein Gaarder.

TABLE DES MATIERES

INTRODUCTION GENERALE

Depuis la révision de la Constitution en 2011, le Maroc a réalisé des avancées considérables sur les plans économique et social. Ces progrès ont ouvert la voie à plusieurs chantiers essentiels pour le développement du pays. En conséquence, de nouvelles institutions constitutionnelles ont été créées, telles que le Conseil économique, social et environnemental et le Conseil de la concurrence, conformément aux dispositions de la Constitution, dans le but d'aligner le pays sur les normes internationales en matière de progrès. Cette évolution a consolidé la réputation du Maroc en tant qu'État institutionnel. De ce fait, le pays a enregistré une croissance économique relativement soutenue et une augmentation significative de sa richesse nationale.

Malgré les progrès qu'il a réalisés dans de nombreux domaines, le pays est confronté à un retard considérable en matière de protection de l'environnement, un aspect dans lequel il est nettement devancé par les pays développés.

En raison de sa situation géographique au nord-ouest de l'Afrique, le Maroc bénéficie d'une diversité de climats et d'écosystèmes d'une richesse remarquable. Cette diversité environnementale constitue une ressource précieuse sur laquelle le pays s'appuie pour développer diverses activités telles que l'agriculture, la pêche, le tourisme, l'artisanat, ainsi que l'industrie et l'exploitation minière.

Cependant, le développement économique observé au Maroc au cours des dernières décennies a eu un impact significatif sur l'état de l'environnement. Cette croissance économique a entraîné une pression accrue sur l'urbanisation, la croissance démographique et le changement climatique.

Nonobstant les progrès réalisés aux niveaux institutionnel, réglementaire et technique, ces avancées se sont révélées insuffisantes pour contenir les émissions polluantes et prévenir l'exploitation non durable des ressources naturelles. Ces activités ont un impact considérable sur la disponibilité des ressources et la qualité de vie des populations[1].

[1] 3e rapport sur l'état de l'environnement du Maroc (2015), p. 9.

Face à l'urgence inquiétante provoquée par le changement climatique, les préoccupations des gouvernements n'ont cessé de croître depuis que les spécialistes ont sonné l'alarme contre ce phénomène incontrôlable. Le point du non-retour étant plus près que jamais, ces gouvernements ont essayé de s'y adapter en prévoyant plusieurs réformes législatives dans ce sens.

Le Maroc a fixé ses objectifs en matière d'environnement dans la Constitution de 2011, et pourtant la question environnementale ne semblait pas aussi importante qu'aujourd'hui, vu la pauvre couverture qu'en faisaient les médias.

À partir de 2021, lors de la période électorale, le Maroc a semblé accorder une attention accrue à cette problématique, ce qui a incité les partis politiques à inclure des objectifs environnementaux dans leurs programmes.

En 2022, la crise du changement climatique a semblé prendre des proportions encore plus alarmantes. Cela met en évidence l'insuffisance des mesures prises pour contrer ce phénomène, soulignant ainsi la nécessité d'une coopération généralisée, impliquant les individus, les gouvernements, les entreprises et la société civile.

La sensibilisation du public à l'importance de la préservation de l'environnement, même à travers des campagnes publicitaires, est devenue une priorité absolue. Face à cette crise mondiale, le législateur a été contraint de procéder à une série d'amendements des lois et réglementations existantes, voire à l'adoption de nouvelles législations et décrets, spécifiquement adaptés aux besoins environnementaux du pays.

Le droit de l'environnement au Maroc connaît des lacunes considérables qui conduisent davantage à réfléchir plus sur son efficience que sur son contenu. Si l'on prend en compte le nombre de lois qui sont déjà dans son droit, force est de constater que le droit de l'environnement marocain est plausiblement un des domaines dans lesquels les textes se sont le plus multipliés en restant largement inefficients, non pas par manque ou absence de règles, mais plutôt par mauvais vouloir systématique de les appliquer.

Dans le cadre de la recherche scientifique dans le domaine juridique, plusieurs auteurs ont traité différents sujets relevant du droit de l'environnement, notamment « Du droit de l'eau au droit à l'eau, au Maroc et ailleurs », de *Houria TAZI SADEQ* ; « La protection de l'environnement au Maroc entre le droit et la pratique », de *Yahia BENNANI* ; « La mise en œuvre du principe de précaution : une étude du droit marocain à la lumière du droit international du droit commun et du droit français », de *Mohamed HAMOUDANI* ; « Les barrages et l'environnement au Maroc : Aspects juridiques », de *Souad LOULIDI* ; « L'urbanisme et l'environnement en droit marocain : la difficile conciliation », de *Mustapha Said BRIOU* ; ou encore « La construction durable : étude juridique comparative Maroc/France », de *Khadija BOUROUBAT*.

Nous démontrerons progressivement l'importance de réguler les actions des individus, des grandes entreprises, des coopératives et des collectivités locales envers l'environnement. De même, nous soulignerons l'importance de réglementer le secteur forestier afin de donner une légitimité aux sanctions pouvant être appliquées en cas de non-respect de la législation environnementale.

En d'autres termes, il est essentiel que les actions des individus et des grands acteurs soient modérées, que les problèmes liés au climat soient significativement réduits et que l'économie du pays s'oriente vers une véritable protection de l'environnement, y compris des ressources forestières qui représentent une richesse nationale inestimable.

Le domaine juridique constitue un terrain fertile pour la recherche scientifique, que ce soit le droit public ou bien le droit privé. Cette activité scientifique est un travail riche et prometteur, mais elle est en même temps un facteur essentiel et déterminant qui contribue au développement de la société et renforce les relations internes et externes de celle-ci. Par ailleurs, à notre époque contemporaine, la recherche scientifique œuvre pour un objectif plus noble, qui est de renforcer et de soutenir l'État de droit.

Dans cette perspective, les facultés de droit du Royaume, à l'instar de nombreuses institutions similaires à travers le monde, ont diversifié leurs programmes en intégrant différentes filières juridiques. Cette diversification a donné lieu à l'émergence de nouveaux axes de recherche, qu'ils soient de nature théorique, scientifique ou pratique, aussi bien en droit interne qu'en droit international. Les domaines d'intervention de ces filières s'étendent du cadre familial restreint à la sphère de la société internationale, ce qui favorise le recours au droit comparé et facilite les échanges culturels, idéologiques et juridiques dans tous les aspects de la vie.

Il est également essentiel de promouvoir la culture juridique parmi les citoyens marocains et de renforcer leurs liens avec les institutions de l'État en définissant clairement leurs droits et obligations. Ainsi, ensemble, les citoyens vont pouvoir contribuer activement au service de leur pays, tout en respectant les valeurs nationales durables et éternelles du Maroc, symbolisées par la devise « Dieu, la patrie, le Roi ».

C'est avec cette conviction scientifique que nous avons entamé notre exploration du droit de l'environnement au Maroc, en choisissant comme sujet d'étude « la mise en œuvre du droit de l'environnement au Maroc, le cas de la forêt de Maâmora ».

Je soutiens que notre intérêt pour le domaine du droit de l'environnement au Maroc a été suscité par une combinaison de facteurs objectifs et subjectifs. C'est cette convergence d'éléments qui nous a motivés à nous engager dans la recherche dans ce domaine aux contours encore flous, mais tout aussi fascinants.

De nombreux sujets portant sur l'environnement, la forêt et le droit ont déjà été abordés séparément par divers organismes à vocation scientifique, tels que les facultés des sciences, l'École nationale forestière d'ingénieurs (ENFI), les départements de géographie des facultés des lettres et des sciences humaines, ainsi que les facultés des sciences juridiques, économiques et sociales. Cette diversité d'approches confirme le caractère pluridisciplinaire du thème du droit de l'environnement, ce qui explique la multiplicité des perspectives qui en découlent.

En effet, les études et les recherches sur lesquelles nous nous sommes appuyés lors de la collecte des informations nécessaires au développement de ce travail de recherche nous ont permis de découvrir différentes approches du droit de l'environnement, chacune présentant ses propres spécificités.

À travers l'étude de ces différentes approches, plusieurs méthodes analytiques se sont présentées à nous, et nous avons jugé opportun de nous en inspirer. C'est pourquoi nous avons estimé important de mentionner quelques méthodes qui pourraient être utiles dans l'élaboration de ce travail.

En ce faisant, nous souhaitons présenter un aperçu sur quelques approches relatives à l'environnement pour que la nôtre, qui est de nature juridique, puisse avoir une justification et une légitimité académiques bien claires.

Dans ce cadre, la question centrale de notre recherche peut être formulée de la manière suivante :

Dans un contexte environnemental chamboulé, caractérisé par un changement climatique accru à travers le monde, dans quelle mesure le

Maroc compte-t-il mettre à profit les textes législatifs et réglementaires dont il dispose pour protéger l'environnement et préserver ses ressources forestières ?

Au cours de l'élaboration de ce travail, les questions qui nous ont interpellés sont les suivantes :

- La mise en application de ce droit pose la question de savoir si de simples lois suffisent pour le garantir, ou faudrait-il l'inscrire dans les constitutions des États ?
- Quelles sont les bases du droit de l'environnement ?
- Pourquoi donc est-il si important d'avoir une législation entièrement consacrée à l'environnement ?
- Comment le Maroc procède-t-il à la mise en œuvre des lois relatives à l'environnement dont il dispose ? Quelle est sa place sur la scène internationale en matière d'environnement ? Dispose-t-il de lois environnementales aptes à protéger son environnement ? qu'en est-il de leur application effective par les parties concernées ?
- Quels sont les problèmes qui freinent le processus législatif en matière d'environnement ? Et quel est l'objectif que le Maroc doit se fixer pour remédier à ces lacunes ?
- Quelle est l'utilité de la codification et quels sont ses avantages par rapport à une loi ordinaire ?
- Peut-on appliquer le principe de la responsabilité civile délictuelle ou contractuelle lorsque le préjudice porte atteinte à l'environnement ?
- Comment pourrait-on déterminer les responsabilités individuelles et collectives pour la réparation de ces dommages ?
- Comment les dommages apportés à l'environnement peuvent-ils être calculés ? Et quels sont les organismes censés percevoir ces dommages et intérêts ?
- Compte tenu de la pluralité des parties intervenant dans le secteur de l'environnement, serait-il possible de déterminer une seule partie responsable de l'exécution des lois en matière d'environnement ?
- Dans quelle mesure une éducation environnementale rendrait-elle n'importe quel citoyen conscient de l'état critique de l'environnement ?
- Quel est le régime juridique applicable aux forêts marocaines ? Et quelles sont ses particularités ?
- Quelle est l'institution étatique responsable de la gestion de la forêt de Maâmora et quelles sont ses missions ?
- Quelle est la limite des droits d'usage accordés à la population de cette forêt ? Et à quel point s'étend le pouvoir de l'État en ce qui concerne le territoire forestier ?

- Quels sont les problèmes auxquels la forêt se heurte ? Et à quel point constituent-ils un obstacle à la protection de cet écosystème ?
- Est-il envisageable que les entreprises respectent l'environnement tout en poursuivant leur croissance économique ?

Bien que la problématique centrale de cet ouvrage soit de nature juridique, nous avons indéniablement eu besoin de consulter des documents à caractère géographique et scientifique afin de faire le lien entre la réalité et la mise en pratique des lois relatives à l'environnement, en sélectionnant la forêt de Maâmora comme exemple concret.

Aussi compliqué que ce sujet puisse paraître, notre envie de trouver des solutions juridiques est sûre et honnête. Dans ce travail, nous avons essayé de proposer quelques solutions qui pourraient probablement renforcer et améliorer, dans les années à venir, la protection du domaine forestier et de l'environnement de manière globale.

Pour explorer la problématique centrale de cet ouvrage, nous avons adopté une approche basée sur deux méthodologies complémentaires. Dans un premier temps, nous avons choisi d'appliquer une méthode descriptive et analytique, permettant une identification approfondie du sujet sur les plans linguistique, historique et juridique. Cette démarche a également permis de mettre en lumière les fondements du droit de l'environnement dans son contexte juridique et économique. Par la suite, nous avons opté pour la méthode comparative pour établir des comparaisons entre les lois en vigueur au Maroc et les législations étrangères, dans le but de présenter une représentation précise du droit de l'environnement et de son cadre juridique au Maroc.

En raison de la complexité et de la densité de la matière, ainsi que de la diversité des sources du droit de l'environnement, nous avons commencé l'instauration de notre démarche par une introduction générale du sujet. Cette introduction comprend une présentation des principaux thèmes de ce travail, tout en définissant le cadre historique, géographique et législatif du domaine forestier en général, avec une attention particulière portée à la forêt de Maâmora.

Ce travail comprend deux grandes parties, avec chacune cinq chapitres. Dans la première partie, nous avons tout d'abord donné une définition du droit de l'environnement (**chapitre 1**) en sa qualité de matière pluridisciplinaire, avant d'entamer une analyse juridique du sujet à travers la problématique de sa mise en œuvre (**chapitre 2**), la responsabilité environnementale traitant du dommage écologique (**chapitre 3**), la problématique liée à l'existence d'un véritable droit pénal de l'environnement (**chapitre 4)** ainsi que l'éducation environnementale (**chapitre 5**).

Dans la deuxième partie, nous nous sommes concentrés sur la forêt de Maâmora qui est un abri social et une source de richesse économique inestimable, en lui donnant une définition large et en mettant l'accent sur les différentes causes de sa dégradation (**chapitre 1**). Ensuite, nous avons traité du transfert de gestion des ressources forestières comme moyen de lutte contre les menaces qui guettent ces ressources (**chapitre 2**). Puis, nous avons fait une analyse du régime juridique de la forêt qui détermine la relation entre l'administration forestière et les populations, à travers les droits d'usage que ce régime confère à ces dernières afin de délimiter leur champ d'exploitation des ressources de ladite forêt (**chapitre 3**), ainsi que les règles de domanialité pour contrer les accaparements privatifs (**chapitre 4**). Enfin, nous avons traité du développement durable que chaque entreprise doit fixer dans sa politique de gestion, ainsi que de la difficulté à laquelle elle fait face, celle de maintenir l'équilibre entre la réalisation du profit et la protection de l'environnement (**chapitre 5**).

PARTIE I

DROIT DE L'ENVIRONNEMENT

ANALYSE JURIDIQUE

PARTIE I : DROIT DE L'ENVIRONNEMENT ANALYSE JURIDIQUE

Le droit de l'environnement est un concept relativement récent qui prône la protection et la préservation de la nature, et qui vise l'aménagement de l'espace rural, de l'espace urbain et du patrimoine culturel. Il s'agit d'une discipline qui a fait l'objet de plusieurs études, thèses, mémoires et articles. Ce sujet traite de la sociologie, de la géographie et du droit de l'environnement qui est lui-même pluridisciplinaire.

Certains auteurs se sont intéressés aux premiers, alors que d'autres se sont concentrés sur l'aspect environnemental, que ce soit d'un point de vue scientifique, sociologique ou juridique. Cependant, la naissance d'un droit de l'environnement a un contexte bien particulier, dont les origines ont un caractère international.

L'importance de ce droit réside dans le fait qu'il concerne tous les individus, abstraction faite de leur race, religion, orientation politique ou statut. Même une figure religieuse comme le pape François, dans son discours à l'Assemblée générale des Nations unies à New York, le 25 septembre 2015, a adressé un message écologique[1] en déclarant ce qui suit :

> « Il existe aujourd'hui un vrai droit de l'environnement, parce que les êtres humains font partie de l'environnement et parce que chacune des créatures a une valeur d'interdépendance avec les autres créatures ; tout dommage à l'environnement est un affront pour l'humanité *!*[2] ».

Lutter pour la protection de l'environnement est une cause à vocation universelle, dont le but est de préserver le foyer principal de l'être humain. La conquête de l'espace et la colonisation d'autres planètes à la recherche d'un nouveau foyer relèvent, pour l'instant, de la science-fiction, un fantasme qui anime chercheurs et scientifiques. L'important dans l'instant présent est de préserver notre planète tant qu'il n'est pas encore trop tard.

---

[1] www.vaticannews.va, *six ans après Laudato Si', l'appel du pape à l'écologie intégrale reste* urgent.

[2] Michel PRIEUR, *Les progrès du droit de l'environnement, Lavoisier, Revue juridique de l'environnement*, 2021/4, vol. 46, p. 688.

La protection et la préservation de l'environnement peuvent être faites de plusieurs manières et le droit en est bien entendu une.

Dans cette partie, nous avons consacré le premier chapitre à une introduction générale au droit de l'environnement pour donner une idée générale sur cette discipline juridique encore jeune, avant d'entamer la mise en œuvre de ce droit dans un deuxième chapitre. Ensuite, la responsabilité environnementale qui pose de sérieuses questions juridiques fera l'objet d'un troisième chapitre. Le quatrième chapitre portera sur le droit pénal environnemental et la problématique de son existence. Enfin, le cinquième chapitre est consacré à l'éducation environnementale qui constitue une étape préalable et un atout inestimable pour procéder à la mise en œuvre du droit de l'environnement.

CHAPITRE 1 : INTRODUCTION GENERALE AU DROIT DE L'ENVIRONNEMENT

Avec les ravages qu'a connus la nature, aussi bien la vie des êtres vivants et des écosystèmes que les ressources naturelles ont subi une dégradation importante qui a altéré notre environnement. La taille de la population mondiale a connu une augmentation exponentielle, donnant lieu à une explosion démographique sans précédent, notamment grâce au progrès scientifique en médecine.

L'obsession de l'Homme à notre époque est telle qu'il veut plus de terre, plus d'eau, etc. Les forêts ont besoin d'être défrichées pour la plantation de plus de récoltes afin d'offrir aux animaux un lieu de pâturage, et de fournir aux hommes plus de bois et d'autres matières premières.

La technologie et l'industrie sont à blâmer aussi, parce que bien qu'elles assouvissent les besoins de l'Homme, elles font plus de tort que de bien. Les véhicules, les déchets toxiques et les émissions de carbone sont autant de facteurs qui libèrent des toxines dans l'atmosphère et favorisent la pollution de l'air, et sont par ricochet la cause du réchauffement climatique[1].

L'approvisionnement de la terre n'étant pas infini, l'Homme utilise les ressources naturelles rapidement dans une course effrénée vers le profit, jusqu'à épuisement. Effectivement, la terre souffre d'une pénurie de plusieurs ressources naturelles inhérentes à la continuité de la vie sur terre, notamment l'eau. Par ailleurs, le monde a déjà perdu 80 % de ses forêts et il continue d'en perdre tous les jours. Le grand feu qui a embrasé la forêt de l'Amazonie fin août 2019 et celui qui a eu lieu en Australie, en sont des illustrations frappantes[2].

Au rythme actuel de la déforestation, 5 à 10 % des espèces qui vivent dans les forêts tropicales disparaissent chaque décennie. L'Homme utilise jusqu'à 50 % plus de ressources naturelles que la terre ne peut fournir. D'après les statistiques, l'être humain a besoin d'une autre

---

[1] Le Maroc a établi un plan national à l'horizon 2030 dans lequel il réitère sa volonté de renforcer son cadre juridique de lutte contre les changements climatiques, notamment en parachevant le cadre réglementaire de protection de la biodiversité et en renforçant le contrôle et les sanctions.

[2] La période 2019-2020, en raison des méga-incendies, a été baptisée par les Australiens « Black Summer ».

Terre pour subvenir à ses besoins actuels, ce qui est loin de se concrétiser.

Actuellement, le droit de l'environnement fait l'objet d'une actualité virulente à travers le globe. Les enjeux environnementaux suscitent l'intérêt aussi bien des citoyens que des associations, puisque, actuellement, l'environnement est sujet à une détérioration sans précédent.

Ce domaine connaît des violations de toutes sortes dont les répercussions sont assez nocives pour menacer la vie sur terre. Des incendies de forêt dans beaucoup de régions forestières brûlent des milliers d'hectares, des abus du domaine public maritime, dont le littoral, par une poignée d'individus profitant de la négligence des autorités et du vide juridique, la faune et la flore sont attaquées et dévastées, des déchets de tout genre se profilent et des constructions anarchiques se multiplient.

La détérioration de l'environnement est devenue un problème international. Il n'est plus question de frontières entre États puisque l'environnement ne se limite pas à un périmètre déterminé. Ainsi, sa détérioration dans un pays donné peut avoir des répercussions négatives sur d'autres pays. Une catastrophe environnementale dans un certain pays est susceptible d'évoluer, engendrant des conséquences qui pourraient concerner le monde entier. Les territoires ne sont liés entre eux que physiquement, tandis que les frontières ne sont qu'imaginaires et répondent à des critères purement politiques.

Il convient alors de mettre la lumière sur quelques définitions fiables, différentes les unes des autres certes, mais qui donnent plus de clarté à cette notion aux contours encore flous, et qui, en même temps, divisent chercheurs et penseurs.

Section 1 : Définition du droit de l'environnement

Avant de définir le droit de l'environnement, il est important de définir d'abord ce qu'est l'environnement. Au Maroc, la *loi n° 11.03* relative à la protection et à la mise en valeur de l'environnement définit l'environnement dans son article 3 comme « l'ensemble des éléments naturels et des établissements humains ainsi que les facteurs économiques, sociaux et culturels favorisant l'existence et le développement des organismes vivants et des activités humaines ». L'environnement est le sujet de maintes préoccupations, ce qui fait qu'il est l'objet de différentes études et théories entamées par plusieurs disciplines, dont le droit.

Étant encore en pleine évolution, le droit de l'environnement a été défini de différentes manières par différents auteurs spécialistes en la matière.

Le droit de l'environnement est, selon *Jacqueline MORAND-DEVILLER*, un droit du vivant puisqu'il redéfinit la relation homme-nature et va au-delà du droit « à » un environnement, en démontrant que l'homme n'est plus le centre de toutes les préoccupations (*anthropocentrisme*), mais également la nature sans laquelle ce dernier ne peut perdurer[1].

Pour *Maurice KAMTO*, le droit de l'environnement est un ensemble de règles juridiques dont le but est la limitation, voire même la suppression de toute atteinte à l'environnement[2]. Il ne s'agit pas d'une simple branche du droit comme c'est le cas du droit civil, du droit pénal, etc., mais il doit être considéré comme un droit *total*, *un ordre juridique complet* qui emprunte au droit international et transcende les ordres juridiques nationaux[3].

Le droit de l'environnement ne constituait pas une catégorie juridique à part. On en trouve seulement dans les grandes branches du Droit (public ou privé). Cependant, la possibilité de quelques chevauchements avec d'autres disciplines juridiques plus anciennes n'est pas nulle.

Effectivement, le droit de l'environnement, en dépit de ses particularités, doit nouer le dialogue avec les disciplines juridiques qui l'ont précédé, dans la mesure où elles disposent de théories poussées, susceptibles de lui apporter de nouveaux éléments. En plus de la dimension juridique, il est largement tributaire des sciences et de la technologie, ce qui fait qu'il doit en emprunter le vocabulaire et quelques notions pour pouvoir s'enrichir, et apporter des solutions juridiques aux problèmes posés[4].

---

[1] Jacqueline MORAND-DEVILLER, *Le droit de l'environnement*, éditions que sais-je, p. 3.

[2] Maurice KAMTO, *Droit de l'environnement en Afrique*, éditions Edicef, 1996, p. 20.

[3] Maeao J. MARGARINO DE MELLE, *The role of law in the problems of environment and development : Necessary transformations in* policy on environment and development, Uruguay, in the Rio World Conference, Editor : The author, Montevideo, 1992 (version dactyl. P. 13).

[4] Maurice KAMTO, op. cit, p. 21.

En 1992, la réunion des États lors du sommet de la terre de Rio de Janeiro a appuyé le caractère universel des principes du droit de l'environnement, principes issus de plusieurs conventions internationales[i]. En plus, c'est une discipline qui a une vocation universelle, et ceci est plus apparent dans ses principes et ses objectifs, puisqu'elle concerne l'humanité tout entière. Par ailleurs, y renoncer revient à renoncer à une vie saine, salubre et stable, comme énoncé dans la Déclaration universelle des droits de l'homme.

Le droit de l'environnement a redéfini le rapport de l'homme avec la nature et a rendu son importance à cette dernière en requérant sa prévention et sa protection. En effet, il est stipulé dans la Charte des droits de l'homme ainsi que dans le Pacte international relatif aux droits civils et politiques, que tout homme a le droit de vivre avec dignité. Ce qui comporte, entre autres, le droit de vivre dans un milieu sain. Dans ce cas, le lien entre l'environnement, le droit et la société est apparent, et l'un débouche sur l'autre.

Suivant le domaine dans lequel il intervient, le droit de l'environnement ne peut être dissocié des études en biologie, physique, chimie, géographie, sociologie, économie, etc. En plus, il réconcilie plusieurs disciplines juridiques issues et du droit public et du droit privé.

Autrefois, ce droit était rattaché à l'administration, mais aujourd'hui, même les entreprises sont concernées et sont tenues de lui accorder plus d'attention. En effet, certaines entreprises essaient de se comporter avec responsabilité, en intégrant dans la conduite de leurs activités des préoccupations d'ordre environnemental, social et sociétal[1]. Par ailleurs, ce droit est connu pour avoir engendré ce que *Jacqueline MORAND-DEVILLER* a appelé les *trois piliers*, à savoir le développement économique, l'environnement et la protection sociale[2].

D'un autre côté, certains auteurs[3] soutiennent que le droit de l'environnement est un privilège des pays riches, réservé uniquement aux nations développées. Dans ce contexte, les pays en développement seraient davantage des victimes que des bénéficiaires. En instaurant un droit de l'environnement, ces derniers verraient leur progression freinée

---

1 Jean-Pascal GOND et Jacques IGALENS, *La responsabilité sociale de l'entreprise*, éditions que sais-je, p.122.

2 Jacqueline MORAND-DEVILLER, *Le droit de l'environnement*, Éditions Que sais-je, p. 4.

3 François EWALD, *Le droit de l'environnement : un droit de riches*, Éditions Le Seuil, p. 15.

par les pays développés, qui imposeraient des règles à leur avantage afin de maintenir leur supériorité technologique face aux pays pauvres. Selon cette perspective, les pays en développement sont désavantagés dès le départ.

Cet argument est contesté par *J. MORAND-DEVILLER* pour qui, la croissance des pays sous-développés repose également sur le développement durable et la protection des ressources naturelles, principes propres au droit de l'environnement, abstraction faite des consignes à caractère obligatoire dictées par les pays développés.

I— Le lien entre « droit » et « environnement » :

Ce concept est composé de deux notions qui, à première vue, peuvent paraître complètement dissociées. Il s'agit du *droit* et de l'*environnement*. Le droit se rapporte à l'ensemble des règles juridiques qui régissent les rapports entre les individus et entre ceux-ci et l'État, afin d'organiser la vie en société, sachant qu'il s'agit d'une science qui intervient dans presque n'importe quel domaine pour en réguler le fonctionnement.

Selon *Eric NAIM-GESBERT*, la nature profonde du droit de l'environnement et sa raison d'être en font un droit qui doit s'adapter à la réalité d'une société. Même si le droit peut être considéré comme une fiction détachée des faits, le droit de l'environnement finit par s'adapter au donné environnemental afin de remplir sa fonction normative, qui n'est autre que la protection de l'environnement. Par conséquent, le réel et le droit deviennent deux éléments qui se complètent grâce aux mots et concepts, aux valeurs sociétales et aux catégories juridiques qui font que le régime juridique est applicable à un objet donné[1].

Quant à l'environnement, il fait référence à l'espace ou à l'écologie. Mais puisque cette notion d'environnement a été élargie au point d'atteindre la sphère sociale, son lien avec le droit a été bel et bien établi. Par ailleurs, le territoire, qui est aussi un environnement, est l'une des composantes majeures qui font de l'État ce qu'il est.

En plus de l'environnement, il y a l'environné, c'est-à-dire celui qui se trouve au milieu ou entouré par ledit environnement. Qui est donc l'environné ? S'agit-il uniquement de l'être humain ? L'environnement ne mérite-t-il d'être protégé que s'il répond aux besoins de l'Homme ?

---

[1] Adeline MEYNIER, *La notion de mouvement en droit de l'environnement*, Revue juridique de l'environnement, 2016/3 (vol 41), pp. 425 et 426.

Le Robert[1] fournit une définition selon laquelle l'environnement est l'« ensemble des conditions naturelles (physiques, chimiques, biologiques) et culturelles (sociologiques) dans lesquelles les organismes vivants (en particulier l'homme) se développent ». Le Robert précise clairement que tous les organismes vivants sont concernés par leur environnement et pas uniquement l'Homme. Ce dernier est un des éléments qui constituent l'écosystème planétaire, et devrait, à cet effet, être placé sur le même plan que les autres êtres vivants.

Cette affirmation contredit la définition anthropocentrique fournie par la Cour internationale de justice, qui considère l'environnement non pas comme une abstraction, mais comme l'espace dans lequel vivent les êtres humains, sur lequel repose la qualité de leur vie et leur santé, et ce, également pour les générations futures[2].

Cette définition de l'environnement est teintée d'utilitarisme, dans la mesure où c'est parce qu'il est utile à l'Homme et à la qualité de sa vie qu'on doit le protéger.

L'environnement qui doit donc être protégé est autant celui des Hommes que celui des autres espèces. Certains textes attestent que l'environnement ou la nature ont une valeur intrinsèque qui leur confère le droit d'être traités indépendamment de l'être humain. D'ailleurs, c'est ce qui ressort de la Charte mondiale[3] de la nature selon laquelle « toute forme de vie est unique et mérite d'être respectée, quelle que soit son utilité pour l'Homme ».

Cet argument n'a pas encore assez de partisans, d'autant plus que les conséquences juridiques et politiques ne sont pas encore palpables. Dissocier la nature ou l'environnement de l'Homme revient à leur reconnaître des droits identiques à ceux dont bénéficie ce dernier. Par exemple : il est inconcevable de reconnaître à un arbre victime d'un incendie le droit d'ester en justice et de poursuivre le pyromane devant le tribunal. Premièrement, parce qu'il s'agit d'une espèce qui n'est pas douée de raison et est privée de parole, et deuxièmement, parce qu'elle

---

[1] Le Robert, Dictionnaire français, Édition 2018.

[2] Jean-Marc FEVRIER, *Remarques critiques sur le développement durable*, Environnement, 2007, Études n° 2.

[3] Résolution 37/7 de l'Assemblée générale des Nations unies, proclamée le 28 octobre 1982, soit 10 ans avant la conférence de Rio et 10 ans après la convention de Stockholm.

est inanimée, donc elle est dans l'incapacité de se déplacer pour se plaindre.

II— Les droits de l'Homme et le droit à l'environnement :

Les droits de l'Homme et le droit de l'environnement se ressemblent beaucoup par un aspect bien précis : tous deux reposent sur des valeurs et des principes universels communs à l'humanité tout entière. Par ailleurs, la protection de l'environnement, dont dépend la survie de l'humanité, constitue également un défi de taille aussi bien physique qu'économique.

Toutefois, cette protection nécessite une réglementation juridique, puisque celle-ci peut apporter des réponses à toute question d'ordre sociopolitique[1]. Mais ceci fera l'objet d'une partie qui sera développée ultérieurement.

Sous l'égide des Nations unies lors du sommet de Stockholm en 1972, les principes du droit de l'environnement ont été formulés, rappelés, précisés dans des conférences internationales[2], réunissant plusieurs États préoccupés par la question de l'environnement. Les droits de l'Homme allaient déboucher sur un droit de l'Homme à l'environnement[ii], allant jusqu'à influencer nombre de pays à travers le monde. Aujourd'hui, le droit à l'environnement fait partie intégrante du droit dit *naturel*, proclamé par un appareil puissant qui n'est autre que l'État.

– Les droits de l'homme, premier pas vers un droit à l'environnement :

Au fil du temps, un consensus à propos de la nécessité d'adopter un programme universel a progressivement vu le jour. Ce sont les mêmes problèmes, partout dans le monde, qui ébranlent l'humanité. Les enjeux contemporains défient les frontières et laissent place à la misère et à l'exclusion dans les pays pauvres, comme dans les pays riches[3].

---

[1] Michael BOTHE, *La construction d'un droit de l'environnement*, Revue juridique du droit de l'environnement, 2000, n° 2, p. 152.

[2] François EWALD, op. cit, p. 13.

[3] Assemblée générale des Nations unies, soixante-neuvième session, La dignité pour tous d'ici à 2030 : éliminer la pauvreté, transformer nos vies et protéger la planète, Rapport de synthèse du Secrétaire général sur le programme de développement durable pour l'après-2015, p. 12.

Le premier principe de la Déclaration de Stockholm déclare que « l'homme a un droit fondamental à la liberté, à l'égalité et à des conditions de vie satisfaisantes, dans un environnement dont la qualité lui permet de vivre dans la dignité et le bien-être ».

Plus de précisions quant à ce droit ont été apportées par le protocole additionnel à la Convention américaine[1] relative aux droits de l'homme, traitant des droits économiques, sociaux et culturels. Ce protocole proclame que « toute personne a le droit de vivre dans un environnement salubre et de bénéficier des équipements collectifs essentiels ». Il est également stipulé que « les États parties encouragent la protection, la préservation et l'amélioration de l'environnement[2] ».

L'article 24 de la Charte africaine des droits de l'Homme et des peuples mentionne que « tous les peuples ont droit à un environnement satisfaisant et global, propice à leur développement ».

Au niveau européen, à l'occasion d'une conférence organisée à Strasbourg en 1970, le Conseil de l'Europe avait proposé l'élaboration d'un protocole à la Convention européenne des droits de l'homme afin de garantir à chacun le droit de jouir d'un environnement sain et non détérioré. Cette proposition n'ayant pas abouti, la Cour de cassation française a reconnu en 1991 que la protection de l'environnement est d'une nécessité grave et qu'elle relève de l'intérêt général[3].

En 1970, les pays communistes ont exprimé leur volonté d'intégrer le nouveau Droit de l'Homme dans leur Constitution. Les démocraties occidentales ont suivi le même mouvement dès 1989. Des pays comme la Grèce, le Portugal et la Belgique ont reconnu qu'il revient à l'État de prendre des mesures adéquates, préventives ou répressives, afin de conserver aussi bien l'environnement naturel que culturel, et que chaque citoyen a droit à un environnement sain et écologiquement équilibré en tant que chose commune au peuple. En 1995, les deux tiers de l'Union européenne avaient donné une valeur constitutionnelle à l'environnement[4].

Il n'est donc pas anodin de rappeler que la naissance du droit de l'environnement revient à des efforts émis au niveau international, et ce n'est qu'après l'organisation de plusieurs sommets et accords entre

---

[1] Convention américaine relative aux droits de l'homme adoptée à San Salvador le 17 novembre 1988.

[2] Article 11 du protocole additionnel à la Convention américaine relative aux droits de l'homme.

[3] Pine Valley Developments, 29 November 1991, A, n° 222.

[4] Michel PRIEUR, *Droit de l'environnement*, Dalloz, 4e édition, pp. 55-58.

États que ses contours ont commencé à se dessiner au niveau national. En outre, on peut déduire que le droit de l'environnement n'est pas un droit qui permet à un individu de jouir de son environnement librement (comme c'est le cas de la propriété), mais il s'agit d'un ensemble d'outils juridiques qui permettent à chacun de jouir de son environnement tout en ayant le devoir de le préserver et de le protéger, ainsi que de procédures assurant cette protection.

Au Maroc, *la loi-cadre n° 99.12* portant charte nationale de l'environnement et du développement durable[1] soutient également le même principe dans son article 3 :

> « Tout citoyen et citoyenne a le droit de vivre et d'évoluer dans un environnement sain et de qualité qui favorise la préservation de la santé, l'épanouissement culturel et l'utilisation durable du patrimoine et des ressources qui y sont disponibles ; d'accéder à l'information environnementale fiable et pertinente et de participer au processus de prise des décisions susceptibles d'avoir un impact sur l'environnement ».

Pour mener une vie saine, l'Homme a l'obligation de protéger et de prendre soin de son environnement. La naissance du droit de l'environnement constitue un prolongement direct des droits de l'homme, l'environnement et l'être humain étant profondément interdépendants[2].

– Le droit à l'environnement, prolongement des droits de l'homme :

L'environnement est un espace divisé en écosystèmes où des êtres vivants vivent en harmonie. Cet espace peut être décliné par des éléments comme l'air, l'eau et le sol. Bien entendu, ces éléments sont sujets à des influences extrinsèques qui peuvent modifier leur état, voire même causer sa décadence.

Comme cet espace peut connaître des changements avec le temps, l'être humain aussi peut changer, évoluer et disparaître avec le temps. Toutefois, les générations futures vont prendre place dans ce même environnement qui aura subi des influences, causées par les générations précédentes, aussi bien positives que négatives.

Évidemment, ces générations aussi ont besoin d'un environnement sain et stable, comme elles ont droit d'y vivre à l'instar de celles qui les

---

[1] Promulguée le 6 mars 2014 et publiée au bulletin officiel le 20 mars 2014.

[2] Rapport de la Mongolie, Communiqué de presse DH/268, Droits de l'Homme : le Comité des Nations-Unies entame l'examen du, 22 mars 2000.

ont précédées. C'est de cette idée que découle le concept de droit à l'environnement. Par conséquent, « il est du devoir de tout un chacun de veiller à la sauvegarde de l'environnement et de contribuer à sa protection[1] ».

La reconnaissance de la nécessité de sauvegarder l'environnement permet d'affirmer que ce concept est d'intérêt général, conforté par une forte dimension internationale. Cependant, bien que théoriquement, le droit à l'environnement soit reconnu comme un droit légitime à tout homme et extrêmement inhérent à notre époque, son application dans la réalité en est une autre histoire. En effet, reconnaître un droit à l'environnement demeure difficile et fait face à plusieurs difficultés au niveau national comme au niveau international[2].

Cependant, la mise en œuvre de ce droit pose la question de savoir si de simples lois suffisent pour le garantir ou faudrait-il l'inscrire dans les constitutions des États ?

Selon *Alexandre CH. KISS*, l'inscription du droit à l'environnement dans les constitutions peut se faire en deux étapes.

Premièrement, en introduisant une disposition garantissant ce droit dans le corps même de la Constitution comme, par exemple, dans son préambule.

Deuxièmement, grâce à cette disposition qui deviendra une norme constitutionnelle, les organes de l'État seront invités à protéger le droit à l'environnement.

L'inscription de ce droit dans les constitutions donnerait d'abord sa valeur à la protection de l'environnement en créant une obligation morale pour le législateur, ce qui va au-delà du caractère social de ce droit. Elle permettrait ensuite de mettre la protection de l'environnement et d'autres intérêts nationaux, notamment les intérêts économiques, sur le même pied d'égalité.

Enfin, elle permettrait de pallier les lacunes de la législation dédiée à la protection de l'environnement, tout comme elle atténuerait l'impact des retards de la législation ou des mesures administratives par rapport aux besoins réels et immédiats[3].

---

[1] Jean UNTERMAIER, *Droit de l'Homme à l'environnement, droit individuel ou collectif. Droit pour l'individu ou obligation pour l'État*, RJE, 1978, pp. 329 et 367.
[2] Frederic OGE, *Introduction aux concepts et principes du droit de l'environnement*, 2014, p. 5.
[3] Kiss ALEXANDRE, *Peut-on définir le droit de l'homme à l'environnement ?*, Revue juridique de l'environnement, n° 1, 1976, pp. 15 et 16.

Le Maroc fait partie des États qui ont adopté cette approche en intégrant dans sa Constitution des dispositions relatives au droit de l'Homme à un environnement sain. La constitution marocaine a connu d'éminentes avancées en rendant constitutionnels les droits fondamentaux et les libertés des citoyennes et des citoyens.

L'article 19 de la constitution marocaine de **2011** dispose que :

« L'homme et la femme jouissent, à égalité, des droits et libertés à caractère civil, politique, économique, social, culturel et environnemental énoncés dans le présent titre et dans les autres dispositions de la constitution, ainsi que dans les conventions et pactes internationaux dûment ratifiés par le Maroc… ».

L'article 31 ajoute que :

« L'État, les établissements publics et les collectivités territoriales œuvrent à la mobilisation de tous les moyens disponibles pour faciliter l'égal accès des citoyennes et des citoyens aux conditions leur permettant de jouir du droit… à l'accès à l'eau et à un environnement_sain… ».

Cette norme constitutionnelle a été respectée par le législateur marocain, qui prévoit désormais que toute personne a le droit de vivre et d'évoluer dans un environnement sain qui prône la préservation de la santé, l'épanouissement culturel et l'utilisation durable du patrimoine et des ressources qui y sont disponibles. En ce faisant, le législateur marocain invite les citoyens à participer au processus de prise de décision le plus à même d'avoir un impact sur l'environnement[1].

Actuellement, il est largement reconnu que le droit à un environnement sain émerge comme un nouveau pilier des droits de l'Homme, malgré les difficultés de son avènement. Tout comme les droits à la paix, à la culture et au développement, le droit à un environnement sain s'inscrit dans la troisième génération des droits de l'homme, caractérisée par l'idée de solidarité intergénérationnelle[2].

Section 2 : Notions voisines

Qualifié par certains auteurs de *notion caméléon*, le terme *environnement* peut être appréhendé de plusieurs manières.

[1] Samih HAMDAOUI, *Le droit à l'environnement et la participation des citoyennes et citoyens au Maroc*, Revue juridique de l'environnement n° 3, 2018, vol. 43, pp. 565 et 566.

[2] Ibid.

Son premier sens le plus courant, issu des sciences de la nature, s'applique aux sociétés humaines en tant que groupe biologique. Il s'agit de l'approche écologique de l'environnement.

Son deuxième sens le plus courant relève de l'ordre des architectes et urbanistes pour qui l'environnement est un espace construit dans un milieu ou un entourage. C'est l'approche urbanistique de l'environnement.

L'importance de cette notion ne cesse de croître du moment que les approches sont multiples, et les disciplines qui s'y intéressent, comme mentionné précédemment, sont variées (la science, la sociologie, l'architecture, le droit...). Cependant, le sens de cette notion ne peut gagner en clarté et en précision qu'en étant complété par d'autres vocables présentant des caractéristiques plus ou moins proches de celles du mot *environnement*. Ces vocables sont l'écologie, l'écosystème, la nature, la qualité de la vie et le cadre de la vie.

Parmi ces notions, l'environnement pourrait être aussi bien le domaine de l'écologie, identifiée à la science des êtres vivants et à leur relation entre eux et avec leur milieu, que la volonté de préserver l'ordre social qui vise le bien-être de l'être humain. Il convient donc de traiter chaque notion à part afin de donner une idée générale sur le champ d'application du droit de l'environnement.

I— Écologie :

L'écologie est une science transdisciplinaire qui s'intéresse aux êtres vivants dans leur milieu, y compris les espèces animales et végétales, en excluant l'homme.

Les interactions entre ces êtres dans leur milieu sont le cœur de cette science. La scène où ces interactions ont lieu s'appelle *écosystème*. Quand ce milieu est pollué, il est question de la sauvegarde des êtres qui y vivent.

Ce qui est important de comprendre dans cette conception, c'est qu'il ne s'agit pas uniquement de protéger les êtres vivants, mais également le milieu lui-même en tant qu'espace vital et indispensable à la survie de ces êtres ou des différents types de milieux, qu'ils soient bâtis ou non bâtis, milieux esthétiques ou historiques, milieux de forte ou de faible valeur biologique[1].

---

[1] www.kartable.fr, *Les écosystèmes : des interactions dynamiques entre les êtres vivants et entre eux et leur milieu.*

Cependant, il existe une différence entre écologie et environnement. Tandis que la première s'intéresse aux espèces animales et végétales, la deuxième prend en compte l'être humain dans son milieu naturel ou artificiel.

II— Écosystèmes :

Un écosystème est un milieu où des êtres vivants coexistent harmonieusement (animaux, insectes, plantes, micro-organismes). Cet espace écologique peut être une mer, d'un Sahara, d'une forêt, d'un fleuve, etc. L'écosystème comprend deux composantes : le biotope et la biocénose.

Le biotope est l'environnement physique qui jouit de caractéristiques physiques et chimiques particulières (température, climat, humidité) responsables de la préparation d'un terrain propice à la vie aussi bien pour les animaux que pour les plantes[1].

La biocénose, quant à elle, est l'ensemble des êtres vivants (animaux, végétaux ou micro-organismes) qui interagissent en interdépendance. La biocénose dépend d'un biotope pour évoluer et constituer un écosystème.

Les interactions entre les différents organismes constituant un écosystème maintiennent la stabilité de l'environnement. Il est toujours mentionné que les écosystèmes naturels sont des systèmes *équilibrés*. Grâce à des processus dynamiques en constante mutation, un écosystème ne reste pas statique pour autant, vu qu'il évolue en permanence[2].

En réalité, ce sont les interactions entre les organismes vivants qui transforment sans cesse l'écosystème. C'est l'exemple des espèces animales qui tassent le sol, disparaissent ou deviennent envahissantes, ou bien des végétaux qui régulent la température ambiante, ou encore des contraintes extérieures tel que les phénomènes climatiques responsables de la transformation d'un milieu donné. Le changement d'un écosystème peut aussi être causé par l'effet de l'urbanisme et des activités humaines polluantes et destructrices.

---

[1] En anglais, le terme utilisé en tant que synonyme de biotope est « habitat ».

[2] www.youmatter.world, *Écosystème : définition, exemple et importance — Tout savoir sur les écosystèmes*, 29 janvier 2021.

III— Qualité de la vie :

Le concept de *qualité de la vie*[1] a introduit l'être humain en tant qu'élément important, participant à l'équilibre de l'environnement, tout en y faisant de lui une partie intégrante. Il s'agit de la conception sociale de l'environnement qui prend en compte le facteur de la convivialité au sein d'une société, c'est-à-dire l'homme et ses rapports sociaux, de travail, de loisirs, etc.

IV— Cadre de vie :

Cette notion est généralement employée par les techniciens et urbanistes, contrairement à l'écologie qui est un concept plus familier aux géographes et biologistes. Elle implique l'intervention de l'homme qui altère l'état naturel de l'environnement.

Le cadre de vie fait référence au territoire ou à l'espace quotidien du citoyen. Cet espace comprend un environnement physique qui inclut la nature ou les espaces verts en général en milieu urbain, et un environnement social qui prend en compte la protection des groupes de familles.

L'État cherche à améliorer la qualité de vie de ses citoyens en choisissant la meilleure stratégie d'aménagement possible, afin de mettre en place les conditions requises pour créer un environnement propice aux affaires[2]. Cela passe par l'émergence de projets créateurs d'emplois et des conditions favorisant l'entrepreneuriat dans divers domaines (industriel, touristique, commercial).

Section 3 : Les différentes approches de l'environnement

Compte tenu de la largesse de la notion d'*environnement,* il existe plusieurs approches pour l'expliquer, chacune d'un point de vue différent, prenant en compte un domaine précis.

Yvette VEYRET rappelle que l'environnement a d'abord une connotation géographique et que les discussions dont il a fait l'objet depuis l'antiquité suivaient une logique géographique[3].

À travers les siècles, il y avait toujours un antagonisme entre nature et société, l'une rejetant l'autre, en se voulant des disciplines dissociées

---

[1] www.enviroboite.net, *La qualité environnementale est-elle normalisable ? Le petit guide VAD pour s'y retrouver dans la jungle des labels, référentiels, certifications.*

[2] www.mamh.gouv.qc.ca, *Milieu et cadre de vie d'une collectivité.*

[3] Yvette VEYRET : *Quelle place pour la géographie dans les enjeux environnementaux ?* Compte-rendu d'une intervention du 21 janvier 2003, dans laquelle la spécialiste des milieux et des risques revient sur son parcours de géographe.

sans aucun rapport entre elles. Ce n'est que dans les années 80 que les géographes-physiciens ont envisagé des rapports nature-société à travers des thèmes comme l'agriculture, l'érosion du sol, le climat, la pollution, etc.

Aujourd'hui, il est clair que la société en général, ou bien l'homme en particulier à cause des différentes activités qu'il entreprend[1] ont une incidence directe sur son environnement, notamment par l'exploitation et la détérioration des ressources naturelles.

Marc GALOCHET à son tour, évoque la généalogie du terme *environnement* en relevant son caractère polysémique ou au sens multiple. Il souligne aussi l'importance de trier ces différents sens sous forme d'approches pour mettre fin à toute ambiguïté concernant le rapport nature-société, qui cause une véritable confrontation entre les définitions du terme *environnement*[2].

Il y a donc lieu de faire la différence entre les différentes approches de l'environnement qui nous intéressent le plus et qui se rapprochent le plus du sujet principal de ce travail, dont les principaux éléments sont l'homme et l'environnement. Ces approches sont les suivantes : l'approche sensorielle, l'approche systémique, l'approche comportementale et l'approche scientifique[3].

I — L'approche sensorielle :

Cette approche souligne que l'être humain commence par appréhender son environnement grâce à ses cinq sens, surtout quand il est encore enfant, période durant laquelle sa curiosité est à son paroxysme.

Avant d'être conscient de son environnement et d'interagir avec lui, l'être humain commence par l'explorer et le découvrir petit à petit, à travers les éléments qui le composent.

---

[1] M. GALOCHET, J. LONGUEPEE, V. MOREL et O. PETIT, *L'environnement : approches disciplinaires ou regards interdisciplinaires ?*, compte rendu de séminaire (Arras, 17 mars 2005), laboratoires de géographie et d'économie de l'Université d'Artois, « Réseau Développement durable et Territoires fragiles (IFRESI-CNRS, Lille) et du laboratoire de droit de l'Université d'Artois », Revue Natures Sciences Sociétés 2006/3 (vol. 14).

[2] Marc GALOCHET, Jérôme LONGUEPEE, Valérie MOREL, Olivier PETIT, op. cit.

[3] D'autres approches de l'environnement existent, à savoir l'approche ludique, l'approche artistique, l'approche cognitive et l'approche pragmatique. Ce sont des approches qui s'éloignent de l'objet de notre thèse, nous avons donc jugé opportun de ne pas nous y étaler.

C'est ce qui donne lieu, selon *Joseph CORNELL*, à une combinaison entre l'exploration sensorielle et l'initiation naturaliste. Ce dernier ajoute le fait que l'enfant explore le milieu naturel par la vue, l'ouïe, le toucher, l'odorat et même le goût, comme lorsqu'il boit de l'eau, par exemple[1].

II— L'approche systémique :

Il s'agit d'imaginer la complexité des réalités environnementales comme un système ou un engrenage comprenant des éléments interconnectés, un système qui existe sous forme de parties détachées. De ce fait, il faudrait prendre en compte non seulement les éléments biophysiques en jeu dans l'environnement, mais également leurs relations et leurs interactions mutuelles. De cette façon, l'environnement est appréhendé comme un système bien organisé et en perpétuel mouvement.

Cette approche s'inspire de la *cybernétique*, ou étude des régulations chez les êtres vivants et les machines avec des idées de boucles, de rétroactions, de régulations, qui est le fruit de la rencontre de la biologie et de l'électronique.

Sa finalité réside dans le fait qu'elle permet une vision à plus long terme. Elle élargit l'approche du local au global, et vice versa, elle est multidimensionnelle, dynamique et permet d'aborder les grands concepts de l'environnement, tels que la place de l'homme dans les écosystèmes, l'impact de ses activités sur la planète, la biodiversité et le développement durable[2].

III— L'approche comportementale :

Cette approche s'intéresse plus au comportement des êtres humains vis-à-vis de leur environnement, à travers l'apprentissage d'une manière d'être, de gestes et de respect. Pour qu'un tel comportement se concrétise, l'Homme doit recevoir une éducation environnementale qui lui permettra par la suite d'être responsable envers son environnement, et d'être conscient de son importance et de sa valeur inestimable.

En effet, les individus, depuis longtemps à la recherche d'une harmonie avec leur environnement, ont pris conscience de l'importance

---

[1]Joseph CORNELL, *Vivre la nature avec les enfants et Les joies de la nature*, Éditions Jouvence, Suisse, 1992.

[2]Jean-Charles ALLAIN, *Approche systémique et éducation relative à l'environnement*, Dijon, IUFM de Bourgogne, Revue Souffle d'ERE, n° 6, p.3.

de la dimension humaine dans l'aménagement de l'environnement au sens large. Comme l'homme a une influence et une incidence sur l'environnement qui l'entoure, l'environnement a également une influence sur les perceptions et le comportement de l'homme. Il s'agit d'une relation dynamique et réciproque[1].

IV— L'approche scientifique :

Selon cette approche, l'environnement est un énorme laboratoire, où expériences et observations servent à vérifier des hypothèses et à faire des expérimentations à titre d'essai, tout en tolérant l'erreur. Cette approche provient essentiellement de la prise de conscience de deux questions :

La première se rapporte au fait que les sociétés humaines portent, sans l'ombre d'un doute, atteinte à l'environnement et que, en interagissant avec ce dernier, le développement de ces sociétés ne saurait avoir lieu sans l'exploitation des ressources naturelles qu'elles prélèvent (pollution, perturbation des écosystèmes, urbanisation, effets sur la santé...), bien que ces interactions ne soient pas toujours négatives ;

La deuxième compare le développement des sociétés humaines dans les pays du nord (transports, industrie et agriculture, gros consommateurs d'énergie et dispensateurs de pollutions, modes d'aménagement de l'espace, déréglementation, etc.) avec celui des pays du sud (économies fragiles, hétérogénéité des modes de développement, solutions techniques et économiques mal adaptées, problèmes de nutrition, de santé et d'éducation, émergence de tensions politiques et conflits, etc.) qui entretiennent des relations disproportionnées, notamment à travers des conventions bilatérales ou multilatérales qu'ils signent, et qui profitent aux premiers plutôt qu'aux deuxièmes[2].

Section 4 : Les bases du droit de l'environnement

Le droit de l'environnement se décline au niveau international avant de se préciser au niveau national. Au niveau international, le débat sur

---

[1] www.minforest.com, *Psychologie environnementale : l'harmonie entre l'homme et son environnement*, 7 mai 2014.

[2] Alain PAVE, *Environnement et développement : approches scientifiques, structuration du domaine et coévolution des recherches*, Nature Science Sociétés, 1997, vol. 5, n° 1, p. 50.

l'environnement, ses causes et ses conséquences rencontre le plus facilement un consensus.

Les États arrivent à un accord qui se fait à une grande majorité pour la signature des conventions et pour la proclamation de grands principes, ce qui permet par conséquent d'inspirer les législations nationales de chaque État signataire. Quelles sont alors les bases du Droit de l'environnement ?

Il y a lieu de répondre à cette question en passant en revue la nature des textes de loi, obligatoires et non obligatoires, que ce soit au niveau international **(I)**, au niveau communautaire **(II)** ou bien au niveau national **(III)**.

I— Le droit international de l'environnement :

Le droit international est la somme de plusieurs sources juridiques, dont les traités, la coutume, la doctrine, sans oublier les déclarations, résolutions ou autres actes politiques relevant du *soft Law*, qui va en parallèle avec le *hard Law*[iii].

Depuis la deuxième moitié du 20e siècle, il s'est développé un droit international de l'environnement. À l'instar des sciences de la nature qui possèdent un historique de savoir qui est loin d'être le fruit du hasard, ou bien le travail de quelques années seulement, mais plutôt le fruit d'une succession de théories, d'analyses et d'expérimentations effectuées à travers les siècles, le droit de l'environnement a également besoin de passer par le même processus d'accumulation d'informations pour se constituer un historique. Or, ces expérimentations ne sont pas envisageables dans le domaine du droit, à la fois sur le plan de la réalisation technique et sur celui de la déontologie[1].

Le droit international de l'environnement, faisant partie intégrante du droit international, a pour but de protéger l'environnement et de le promouvoir en tant que bien commun, destiné aussi bien aux générations actuelles qu'aux générations futures[2]. C'est ce qu'on appelle le principe de solidarité qui a pour objectif de permettre une vision partagée, dynamique et fonctionnelle des ressources naturelles,

---

[1] Pierre LUNEL, Pierre BRAUN, Pierre FLANDIN-BLETY, Pascal TAXIER, *Pour une histoire du droit de l'environnement*, Revue juridique de l'environnement, 1986, p. 43.

[2] www.vie-publique.fr, *Qu'est-ce que le droit international de l'environnement ?*

des écosystèmes et de la biodiversité, l'homme étant un élément important et crucial[1].

À partir de la fin des années 70, le Droit international de l'environnement a commencé à se développer. En même temps, les États devenaient conscients des enjeux ainsi que des problèmes relatifs à l'environnement, qui s'inscrivaient déjà dans un contexte globalisé.

Ainsi, ce droit se compose de nombreuses conventions ou traités internationaux multilatéraux ratifiés (ou pas), de résolutions obligatoires d'organes internationaux, ainsi que d'un certain nombre de textes non obligatoires et non assortis de sanctions faisant partie du *soft Law*[iv] tels que les principes, les recommandations et les incitations à respecter des objectifs communs[2].

D'une part, on peut citer à titre d'exemple les recommandations et directives de l'OCDE[3] relatives aux substances toxiques et dangereuses, et celles de la commission économique des Nations unies dont le rôle non obligatoire reste limité lorsqu'il va à l'encontre des intérêts nationaux des États.

D'autre part, le droit international comporte également des déclarations de principes qui fixent la ligne générale que chaque État devrait adopter, et consacrent de nouvelles valeurs sociales qui constituent par la suite le point de départ de la création de nouvelles lois protectrices de l'environnement. Parmi les déclarations de principes, on peut mentionner la Déclaration de Stockholm adoptée en 1972 par la conférence des Nations unies sur l'environnement, et surtout la Déclaration de Rio sur l'environnement et le développement de 1992.

Le droit international de l'environnement couvre des domaines variés comme la pollution, le changement climatique, la diversité biologique, la déforestation, etc., autant d'éléments environnementaux dans leur dimension transnationale.

Son évolution va en parallèle avec les progrès de la connaissance scientifique, cette dernière permettant de poser des diagnostics qui servent de base pour l'élaboration de nouvelles normes juridiques en la matière. Cette articulation avec la science permet à la règle juridique de profiter des atouts de la science pour établir, par exemple, des liens de

---

[1] Anny ROUSSO, *Le principe de solidarité écologique ou l'irruption de la science dans le droit,* Revue juridique de l'environnement, 2019/3 (Vol. 44), p. 479.

[2] Pierre-Marie DUPUY, *Où en est le droit international de l'environnement à la fin du siècle ?* RGDIP, 1997-4, p. 873.

[3] Organisation de Coopération et de Développement Économiques.

causalité lorsqu'il s'agit de déterminer le seuil d'émission de gaz à effet de serre[1].

II— Le droit communautaire de l'environnement :

Grâce aux traités de Maastricht et d'Amsterdam[2], le premier exemple qui vient à l'esprit d'un droit communautaire de l'environnement est celui de l'Union européenne. Ce dernier a introduit, expressément, l'environnement grâce au Traité de Rome, entré en vigueur le 1er juillet 1987.

Sans donner une définition de l'environnement, ces traités délimitent les objectifs poursuivis, et les fondements des actions à entreprendre, à travers trois principes : principe de précaution et de prévention, principe pollueur-payeur et principe de la correction à la source des atteintes à l'environnement[3].

Depuis 1987, un autre instrument juridique relatif au marché intérieur a vu le jour. Lorsqu'une mesure touchant à l'environnement a une incidence directe sur l'établissement ou le fonctionnement du marché intérieur européen, les États membres sont appelés à rapprocher leurs législations pour renforcer la protection de l'environnement. Un État peut même invoquer l'environnement comme argument, pour être autorisé à appliquer une mesure nationale qui, dans la plupart des cas, est plus sévère. Néanmoins, cela n'a pas empêché les États européens d'insérer des normes communautaires dans le droit national[4].

Le Maroc aurait pu disposer d'un droit communautaire de l'environnement s'il y avait autant de concertation entre les pays arabes ou entre les pays africains. Effectivement, l'Union africaine ainsi que la Ligue arabe sont loin de suivre le modèle européen, encore est-il moins probable qu'il y ait un rapprochement entre leurs législations. Mais il n'est pas anodin de noter qu'il existe un semblant de

---

[1]Manon-Nour TANNOUS et Xavier PACREAU, *Les relations internationales, Découverte de la vie publique*, Éditions La Documentation française, 2020.

[2] François Roelant DU VIVIER et Jean-Pierre HANNEQUART, *Une nouvelle stratégie européenne pour l'environnement dans le cadre de l'acte unique*, RMC, n° 316 avril 1988, p. 225.

[3] Ludwig KRAMER et Pascale KROMAREK, Chr. *Droit communautaire de l'environnement*, RJE, 1994.2.3, p.209 ; R. Romi, *Europe et environnement*, Litec, 3e éd., 1998.

[4] Les procédures en la matière sont notamment régies par la circulaire du 27 septembre 2004 relative à la procédure de transposition en droit interne des directives et décisions-cadres négociées dans le cadre des institutions européennes.

concertation entre les pays de la zone de l'OHADA,[1] qui ont harmonisé leur droit des affaires. Mais qu'en est-il du droit de l'environnement ?

Toutefois, les pays de l'OHADA se trouvent coincés entre deux feux. Pendant qu'ils ont de sérieuses préoccupations environnementales, ils craignent que le droit de l'environnement devienne un moyen de réguler leurs activités commerciales. Par ailleurs, ils sont conscients que tôt ou tard, ils auront à affronter le concept de développement durable, ce qui ne leur laisse d'autre choix que de se préoccuper sérieusement de la question environnementale[2].

Du point de vue du Maroc, il est difficile de parler d'un droit communautaire de l'environnement, dans la mesure où il n'existe pas de lois communes entre lui et d'autres pays arabes ou africains en matière d'environnement.

III— Le droit national de l'environnement :

L'origine d'une loi nationale découle des choix que les États font avant de l'appliquer à l'ensemble de la population et sur leur territoire.

Le Bénin, par exemple, dispose d'une loi-cadre sur l'environnement à travers laquelle plusieurs plans relatifs aux questions environnementales sont prévus par les textes juridiques, comme les plans de gestion environnementale, de gestion des catastrophes et d'aménagement forestier, qui disposent d'une force juridique obligatoire.

Toutefois, quand il s'agit de la justice, le Bénin ressemble au Maroc, vu qu'il n'existe pas de tribunaux consacrés aux questions d'environnement, et les décisions de justice en la matière restent très rares. Par ailleurs, d'autres facteurs non juridiques limitent l'application effective de la norme relative à l'environnement au Bénin. Il s'agit, entre autres, de la corruption, du régime foncier, de la pauvreté et de l'instabilité politique du pays[3].

Au Maroc, l'introduction du droit de l'environnement n'a vraiment eu lieu qu'en 1992, avec l'avènement de la *loi n° 10.95* sur l'eau, qui traite notamment des questions de rejets d'effluents et de prélèvement

[1] Organisation pour l'harmonisation en Afrique du droit des affaires.

[2] Yafradou Adam TAIROU, *Préoccupations environnementales et droit de l'entreprise dans l'espace OHADA*, L'Harmattan, Collection Études africaines, 2013, p. 183.

[3] www.moged.ifdd.francophonie.org, *Effectivité du droit national de l'environnement : considérations générales*, Institut de la francophonie pour le développement durable.

d'eau douce. Cette dernière avait par la suite été consacrée par la *loi n° 11.03* relative à la protection et à la mise en valeur de l'environnement, la *loi n° 12.03* relative aux études d'impact[v] sur l'environnement et la *loi n° 13.03* relative à la protection contre la pollution de l'air, promulguées par le D*ahir du 12 mai 2003* et les décrets pris pour leur application. Sans oublier le projet de *loi-cadre n° 99.12* portant Charte nationale de l'environnement et du développement durable.

Cependant, ce droit est apparent uniquement lorsqu'il s'agit des procédures d'autorisation de projet dont les propriétaires doivent soumettre à l'administration des études d'impact[1] sur l'environnement[2]. Même la Charte marocaine de l'environnement et du développement durable souffre de l'absence de dispositions contraignantes pour garantir le respect de l'environnement[3].

Par contre, le Maroc a pour projet l'adoption d'une politique environnementale intégrée et bien gouvernée d'ici 2026. Ses principaux objectifs sont de :

– Mettre en œuvre la stratégie nationale de développement durable 2030 ;

– Intégrer la dimension environnementale dans les politiques publiques, stratégies et programmes sectoriels ;

– Prendre en compte le développement durable, la préservation de la variété environnementale et la lutte contre la désertification et le changement climatique ;

– Prévoir un cadre juridique prévoyant la responsabilité environnementale et les modalités de contrôle y afférentes.

Afin de réaliser ces objectifs, certaines mesures législatives et institutionnelles doivent être prises, notamment :

– Rendre compatible le cadre légal national avec les conventions internationales relatives à la protection de l'environnement et au développement durable ;

---

[1] Au Maroc, sont soumises aux études d'impact sur l'environnement les installations classées comme incommodes, insalubres ou dangereuses au sens de la législation de 1914 et les projets d'infrastructures, tels que les centrales électriques, les projets ferroviaires, les ports, les zones industrielles, les plans d'aménagement, les stations d'épuration, les complexes touristiques, les raffineries, les usines chimiques, etc.

[2] www.massolia.com, *Le droit de l'environnement au Maroc*, 15 janvier 2015.

– Réviser les textes législatifs et réglementaires en se conformant aux normes en vigueur en matière de qualité de l'environnement, notamment la réglementation relative à l'eau, aux énergies renouvelables, à la variété biologique, à la lutte contre la pollution de l'air et aux changements climatiques, en prévoyant des sanctions à l'encontre de toute violation de l'environnement ;
– La ratification des projets de loi, relatifs aux ressources génétiques, la répartition juste et équitable des bienfaits y résultant, ainsi que la météo et les déchets ;
– La mise en œuvre de *la loi n° 49.17*, relative à l'évaluation environnementale :
– Continuer à mettre en œuvre les projets de développement des forêts dans le cadre de la stratégie *Forêts du Maroc 2020-2030* ;
– Faciliter l'accès des citoyennes et citoyens, victimes d'un préjudice environnemental, à la justice pour la réalisation d'une justice environnementale[1].

Il est sans doute très important d'avoir un ensemble de lois se rapportant à l'environnement, adaptées aux normes internationales, tout comme il est remarquable d'avoir une vision claire quant aux objectifs futurs, destinés à améliorer encore plus ces acquis. Mais disposer de lois, éparses ou bien réunies, est malheureusement insuffisant. En matière d'environnement, d'autres paramètres doivent absolument être pris en compte.

À l'occasion de son centenaire, *Edgar Morin* a déclaré : « Je suis effaré par la puissance des hommes, mais aussi encore plus par leur impuissance[2] ». Toutefois, cette impuissance n'est pas inévitable, car en matière d'environnement, elle peut être surmontée en respectant deux conditions :
– Un véritable respect du droit de l'environnement avec les outils adéquats ;
– Le développement, en parallèle, d'une éducation environnementale pour tous, y compris en Droit de l'environnement. Elle doit nécessairement concerner toutes les tranches sociales, depuis les simples citoyens jusqu'aux industriels et hommes politiques[3].

---

[1] Projets d'actualisation du plan de travail national dans le domaine de la démocratie et des droits de l'homme « 2022-2026 », pp. 41 et 42.
[2] Le Monde, *Leçons d'un siècle de vie ou « cent ans de sollicitude »*, 8 juillet 2021, p. 28.
[3] Michel PRIEUR, *Les progrès du droit de l'environnement*, op. cit, p. 694.

Chapitre 2 : La reglementation environnementale au Maroc

Pour perdurer, l'être humain dépend énormément de l'état de l'environnement dans lequel il vit. Ce dernier est en constante évolution et peut soit s'améliorer, soit se détériorer.

Vu son importance vitale pour l'homme, celui-ci peut aller jusqu'à surexploiter ses ressources dont la protection nécessite de mettre en place une loi ou un ensemble de lois capables de réguler les actions de l'homme, pour qu'elles soient le plus respectueuses possible envers l'environnement. Cet ensemble de textes fournit une ligne directrice permettant de prendre soin de l'environnement de manière efficace[1].

Le Maroc dispose d'une organisation juridique variée qui prend en charge l'environnement et la mise en œuvre des règles écologiques. Pourquoi alors est-il si important d'avoir une législation entièrement consacrée à l'environnement ?

L'existence d'une législation spécifique à l'environnement est cruciale, car sans des règles et des lois appropriées dans ce domaine, la préservation de l'environnement demeure hors de portée. Sensibiliser les citoyens à leurs actions envers l'environnement et promouvoir l'éducation environnementale sont des moyens de garantir qu'ils contribuent à sa protection au lieu de le dégrader, en veillant à sa préservation pour les générations futures.

Lorsqu'il s'agit du droit de l'environnement, l'un des défis majeurs auxquels la science juridique se heurte est celui de réguler les actions humaines en en prévoyant des limites ainsi que de nouveaux horizons temporels. Or, l'avenir, synonyme d'aléas et d'incertitudes, est insaisissable par le droit, qui est une science qui traite des actions présentes et immédiates. Il est donc inimaginable de limiter les droits et libertés des temps présents pour les générations futures. En plus, l'irréversibilité de certaines atteintes au milieu naturel et aux espèces animales et végétales rend la conservation de l'environnement dans son état *sain* difficile, voire impossible[2].

---

[1] www.chogausa.com, *What is the importance of environmental law in the society ?*, 07/09/2017.

[2] Emilie GAILLARD, *L'entrée dans l'ère du droit des générations futures*, les Cahiers de la Justice 2019/3 (N° 3), p. 441. Voir aussi Michel PRIEUR, *Droit de l'environnement*, op. cit. p. 63.

Cependant, c'est la législation qui assure que la *conservation de l'environnement* soit réellement mise en œuvre dans la vie réelle. Cette législation impose aux entreprises et au grand public de protéger leur environnement et d'éviter sa dégradation.

Elle doit à cet effet prévoir des sanctions sévères pour ceux qui ne respectent pas les lois et les règles allant dans ce sens. C'est finalement ce type de mise en œuvre qui peut garantir que les idées et les projets se traduisent effectivement en efforts concrets, en faveur de la protection de l'environnement[1].

Ne disposant pas encore d'un véritable droit de l'environnement, l'on se demande alors comment le Maroc procède à la mise en œuvre des lois relatives à l'environnement dont il dispose ? Quelle est sa place sur la scène internationale en matière d'environnement ? Dispose-t-il de lois environnementales aptes à protéger son environnement ? Quid de leur application effective par les parties concernées ?

Section 1 : L'arsenal juridique du Maroc en matière d'environnement

Étant donné les coûts colossaux auxquels le Maroc est confronté en raison des dommages environnementaux qu'il subit chaque année sur son territoire, notamment la déforestation et la rareté des précipitations, il est devenu impératif pour le pays d'instaurer de nouvelles lois en matière d'environnement.

Cela n'implique en aucun cas que le Maroc souffre d'une rareté au niveau des lois dans ce domaine. Au contraire, la législation marocaine en matière environnementale est diversifiée et complète, comprenant des lois sur la lutte contre la pollution, sur l'eau, sur la conservation et l'exploitation des forêts, entre autres. Cependant, malgré cette richesse législative, elle demeure insuffisante pour assurer une véritable protection de l'environnement.

Ces lois ont été élaborées par différents organismes étatiques, notamment le secrétariat d'État chargé de l'eau et de l'environnement ainsi que les autres départements ministériels du Royaume[2]. Cela dit, bien que cette législation soit riche et variée, elle est éparse, c'est-à-dire que les lois qui la composent sont éparpillées sur plusieurs textes,

---

[1] www.yourarticlelibrary.com, Dk Sinha, *Importance of environmental legislation*.

[2] Reda ZAIREG, *Maroc : Le cadre législatif sur l'environnement est-il suffisant ?* Huffspot Maroc, novembre 2016.

ce qui rend difficile la coordination des institutions concernées[1]. Quelles sont les principales lois environnementales qui permettent au Maroc de protéger son environnement ?

Avant de répondre à cette question, il nous parait légitime de savoir quels sont les problèmes qui freinent le processus législatif en matière d'environnement, et quel est l'objectif que le Maroc doit se fixer pour remédier à ces lacunes.

Il convient de mettre en lumière l'un des plus grands problèmes dont souffre le processus législatif, notamment celui relatif aux textes d'application **(I)**, avant de présenter la situation idéale pour le Maroc en matière de régulation de l'environnement **(II)**.

I— Les principaux textes législatifs et réglementaires relatifs à l'environnement au Maroc :

Les principaux textes législatifs et réglementaires qui constituent l'arsenal juridique du Maroc en matière environnementale touchent à différents éléments de la nature ainsi qu'à certaines mesures préventives.

Les principes directeurs de protection et de bonne gestion de l'environnement ont été mis en place par la *loi n° 11.03 relative à la protection et à la mise en valeur de l'environnement*. Cette loi traite spécifiquement des risques pour l'environnement, de la lutte contre les pollutions et les nuisances, des études d'impact ainsi que des plans d'urgence.

Pour préserver l'eau qui est la ressource la plus importante et la plus vitale à l'être humain, le Maroc a adopté la loi n° 10-95 sur l'eau, y compris ses textes d'application, notamment le décret n° 2.97.787 du 4 février 1997. Cette loi est venue fixer les normes[vi] de qualité des eaux (eau potable, eau d'irrigation, eau de surface, eau piscicole) requises en établissant les exigences auxquelles un milieu naturel doit répondre. Cette loi se rapporte également à l'inventaire relatif au degré de pollution des eaux.

L'air, un autre élément très important de la nature, a fait l'objet d'une réglementation via l'adoption de la *loi n° 13.03 relative à la lutte contre la pollution de l'air.* En plus de cette loi, le décret *n° 2.09.631* fixe les valeurs limites de dégagement, d'émission ou de rejet de polluants dans

[1] Ministères de l'environnement, de l'énergie, de la santé, le Haut-commissariat des eaux et forêts et autres départements ministériels.

l'air émanant de sources de pollution fixes, et les modalités de leur contrôle.

Comme mesure préventive contre les dangers de pollution ou de toute atteinte à l'environnement, le Maroc a adopté la *loi n° 12.03* relative à l'étude d'impact sur l'environnement, y compris ses textes d'application, *le décret n° 2.04.563* relatif aux attributions et au fonctionnement du comité national et des comités régionaux des études d'impact sur l'environnement dans tous les secteurs, et le *décret n° 2.04.564* fixant les modalités d'organisation et de déroulement de l'enquête publique relative aux projets soumis aux études d'impact sur l'environnement.

Le législateur marocain a également pensé à se prémunir contre les effets néfastes des déchets qui constituent un facteur de pollution majeur, en adoptant la *loi n° 28.00* relative à la gestion des déchets et à leur élimination. En plus de cette loi, un ensemble de décrets ont été adoptés à savoir ceux relatifs à la classification et à la gestion des déchets dangereux *n° 2.07.253* et des déchets médicaux et pharmaceutiques *n° 2.09.139* ; à la mise en place des procédures administratives et les prescriptions techniques des décharges contrôlées *n° 2.09.284* ; à l'élaboration des plans directeurs préfectoraux et provinciaux des déchets ménagers *n° 2.09.285* ; aux modalités d'élaboration du plan directeur régional de gestion des déchets industriels, médicaux et pharmaceutiques non dangereux, des déchets ultimes, agricoles et inertes et la procédure d'organisation de l'enquête publique afférente à ce plan *n° 2.09.683* ; à la mise en place du plan national de gestion des déchets dangereux, aux modalités techniques de l'incinération et de la co-incinération des déchets et à la gestion des déchets et à leur élimination.

Malgré la diversité des lois dans ce domaine, la législation souffre de quelques lacunes qui font qu'elle soit pénible à appliquer par le législateur, et difficile, voire impossible, d'être respectée par les individus. Deux explications peuvent justifier ce manque en matière environnementale au Maroc :

Premièrement, parce que les lois sont dispersées dans plusieurs textes comme il a été mentionné ci-dessus, ce qui rend difficile la coordination entre les institutions concernées.

Deuxièmement, parce qu'il y a une absence de contrainte, c'est-à-dire de dispositions coercitives incrustées dans la loi, qui peuvent engager la responsabilité de chaque individu ayant causé un préjudice à son environnement. Encore faut-il savoir à qui les dommages et intérêts seraient destinés.

II— La problématique de l'imprécision au niveau des textes législatifs et réglementaires :

La création d'une loi, quelle que soit sa nature, n'est qu'une étape, bien que cruciale, dans le processus législatif. Cependant, cela ne suffit pas pour qu'elle soit mise en œuvre. Pour appliquer ses dispositions, une autre étape est nécessaire, impliquant l'intervention du pouvoir exécutif, c'est-à-dire du gouvernement.

La Constitution marocaine distingue entre les matières législatives devant faire l'objet de lois et les matières réglementaires qui se matérialisent par des décrets et arrêtés, qui sont des textes de faible valeur. Cette distinction permet, d'une part, d'éviter des chevauchements potentiels de compétences entre le législatif et l'exécutif, et d'autre part, elle vise à préserver la solennité, la pérennité et la souplesse des lois.

Les lois constituent un habillage juridique qui évoque des matières fondamentales, en laissant le soin au gouvernement de se charger des détails via des textes réglementaires. Il s'agit des textes d'application qui ont pour objet de définir les modalités précises et pratiques de mise en œuvre des lois[1]. En effet, ces textes de portée générale et impersonnelle, édictés par des autorités exécutives compétentes, sont destinés à assurer l'exécution d'une loi sans qu'ils puissent l'enfreindre[2].

Au Maroc, c'est le gouvernement qui assure l'exécution des lois, ce qui veut dire que c'est l'exécutif qui se charge d'édicter des règlements d'application de la loi. L'exécutif peut donc édicter des règlements dans certaines situations où le législateur n'est pas habilité à intervenir[3] [4].

Actuellement, le législateur ne remplit pas efficacement ses fonctions, et les parlementaires, souvent biaisés et motivés par des considérations électorales, rédigent les textes législatifs de manière précipitée. Il arrive même que le pouvoir judiciaire pointe du doigt la

---

[1] www.senat.fr/Le contrôle de l'application des lois.

[2] Lexique des termes juridiques, édition 2010, op. cit, p. 613.

[3] Abdallah HARSI, *L'organisation administrative*, REMALD n° 69, publication de la revue marocaine d'administration locale et de développement, p. 39.

[4] Cela ne suppose pas qu'il existe une primauté de l'exécutif par rapport au législatif.

faiblesse des textes juridiques au niveau de leur formulation, symptôme d'un déclin apparent du droit dans sa globalité.

Dans un domaine comme l'environnement, la mise en œuvre des lois doit d'abord passer par un processus législatif sain. À défaut, elle devient obsolète et sans effet. Cela donne lieu à une imprécision au niveau de la formulation de certaines dispositions, ainsi qu'à un manque de définitions claires des notions juridiques dans la loi.

La rédaction des textes d'application demande un temps considérable, pendant lequel l'environnement est exposé à davantage de dommages. Cela met en lumière le principal point faible du domaine juridique, qui est la lenteur dans la mise en œuvre des lois.

Par ailleurs, le citoyen, qui est l'une des plus importantes cibles de la loi relative à l'environnement, se trouve incapable de saisir la portée de ses obligations dans ce sens, à cause de la complexité avec laquelle la loi est rédigée.

Un autre souci se dresse devant l'application des lois relatives à l'environnement, réside dans l'absence du caractère obligatoire dans la formulation de la loi. C'est le cas en France de certains textes de loi où le législateur évite de contraindre l'administration, en faisant usage dans plusieurs articles de la formule *peut* au lieu de *doit*, ce qui ouvre la possibilité d'appliquer ou non ces articles[1].

Section 2 : Le code de l'environnement, un objectif à atteindre

Malgré l'existence d'une Charte nationale de l'environnement au Maroc et de quelques lois concernant divers milieux naturels tels que la forêt ou les ressources naturelles comme l'eau, le droit environnemental demeure largement méconnu parmi les citoyens.

Les lois environnementales actuelles sont éparpillées entre divers textes, ce qui complique la compréhension de leur portée et de leur importance. Par conséquent, nous pensons qu'une consolidation des lois environnementales est nécessaire. Quels sont les avantages et l'utilité d'une telle consolidation par rapport à l'existence de lois dispersées ?

L'un des facteurs déterminants dans l'unification du droit de l'environnement est la pression qu'exerce l'opinion publique internationale. Cette pression s'organise en comités ou associations de défense pour veiller à ce que le droit soit dûment appliqué, tout en

[1] Idem, p. 397.

suggérant des solutions pour protéger au mieux les populations et les espèces. En plus, la nature technique du droit favorise énormément son unification[1].

La codification est un processus minutieux par lequel plusieurs lois sont compilées dans un seul texte, sous forme de dispositions juridiques concernant un domaine précis, et suivant un enchainement logique et bien organisé.

Sur le plan juridique, la codification implique la consolidation dans un seul texte, généralement établi par le gouvernement, d'un ensemble souvent complexe de lois ou de règlements relatifs à un domaine spécifique. Ces dispositions conservent leur portée et leur force juridique d'origine. Cependant, des problèmes délicats peuvent survenir lorsque la codification ne respecte pas rigoureusement les textes qu'elle rassemble[2].

En effet, ce rassemblement de lois doit être cohérent en réunissant des lois relevant du même domaine. En ce faisant, le Code rendrait le droit plus clair et plus accessible au grand public. Cette initiative renforce encore plus le principe selon lequel « nul n'est censé ignorer la loi ». Cependant, un rassemblement de lois est insuffisant. Il serait préférable de simplifier ces lois afin de fortifier l'accessibilité au code, ainsi que la volonté chez les citoyens de le respecter.

Procéder à une codification du droit de l'environnement rassemblant toutes les lois et toutes les directives relatives à l'environnement, permettrait au Maroc non seulement d'avoir entre les mains un texte de loi fort et cohérent, mais il permettrait également aux citoyens d'être conscients de leurs droits et de leurs obligations. Autrement dit, ils deviendraient responsables de leurs actes à l'égard de l'environnement. Bien sûr, une responsabilisation en cas de préjudice environnemental implique une réparation pécuniaire, que ce soit au profit d'une personne (*responsabilité civile*) ou au profit de l'État (*responsabilité pénale*).

Néanmoins, il ne faut pas oublier que même si ce processus de codification se concrétise, il faudrait que les lois relatives à l'environnement soient effectivement mises en œuvre. Il faudrait alors mesurer si le droit est appliqué correctement. Or, il n'existe pas encore d'indicateurs juridiques permettant de mesurer l'effectivité de l'application du droit.

---

[1] Michel PRIEUR, op. cit, pp. 14 et 15.

[2] Lexique des termes juridiques 2010, Dalloz, 17e édition, p. 135.

Chapitre 3 : La responsabilite environnementale

Pour maintenir l'équilibre biologique des écosystèmes, il est essentiel que chaque individu agisse de manière responsable envers son environnement, dans l'intérêt général.

Comme réaction à la gravité des reculs qu'a connus le droit de l'environnement, plusieurs États comme le Mexique et la Côte d'Ivoire ont reconnu le principe de non-régression[1] et l'ont introduit dans leurs lois nationales. La généralisation de ce principe, en droit comparé et en droit international, témoigne d'une prise de conscience quant aux risques que posent ces reculs[2].

En subissant un préjudice, l'individu tente d'obtenir réparation conformément au principe de la responsabilité civile. Cette dernière s'intéresse aussi bien aux individus qu'aux dommages qu'ils peuvent causer. Chaque individu, en commettant une faute, engage sa responsabilité envers autrui. Il s'agit d'une relation bipartite entre deux êtres doués de sens et de raison. Mais quand il s'agit d'une faute commise à l'égard d'une chose inanimée dénuée de raison, la position du droit n'est pas claire. Que peut-on alors dire de la responsabilité de l'homme envers son environnement ?

En matière civile, chaque préjudice causé à autrui entraine la responsabilité civile délictuelle ou contractuelle du fautif. Peut-on appliquer ce principe lorsque le préjudice porte atteinte à l'environnement ? Comment pourrait-on déterminer les responsabilités individuelles et collectives pour la réparation de ces dommages ? Comment les dommages apportés à l'environnement peuvent-ils être calculés ? Et quels sont les organismes censés percevoir ces dommages et intérêts ? Compte tenu de la pluralité des parties intervenant dans le secteur de l'environnement, serait-il possible de déterminer une seule partie responsable de l'exécution des lois en matière d'environnement ?

---

[1] Michel PRIEUR et G. SOZZO (dir.), *La non-régression en droit de l'environnement*, Bruxelles, Bruylant, 2012 ; M. PRIEUR, *La reconnaissance progressive du principe de non-régression*, in Droit constitutionnel de l'environnement, dir. M.-A. COHENDET, MARE et MARTIN, 2021, p. 273.

[2] L'accord de libre-échange entre les États-Unis, le Canada et le Mexique (ou ALENA) et son complément sur l'environnement imposent aux États, depuis 1994, de préserver un niveau élevé de protection de l'environnement sans régression.

La responsabilité est le devoir de répondre de ses actes dans n'importe quelle circonstance et quelles qu'en soient les conséquences. La responsabilisation en matière d'environnement, pose certaines difficultés d'ordre juridique qui se rapportent à l'identification de la véritable victime du préjudice environnemental.

Les atteintes à l'environnement sont diversifiées, et les dommages qui en résultent ont incité la doctrine à travailler d'arrache-pied afin de caractériser la responsabilité en matière d'environnement, sans compter pour autant sur les règles classiques de la responsabilité applicables en droit civil. Ceci a créé des divergences doctrinales en la matière, des divergences qui ont porté principalement sur le fait de savoir si la victime du dommage environnemental est l'homme ou bien l'environnement même.

Le dommage environnemental est celui qui, par l'envergure de son impact, porte préjudice aux éléments de tout un système, et ne permet pas d'ouvrir droit à réparation. Quel est donc le statut juridique de ces éléments ? Peuvent-ils bénéficier d'une protection juridique au même titre qu'une personne physique ?

Section 1 : Le préjudice environnemental

Pour traiter du préjudice environnemental, il est important de traiter en premier lieu du risque environnemental. Selon le sociologue allemand *Ulrich Beck*, « le risque se loge dans tous les aspects de la vie en société[1] ». Il ajoute également que « le concept sociétal de risque pourrait ressouder nos sociétés en les incitant à modérer leurs élans technologiques[2] ».

D'habitude, les risques sont caractérisés par leur régularité, leur prévisibilité et la possibilité de les calculer. D'ailleurs, c'est ce type de risque qui est pris en charge par l'État providence ou, le cas échéant, par les assureurs privés.

Toutefois, avec l'évolution de la science et l'essor des nouvelles technologies, un nouveau type de risque a vu le jour. Il s'agit du risque écologique qui, contrairement aux risques dits *classiques*, est imprégné d'incertitude. Le lien de causalité entre la cause et l'effet entretient, en

---

[1] Nicolas DE SADELEER, *Les principes du pollueur-payeur, de prévention et de précaution, Essai sur la genèse et la portée juridique de quelques principes du droit de l'environnement*, Éditions Bruylat/AUF, p. 168.

[2] Pour une critique de l'œuvre de Beck, cf. D. Duclos, *Puissance et faiblesse, concept de risque*, in L'année sociologique, 1996, vol. 46, p. 312.

l'occurrence, une relation de possibilité, d'éventualité, de plausibilité, mais sans disposer d'une quelconque preuve quant à sa validité[1].

En plus de l'incertitude, le risque écologique engendre la question relative au fautif et à la véritable victime du dommage.

Les auteurs ayant participé à l'identification de la véritable victime du préjudice environnemental sont divisés en deux catégories : il y a ceux pour qui l'environnement est une victime des comportements irréfléchis des hommes, et il y a ceux qui croient que c'est l'homme qui est victime du milieu dans lequel il vit.

I— Le dommage écologique et ses conséquences :

Le précurseur ayant utilisé le terme de *dommage écologique* est *Michel DEPAX*[2] pour qui, chaque atteinte à un élément de l'environnement (comme l'eau par exemple) peut avoir un impact sur les autres éléments qui le composent, à savoir le sol, la flore sous-marine, les poissons, etc.

Pour lui, cela est dû à l'interdépendance des phénomènes environnementaux. « Il existe une véritable interdépendance entre les phénomènes naturels, et toute pollution significative perturbe ces équilibres collectifs[3] ». Ainsi, c'est en raison de cette interdépendance que les éléments naturels subissent cet effet domino destructeur.

Pour *D. DROGO*, le dommage écologique est celui « causé aux personnes ou aux choses par le milieu dans lequel elles vivent ». Ici, c'est l'homme qui est victime du dommage (comme lorsqu'il s'agit du trouble du voisinage), et non pas l'environnement. Le trouble du voisinage, étant un élément de l'environnement urbain, est l'origine du dommage.

La pollution entre également dans la catégorie définie par *D. DROGO* puisqu'elle est causée par l'homme, et porte préjudice aussi bien à l'homme qu'à son environnement.

L'exemple de la pollution a été repris par *Patrick GIROD* qui assimile tout dommage écologique, quel qu'il soit, à un dommage de pollution, et vise par conséquent tous les dommages qui participent à la dégradation des éléments naturels, notamment l'air, l'eau, le niveau sonore, etc. Il ajoute le fait que c'est parce que l'homme risque de subir

---

[1] Nicolas DE SADELEER, *Les principes du pollueur-payeur, de prévention et de précaution*, op. cit, p. 169.

[2] Ici, DEPAX ne désigne pas spécifiquement l'homme comme principal responsable.

[3] Patrick GIROD, *La réparation du dommage écologique*, Université Côte d'Azur, École doctorale Droit et sciences politiques, économiques et de gestion, 1974, p. 179.

les contrecoups du dommage causé par l'homme aux éléments écologiques, que l'environnement mérite d'être protégé et réparé.

L'avis de *V. MICHELMAN* va dans le même sens en déclarant *qu'«* aucune valeur intrinsèque n'est reconnue à l'environnement. Celui-ci n'acquiert de valeur qu'à travers la gêne qui est causée à une activité humaine qui sera comparée à une autre activité humaine[1] ».

Néanmoins, il faut que l'ensemble de la collectivité ait un intérêt à sauvegarder le patrimoine écologique, et non seulement les personnes qui ont subi un préjudice dans leurs biens privés ou dans leur intégrité physique, et ce, parce que la pollution ayant des répercussions irréversibles peut affecter le patrimoine collectif des êtres vivants.

F. CABALLERO, par contre, exclut les dommages causés aux personnes ou à leurs biens, et considère comme préjudice écologique uniquement les dommages causés directement au milieu même. De ce fait, *Michel PRIEUR* fait la distinction entre les dommages de pollution qui affectent des patrimoines particuliers, et les dommages écologiques subis par le milieu lui-même, affectant l'équilibre écologique en tant que patrimoine collectif, bien qu'un unique évènement puisse être la cause de ces deux types de dommage.

Afin de responsabiliser chaque personne individuellement, *Gilles J. Martin* propose de permettre à chaque individu de gérer son propre environnement[2]. Il s'agit de lui reconnaitre un droit subjectif qui permet une autoprotection d'un milieu naturel, jusque-là délaissé à cause de son caractère public, c'est-à-dire accessible et utilisable par tous. *Girod* insiste également sur la nécessité de proclamer le droit de toute personne au maintien des équilibres biologiques fondamentaux[3]. *Carbonnier,* de son côté, suggère que toute violation de ce droit subjectif doit être considérée comme une faute[4].

II— L'irréversibilité des conséquences du dommage écologique :

Certaines atteintes à l'environnement ont des conséquences dommageables irréversibles. En d'autres termes, il est impossible de réparer un élément de l'environnement (biotope) une fois détruit, ou de redonner vie à une espèce animale une fois éteinte.

---

[1] Emmanuel DU PONTAVICE, *La protection juridique du voisinage et de l'environnement en droit civil comparé*, Revue juridique de l'environnement, n° 2, 1978, p. 159.

[2] Ici, espace privé ou propriété privée.

[3] Patrick GIROD, *La réparation du dommage écologique*, op. cit, 174.

[4] CARBONNIER, *Les biens*, PUF, 1978, n° 59, p. 206.

Les effets des dommages écologiques sont, en outre, cumulatifs et synergiques comme les pollutions. En plus d'être cumulées, elles vont au-delà du voisinage pour atteindre d'autres contrées en portant préjudice à d'autres personnes, vu qu'elles peuvent être transportées soit à cause de l'atmosphère (radioactivité) soit à cause des eaux (pluies acides), ce qui par conséquent multiplie et diversifie les effets pouvant survenir de façon totalement inattendue.

Ces conséquences ont, bien entendu, pour cause les activités industrielles et la pluralité des auteurs qui s'intéressent au progrès technologique, générant ainsi des effets catastrophiques qui touchent tout d'abord un élément naturel, pour se répercuter ensuite sur les droits des individus[1].

C'est ce qui ressort d'un arrêt rendu par la Cour de cassation marocaine opposant une citoyenne et l'Office Chérifien des Phosphates. Compte tenu de la récurrence dans le temps de l'émission de la fumée par les constructions installées à proximité des terrains de l'appelante, et dont l'Office Chérifien des Phosphates est responsable, la Cour de cassation marocaine a prononcé, dans un arrêt rendu le 18 juillet 2007, une indemnité pour la totalité de la période demandée par la partie demanderesse, soit depuis 1981 jusqu'à 2004. Par conséquent, la Cour de cassation a rejeté l'arrêt de la Cour d'appel selon lequel l'indemnité qui sera versée est celle équivalente aux cinq années antérieures à l'action, d'autant plus que ladite Cour n'a pas motivé sa décision au sujet de la soustraction d'une partie de l'indemnité annuelle, proposée par l'expert en réparation d'un préjudice environnemental[2].

Nous avons vu ci-dessus que, selon l'auteur, la victime peut être soit l'environnement, soit l'homme, soit les deux à la fois. Cependant, en ce qui concerne l'environnement s'il est sujet à une atteinte quelconque, y compris les éléments qui le composent, il ne peut en aucun cas se plaindre ou rejeter la faute sur autrui. Dans ce cas, il incombe à une tierce partie, qu'elle soit témoin ou victime d'une catastrophe écologique, de porter plainte et de demander réparation.

À la suite d'un arrêt rendu le 22 janvier 2015, la Cour de cassation a annulé la décision de la Cour d'appel attaquée au pourvoi ayant confirmé le jugement d'acquittement rendu en premier ressort, sans prendre en considération les dispositions de l'article 58 du dahir du

---

[1] G. MARTIN, *La responsabilité civile du fait des déchets en droit français*, Revue internationale de droit comparé. vol. 44 n °1, janvier-mars 1992, p. 65.

[2] Arrêt n° 721, en date du 18/07/2007, Dossier administratif n° 1188/4/2/2006 (Mme Fatna Bent Lbachir ben Lmâlam ATTAHER / Office chérifien des Phosphates)

10 octobre 1917 dans lesquelles il est stipulé que les délits et contraventions en matière forestière seront prouvés, soit par procès-verbaux, soit par témoins à défaut de procès-verbaux ou en cas d'insuffisance de ces actes[1].

Même si la personne victime d'un préjudice environnemental est susceptible de toucher une compensation, l'environnement, lui, aurait subi des effets irréversibles. Pourtant, il ne peut y avoir d'obligation de réparation que s'il existe un lien de causalité entre le dommage et la faute. Or, l'établissement d'un lien de causalité pose quelques difficultés. Il est très important d'apprécier ce lien pour savoir sur qui ou sur quoi rejeter la faute[2].

Une fois ce lien établi, la victime aura droit à une réparation proportionnelle au préjudice qu'elle a subi, tandis que le fautif engagera sa responsabilité. Dans cette responsabilité, il existe un dommage indirect auquel il faut s'intéresser, même s'il n'a pas encore touché l'homme dont le droit se soucie fondamentalement.

Or, il est clair qu'aujourd'hui la forêt, pour nous limiter uniquement à cet exemple, est un facteur antipollution très important qui a besoin de soin et de conservation. Et puisque les éléments naturels qui la composent, notamment le sol et les arbres, font l'objet d'atteintes graves (défrichements, incendies…), nous nous demandons si, en ce faisant, l'instigateur de telles actions ne commet pas une faute.

M. LANVERSIN relève que « la faute écologique est celle qui portera préjudice à l'ensemble du patrimoine naturel dont la conservation est devenue un élément majeur de l'intérêt général[3] ».

III— Les faits générateurs de la responsabilité environnementale :

Le droit de l'environnement n'a pas apporté une nouvelle distinction entre les différents faits générateurs de la responsabilité de l'individu, mais il est possible d'adapter ce dernier à ce qui a été apporté antérieurement par le droit civil.

---

[1] Arrêt n° 75/8, daté du 22/01/2015, Dossier pénal n° 10306/6/8/2014.

[2] La Cour européenne des droits de l'Homme a déjà admis la recevabilité d'un recours de masse de 200 habitants contre les pollutions causées par une usine sidérurgique et a consacré le droit à la dépollution. Jean-Pierre MARGUENAUD et Séverine NADAUD, *Chronique des arrêts de la Cour européenne des droits de l'Homme* (2019-2020).

[3] Jacques LANVERSIN, *Contribution du juge au développement du droit de l'environnement*, Mélanges offerts à Marcel WALINE, Le juge et le droit public, Tome II, 1974, p. 519.

Cette adaptation peut être initiée à travers l'article 1242 du Code civil français qui dispose qu'« on est responsable non seulement du dommage que l'on cause par son propre fait, mais encore celui qui est causé par le fait des personnes dont on doit répondre, ou des choses que l'on a sous sa garde ».

Cette disposition met en lumière trois faits générateurs de mise en cause de la responsabilité civile des personnes. Il s'agit du fait personnel, du fait des choses dont elle a la garde et du fait d'autrui. Cette distinction tripartite, issue du droit de la responsabilité civile, peut être transposée sur le droit de l'environnement, quand entrent en jeu des éléments inanimés faisant partie de la nature.

Le fait personnel peut être lié soit à un évènement indépendant de la volonté du responsable, comme lorsqu'une branche d'un arbre tombe au moment où une personne passe en dessous, soit à l'abstention d'agir du propriétaire de l'arbre qui se manifeste à travers le fait de ne pas en prendre soin à cause de son imprudence ou de sa négligence.

Dans le premier cas, le propriétaire de l'arbre est responsable en sa qualité de *propriétaire* abstraction faite de son intention, alors que dans le deuxième cas sa faute est *en apparence* présumée intentionnelle[1].

Le deuxième fait générateur est le fait des choses dont on a la garde, dont l'effet peut être étendu jusqu'à toucher même aux choses inanimées, telles que les arbres. En effet, la responsabilité du fait des choses ne se limite pas uniquement aux choses animées, comme c'est le cas d'un chien dont on a la garde qui s'attaque à une autre personne, elle s'étend également aux dommages causés par les choses inanimées[2].

Ce principe repose sur le fait que le propriétaire doit assumer les conséquences de la dangerosité potentielle des choses dont il dispose ou qu'il manipule, dans la mesure où il en exerce un pouvoir de contrôle et de direction. C'est le cas du propriétaire forestier qui est responsable des dommages dont la cause principale est l'arbre ou les arbres de son bois.

---

[1] L'alinéa 1 de l'article 1384 du Code civil français devenu l'article 1242, alinéa 1 dans le même code.

[2] Arrêt Franck, Cour de cassation, Chambres réunies, du 2 décembre 1941, publié au Bulletin.

Cet arrêt illustre le cas du propriétaire (docteur Franck) d'une voiture ayant confié le véhicule à son fils mineur. Ensuite, ce dernier avait garé la voiture sur la voie publique avant qu'elle ne soit volée. Le voleur a par la suite provoqué un accident, ce qui a causé le décès de la victime. Suite à la fuite du voleur, la famille du De cujus a alors agi contre le docteur Franck pour obtenir réparation du préjudice résultant de la mort de la victime principale.

Enfin, le même article dispose que la responsabilité générale du fait d'autrui est « l'obligation de réparer le préjudice causé par les personnes dont on doit répondre parce qu'on a la charge d'organiser, de diriger et de contrôler leur activité ».

Dans le cadre de la responsabilité environnementale, le fait d'autrui met en cause un employé ou toute personne qui intervient en forêt pour le compte du propriétaire, et commet un acte fautif à l'origine d'un dommage subi par un tiers[1].

Section 2 : La réparation du préjudice environnemental

En droit civil, tout préjudice engendré par telle ou telle personne donne lieu à réparation[2]. La même chose s'applique lorsqu'il s'agit d'un préjudice subi par un élément de l'environnement.

En France, on parle du *principe pollueur-payeur* selon lequel les frais, résultant des mesures de prévention, de réduction de la pollution et de lutte contre celle-ci, doivent être supportés par le pollueur[3]. Ce principe vise à imputer au pollueur le cout social de la pollution qu'il engendre. Par conséquent, le pollueur se trouve soumis au mécanisme de la responsabilité pour dommage écologique couvrant tous les effets d'une pollution, non seulement sur les biens et les personnes, mais aussi sur la nature elle-même[4].

Aux États-Unis, bien que les réglementations environnementales soient complexes et varient en fonction des juridictions, la loi sur la responsabilité environnementale et la réparation des Catastrophes (CERCLA), aussi connue sous le nom de Superfund, impose la responsabilité financière aux parties responsables de la pollution de sites contaminés. Ces parties peuvent être tenues de payer pour le nettoyage et la restauration de ces sites[5].

---

[1] Le problème devient plus épineux lorsque le propriétaire n'est pas assuré pour ce genre de risque, ce qui est assez fréquent en milieu agricole.

[2] La Cour internationale de Justice a reconnu, dans un arrêt de 2018, l'obligation de réparer les dommages écologiques.

[3] Aux termes de l'article 64 de la *loi n° 11.03* relative à la protection et à la mise en valeur de l'environnement, « La personne à qui incombe la réparation dudit préjudice… peut demander de limiter sa responsabilité à un montant global par incident ».

[4] Michel PRIEUR, *Droit de l'environnement*, op. cit, p. 136.

[5] www.law.cornell.edu, Legal Information Institute (LII), *Comprehensive Environmental Response, Compensation and Liability Act* (CERCLA), overview.

I— De la difficulté d'établir le lien de causalité en droit de l'environnement :

La réparation est le fait de remettre une chose en état, de corriger ou de compenser les effets négatifs d'une action. Dans le Dahir des obligations et contrats, les articles 77 et 78 ne responsabilisent l'auteur du dommage que lorsqu'il est établi que ce fait ou cette faute en est la cause directe. La faute étant établie, il faut se demander quels sont les éléments qui peuvent intervenir pour détruire ou atténuer les effets du rapport de causalité.

En principe, c'est au demandeur d'établir la preuve du lien de causalité entre le fait reproché au défendeur et le dommage, et ce, en l'absence de présomption légale. Or, les atteintes à l'environnement sont le domaine dans lequel l'appréciation des rapports de cause à effet est la plus difficile[1].

Au Maroc, la *loi n° 11.03* relative à la protection et à la mise en valeur de l'environnement dispose dans son article 64 que :

> « Est responsable, **même en cas d'absence de preuve de faute**, toute personne physique ou morale stockant, transportant ou utilisant des hydrocarbures ou des substances nocives et dangereuses, ou tout exploitant d'une installation classée, telle que définie par les textes pris en application de la présente loi, ayant causé un dommage corporel ou matériel directement ou indirectement lié à l'exercice des activités susmentionnées ».

En droit allemand, par exemple, la responsabilité se base sur la faute, et c'est au demandeur qui prétend avoir subi un dommage de prouver son existence. Cependant, la Cour fédérale a déjà fait exception de ce principe dans certaines circonstances, comme lorsqu'il s'agit de la responsabilité du producteur, et ce en se fondant sur une disposition du code de procédure civile. Le droit allemand a déjà allégé ce fardeau au profit du demandeur en incombant au défendeur, l'entièreté de la charge de la preuve.

Effectivement, en Allemagne, c'est au producteur pollueur de prouver qu'il a respecté le taux des émissions autorisé, et qu'il a bel et bien pris les mesures nécessaires, y compris économiques, pour le réduire[2].

---

[1]Suzanne GALAND-CAVAL, Causalité, in *Les responsabilités environnementales dans l'espace européen*, sous la direction de Geneviève VINEY et Bernard DUBUISSON, Schlthess-Bruylant - LGDG, Bruxelles, 2006, p. 71.

[2] Pascale KROMAREK, *La charge de la preuve, un revirement de la jurisprudence en R.F.A*, Revue juridique de l'environnement, n° 4, 1985, pp. 445-446.

En droit italien, le lien de causalité est établi d'office lorsqu'il y a coïncidence entre les substances produites et les polluants retrouvés sur le site. Le caractère fautif absorbe la causalité, mais dans la plupart des cas, lorsque celui-ci intervient en matière environnementale, il a tendance à écarter la responsabilité plutôt qu'à l'assurer.

Dans le cas où une entreprise serait l'auteur d'une pollution des eaux ou de l'air, il n'est pas garanti qu'elle soit l'unique responsable. Le fait que la pollution soit un phénomène cumulable suppose l'existence d'une pluralité d'auteurs ayant commis le même acte dans le passé[1]. En plus, les pollutions sont diffuses, tardives, insidieuses et exigent une expertise scientifique couteuse pour qu'elles soient détectables et permettent d'identifier les responsables.

Dans un arrêt rendu le 26 février 2015, la Cour de cassation marocaine a rejeté la demande de l'Office Chérifien des Phosphates après avoir retenu l'expertise ayant conclu à l'existence d'une multitude de fissures et de fractures subies par la demeure du demandeur suite à l'usage d'explosifs, ainsi qu'une poussière blanche se dégageant du lieu d'extraction du phosphate, lesquelles affectent l'usage de son immeuble. Cette expertise a suffisamment relevé le lien de causalité entre l'exploitation de la mine et le préjudice subi par l'immeuble, et par conséquent déduit la responsabilité de l'office[2].

Toutefois, comment pourrait-on demander réparation à une multitude de responsables dont on est victime à cause d'une atteinte à l'environnement ?

La victime a la possibilité de poursuivre le plus solvable des pollueurs pour lui demander la réparation de la totalité du dommage, en vertu de l'obligation *in solidum*[3] des responsables. Le défendeur poursuivi en justice peut, par la suite, demander aux coresponsables le remboursement des sommes qu'il a payées à leur place[4].

En droit marocain, l'article 164 du Dahir des obligations et contrats mentionne aussi l'obligation solidaire ou la responsabilité partagée entre le responsable principal et les autres fautifs présumés. Cependant, s'il y a faute d'autrui, la faute de l'auteur principal du dommage assigné

[1] Elzear de SABRAN-PONTEVES, *Les transcriptions juridiques du principe pollueur-payeur*, Presses universitaires d'Aix-Marseille, OpenEdition Books, 2007, p. 174.

[2] Arrêt n° 164/2 (Maroc) en date du 26/02/2015, Dossier administratif (deuxième) n° 2134/4/2/2014 (Office Chérifien des Phosphates/ Héritiers de SBIÏ Saleh).

[3] Mot employé quand deux personnes contractent une obligation au tout.

[4] Michel PRIEUR, op. cit. p. 876.

en justice n'en disparait pas pour autant. La faute est réputée établie, mais il se trouve qu'une autre personne est également en faute pour le même dommage[1].

Pour qu'il y ait obligation solidaire, la loi française exige que les coauteurs aient tous été individuellement impliqués, assignés en justice et pénalement condamnés, et que les actes qu'ils ont commis ne soient pas isolables les uns des autres.

En droit marocain comme en droit français en matière de responsabilité civile, l'établissement de la faute d'un tiers est susceptible de supprimer la faute de l'auteur principal présumé fautif de prime abord[2].

II— Le préjudice du fait de l'environnement et le cas de force majeure :

Le préjudice environnemental n'est pas toujours du fait des personnes physiques ou des personnes morales. Dans certains cas, le préjudice qu'une victime peut subir pourrait être du fait de l'environnement lui-même. C'est le cas des changements climatiques et des catastrophes naturelles. Il s'agit d'un cas de force majeure qui échappe au contrôle des personnes physiques et des personnes morales (établissements publics ou entreprises).

En effet, il n'y a pas de faute lorsqu'une tempête est responsable de la chute d'un arbre. Le droit français insiste sur le fait que cette tempête n'est exonératoire que si elle revêt un caractère imprévisible et insurmontable[3]. En revanche, la jurisprudence a déjà considéré le propriétaire d'un arbre mort comme responsable de sa chute, sous prétexte qu'il avait négligé depuis longtemps de le faire abattre[4].

En droit civil, la force majeure est un évènement imprévisible et irrésistible. Par contre, en droit de l'environnement, peut-on considérer les changements climatiques ou les catastrophes naturelles comme des évènements imprévisibles ?

En droit civil, la force majeure est un motif exonératoire, même si le juge procède à une interprétation restrictive avant d'exonérer le fautif présumé. Par contre, ceci diffère grandement dans le domaine environnemental.

---

[1] Saad MOUMMI, *Droit civil, droit des obligations*, édition EL BADH, pp. 364 et 365.

[2] Saâd MOUMMI, op. cit, pp. 255-257.

[3] Article 1384, alinéa 1er du Code civil.

[4] Arrêt de la Cour d'appel de Paris, en date du 19 février 1931, Gaz. trib.

Les dommages causés par une catastrophe naturelle ne pourront en aucun cas être réparés par le pollueur, car la responsabilité de la pollution qu'il a causée n'a pas encore été établie et prouvée. Cependant, cette pollution a fatalement coïncidé avec la survenue de ladite catastrophe.

De ce fait, la responsabilité du pollueur serait automatiquement transférée à l'État ou à d'autres partenaires privés, qui devraient par la suite réparer les dommages causés par l'évènement naturel ainsi que ceux causés par le pollueur. Dans ce cas, nul besoin d'une constatation s'il y a force majeure ou pas, notamment par la possible absence du caractère imprévisible.

Par conséquent, la comparaison entre la responsabilité en droit civil et la responsabilité en droit de l'environnement ne semble pas aisée, vu que le sens étymologique et la portée juridique des termes employés sont différents[1].

Dans le code de l'environnement français, la notion d'*imprévisibilité* a été remplacée par celle d'*exception* puisque celle-ci peut facilement être prouvée en comparaison avec le caractère imprévisible d'un dommage. En plus, le terme *insurmontable* a cédé la place à la notion de *inévitable*[2].

En droit européen, il y a une distinction entre les ressources naturelles réparables et les ressources naturelles irréparables. Les premières sont celles qui présentent un caractère personnel pour le demandeur. Cette condition seule permet la réparation du préjudice environnemental pur.

L'évaluation de ce préjudice écologique relève de la compétence du préfet du département concerné par le préjudice susmentionné. Celui-ci est tenu de vérifier la nature et l'exécution des mesures de réparation. C'est ce qui ressort de l'article R. 162-2 du Code de l'environnement français :

« En cas de menace imminente de dommages à l'environnement, le préfet du département dans lequel elle se manifeste… lorsque l'activité à l'origine de la menace imminente ou qui a causé des dommages à l'environnement est soumise à un régime d'autorisation ou d'approbation administrative qu'il n'est pas chargé de mettre en œuvre, le préfet compétent sollicite l'avis de l'autorité administrative compétente pour la mise en œuvre de ce régime ».

---

[1] Stéphanie PELGER, *Le régime de la responsabilité environnementale et le secteur agricole en France, une portée limitée par le droit communautaire*, Revue géographique de l'est, vol. 53, 2013, pp. 6 et 7.

[2] Article 1148 du Code civil français.

Les dépenses fournies pour la prévention de la réalisation imminente d'un dommage environnemental, pour éviter son aggravation ou pour en minimiser l'impact, sont également des ressources réparables[1].

Le législateur français exclut la réparation des dommages issus d'atteintes de valeur insignifiante, en faisant référence au caractère *non négligeable*. Or, ce dernier n'a pas été défini, ce qui pourrait laisser entendre que les atteintes bénignes, comme en matière de trouble anormal au voisinage, sont exclues.

Néanmoins, il appartient aux juges d'étudier et d'apprécier chaque cas individuellement et de voir si réparation il y a ou pas[2]. Certains obstacles font toutefois en sorte que la réparation du préjudice environnemental ne soit pas mise en pratique.

Tout d'abord, si on suppose que le fautif responsable du préjudice environnemental a été identifié, à qui le montant de la réparation sera-t-il versé ?

III— Le versement des dommages et intérêts :

La jurisprudence française affirme que les dommages et intérêts destinés à réparer le dommage environnemental ne seront versés qu'après une expertise effectuée par des experts judiciaires[3]. Cependant, la doctrine estime que ces derniers ne sont pas aguerris pour ce genre de mission[4]. Aussi bien le juge civil que le juge administratif peuvent librement ordonner la remise en état des lieux. Toutefois, même si ce mode de réparation est usuel en matière de responsabilité civile, il est peu utilisé par le juge civil, dans la mesure où ce dernier craint d'empiéter sur le pouvoir des autorités administratives lorsque l'auteur du dommage bénéficie d'une autorisation administrative[5].

Ensuite, la prolifération des polices environnementales spéciales, comme celles relatives à l'eau ou aux forêts, fait en sorte de créer un concours entre les règles du droit civil et les règles du droit administratif. C'est la raison pour laquelle, malgré le cadre de référence instauré par la réparation du préjudice environnemental, le doute

---

[1] Article 1251 du Code civil français.

[2] www.magazine-decideurs.com, Arnault BUISSON-FIZZELIER, *La réparation du préjudice écologique*.

[3] Rapport de synthèse de GRERCA, Benoit GRIMONPREZ, l*a réparation du dommage écologique*, p. 5.

[4] La réparation du préjudice écologique en pratique, Association des professionnelles du contentieux économique et financier, 2016, p. 26.

[5] Bernard DROBENKO et Raymond LEOST, *Sur la démolition des constructions illégales*, C.A Poitiers, 23 Janvier 1996, note, RJE, 1996-4, p. 469.

subsiste sur son application effective à cause de la monopolisation de la pratique administrative.

Notre homologue français a créé des fonds spéciaux nationaux afin de faciliter l'indemnisation ou la restauration de l'environnement, notamment dans la perspective où le responsable ne peut être identifié. Ces fonds sont alimentés par des redevances prélevées sur les responsables du préjudice environnemental. D'autres fonds réservés aux réparations de ce genre existent également dans d'autres pays tels que le fonds hollandais pour la pollution de l'air (1972), le *Superfund* des États-Unis en matière de déchets ainsi que le fonds japonais pour l'indemnisation des dommages corporels du fait de la population[1]. Encore faut-il que ces fonds soient véritablement destinés aux victimes du préjudice.

D'après *Christopher STONE*, trois critères doivent être remplis pour que la victime du préjudice bénéficie véritablement de la réparation et qu'elle soit un sujet de droit (*right holder*). D'abord, elle doit pouvoir intenter une action en justice en son propre nom. Ensuite, au cours d'un procès, les dommages qu'elle a subis ou causés doivent être pris en compte pour eux-mêmes, c'est-à-dire sans compter sur des éléments qui lui sont extrinsèques. Enfin, en cas d'obtention des réparations, elle doit en être directement la bénéficiaire. Pour cela, *Christopher STONE* recommande la création d'un fonds dédié à la collecte des indemnités de réparation ou des amendes, etc.[2]

Le respect de l'environnement dépend du comportement de l'homme et de sa capacité à le modifier et à l'améliorer. Pourtant, c'est le droit pénal qui protège l'environnement vu qu'il défend les intérêts et les valeurs sociales en faisant face à sa transgression.

Ceci suppose le fait de considérer la détérioration de l'environnement comme un fait incriminé par la loi[3]. Et si le droit pénal vise la défense des valeurs intrinsèques de la société et des intérêts essentiels des individus, c'est principalement parce que le législateur a jugé opportun de les défendre en fonction de circonstances spatio-temporelles[4].

---

[1] Michel PRIEUR, op. cit, p. 880.

[2] Christopher STONE, *Les arbres doivent-ils pouvoir plaider ?*, *Toward legal Rights for Natural Objects,* vol. 45, n° 2, p. 98.

[3] Ahmed Fathi SOUROUR, Intervention lors de la 6e conférence de l'Association égyptienne de droit pénal, p. 12.

[4] Souleiman ABDELMOUMIN, *Théorie générale du droit des sanctions*, Éditions Dar ljamiaa li nachr, 2000, p .18.

En plus des sanctions pénales appliquées par les tribunaux répressifs, la demande de réparation est portée devant le juge civil ou administratif. Au Maroc, en absence de répression pénale en matière environnementale, seules des injonctions administratives ou des mises en demeure peuvent être utilisées par l'autorité publique compétente, pour demander et inciter le fautif à réparer le dommage qu'il a causé.

Cependant, il est à craindre que le processus administratif soit bloqué si le responsable du préjudice environnemental est insolvable. Par conséquent, même en rendant ce type de réparation nécessaire, son exécution demeure difficile vu qu'elle est soumise à de nombreux aléas.

À cet effet, certaines législations européennes comme celles de la France, de la Roumanie et de l'Espagne prévoient une exécution par équivalent écologique pour compléter l'exécution par nature. Il s'agit de la remise en état de l'environnement[1]. Pourtant, nombre d'États, au lieu de développer un droit de responsabilité, empruntent aux économistes le principe *pollueur-payeur* selon lequel celui qui pollue doit payer. Cette idée est séduisante certes, mais elle signifie que le polluant, une fois qu'il a payé, gagne le droit de polluer[2]. C'est un prix qu'il paie pour exproprier tout ou partie des droits de son voisin sur le fonds de ce dernier[3].

Après avoir détruit et altéré l'environnement, l'homme pourrait-il remettre ledit environnement à son état antérieur ? Ou bien les actions de celui-ci et leurs conséquences néfastes sont-elles irrémédiables ?

Section 3 : La remise en état de l'environnement

Toute détérioration ou destruction volontaire ou involontaire de l'environnement est, dans la plupart des cas, irréversible. Pourtant, le rétablissement partiel d'une situation peut s'avérer possible.

Souvent, le pollueur ou le destructeur d'un espace naturel est condamné, selon la gravité et la nature de l'infraction, à des sanctions pénales, civiles ou administratives. Il s'agit principalement de payer des sommes d'argent sous forme d'amendes ou d'indemnités, paiement fréquemment imposé par l'administration.

En effet, c'est ce qui ressort des articles 69 et 70 de la *loi n° 12.03* relative à l'étude d'impact :

---

[1] Rapport de synthèse GRERCA, op. cit, p. 7.

[2] CHAPUS, *Responsabilité publique et responsabilité privée*, L.G.D.J. PIERRE-MARIE DUPUY, *La responsabilité internationale des États pour les dommages d'origine technologique et industrielle*, 1977, p. 281.

[3] Emmanuel DU PONTAVICE, op. cit, p. 152.

« Quand une infraction a eu pour conséquence la dégradation de l'environnement, l'administration peut imposer à son auteur de remettre en état l'environnement, lorsque cette remise est possible, et ce, même si cette dégradation ne constitue pas une infraction aux dispositions de la présente loi et des textes pris pour son application ».

Il vaudrait mieux imposer aux responsables du préjudice environnemental des obligations de faire, matérialisées par une certaine remise en état du milieu naturel[1], qui doit passer tout d'abord par une étude d'impact.

I— L'étude d'impact :

Tout projet subordonné soumis à une étude d'impact fait l'objet d'une enquête publique, dont le but est de porter à la connaissance de la population concernée l'impact dudit projet sur l'environnement[2], avant l'octroi de l'autorisation par le comité national ou les comités régionaux. Ce comité fait part de ses observations et propositions que l'administration recueille et prend en considération lors de l'examen de l'étude d'impact sur l'environnement[3].

Lorsqu'il s'agit des infractions relatives à la non-observation des dispositions de la *loi 12.03* relative à l'étude d'impact, ce sont les officiers de police judiciaire et les agents assermentés et commissionnés par l'administration et les collectivités territoriales qui se chargent de les constater et de les rechercher **(article 14).**

Ces officiers et agents dressent un procès-verbal dont une copie est transmise à l'autorité directement concernée par le projet, et une autre à l'autorité gouvernementale chargée de l'environnement. Il en résulte que le contrevenant est mis en demeure par l'autorité chargée de l'environnement qui notifie ladite mise en demeure à l'autorité directement concernée **(article 15).**

Le maitre d'ouvrage ou le demandeur de l'autorisation souhaitant réaliser des aménagements ou des projets qui risquent de porter atteinte à l'environnement sont tenus d'évaluer l'impact du projet sur ledit

---

[1] Isabel DE LOS RIOS, *La remise en état du milieu en droit français*, thèse, 3e cycle, Strasbourg, 1983.

[2] L'article 4 de la même loi exclut de son champ d'application les projets relevant de l'autorité chargée de la défense nationale, mais ils ne doivent en aucun cas exposer la population ou bien l'environnement à un quelconque danger.

[3] Articles 7 et 9 de la *loi 12.03* relative à l'étude d'impact.

environnement et de voir s'ils sont compatibles avec les exigences de protection de l'environnement[1].

Prévoir de telles mesures pour limiter les actions des entreprises sur le sol marocain et pour préserver et protéger l'environnement reste un pas avisé et courageux de la part du législateur. Mais pour l'instant, ces mesures demeureront de simples dispositions écrites non encore traduites dans la réalité, tant qu'aucune étude d'impact n'a fait l'objet d'une publication[2].

II— La remise en état de l'environnement en tant que mesure compensatoire :

Le code de l'environnement français considère la remise en état de l'environnement non seulement comme une sanction, mais aussi comme une obligation liée à l'obtention d'un permis ou d'une autorisation[3].

En ce qui concerne le domaine forestier, le Code forestier français prévoit la remise en état des lieux ou le rétablissement en nature de bois[4]. Il s'agit d'une sanction à caractère réel, ordonnée par le juge pénal. Ce type de sanction peut être prononcé dans d'autres secteurs comme les déchets non traités et l'eau. Ensuite, le préfet peut prononcer des sanctions administratives après l'envoi d'une mise en demeure ordonnant la remise en état des lieux avec la possibilité d'astreinte en cas de retard[5].

La remise en état peut également résulter d'une autorisation administrative accordée avant la survenance d'un préjudice environnemental. Il s'agit d'une mesure compensatoire à l'atteinte prévisible à l'environnement.

En vertu de l'article R. 130-1 du Code forestier français, l'administration peut par exemple accorder des autorisations de coupe d'arbres dans des espaces boisés, à condition que celui qui bénéficie de ladite autorisation procède à des reboisements ou à des plantations de remplacement, voire même à des travaux de repeuplement, s'il s'agit de

[1] Article 49 de la *loi 11.03* relative à la protection et à la mise en valeur de l'environnement.

[2] Aucune étude d'impact ne figure sur la plateforme « environnement.gov.ma » relevant du ministère de la transition énergétique du développement durable, pourtant mis en ligne pour accéder à toute information relative à l'environnement.

[3] Michel PRIEUR, op. cit, p. 896.

[4] Articles 363-7 et L. 363-14 du Code de l'environnement français.

[5] Article L. 581-27 du Code précité.

coupes dans les forêts privées comme celles appartenant à l'État (art R. 222-14 du Code forestier).

Suivant les propos d'Isabel *DE LOS RIOS*, l'obligation de remise en état doit passer par une procédure d'étude d'impact et doit se généraliser dans tout le Droit de l'environnement[1].

En ce qui concerne les incidents ou les accidents, l'exploitant responsable doit normalement intervenir d'urgence afin de minimiser les dommages à l'environnement. À défaut d'intervention, c'est l'État ou les collectivités locales qui procèdent à la remise en état.

L'alinéa 7 de l'article L. 211-5 du Code de l'environnement précise ce point selon lequel :

> « Sans préjudice de l'indemnisation des autres dommages subis, les personnes morales de droit public intervenues matériellement ou financièrement ont droit au remboursement, par la ou les personnes à qui incombe la responsabilité de l'incident ou de l'accident, des frais exposés par elles. À ce titre, elles peuvent se constituer partie civile devant les juridictions pénales saisies de poursuites consécutives à l'incident ou à l'accident ».

En l'occurrence, l'exploitant responsable se trouve dans l'obligation de rembourser les frais engagés par l'État ou les collectivités locales (art 18 de la *loi du 3 janvier 1992 sur l'eau*[2]).

L'intervention de l'État et de ses collectivités permet de minimiser les dégâts à l'environnement en gagnant du temps et en évitant que la destruction ou la détérioration ne prenne une envergure grave. De surcroit, la convention de Lugano[3] sur la responsabilité civile des dommages résultant d'activités dangereuses pour l'environnement prévoit dans son article 18 que :

> « Toute association ou fondation ayant pour objet la protection de l'environnement peut, à tout moment, demander qu'injonction soit faite à l'exploitant de prendre des dispositions de nature à prévenir un évènement ou un dommage ou, après un évènement, des mesures de remise en état ».

---

[1] Isabel DE LOS RIOS, op. cit. p. 85.

[2] Cette loi est venue prolonger et compléter la loi du 3 janvier 1964 sur l'eau, à l'issue de laquelle l'eau est devenue un patrimoine commun de la nation, faisant d'elle une ressource vitale d'intérêt général.

[3] Cette convention, conclue le 30 octobre 2007 à Lugano, entre la Confédération suisse, la Communauté européenne, le Royaume du Danemark, le Royaume de Norvège et la République d'Islande, concerne la compétence judiciaire, la reconnaissance et l'exécution des décisions en matière civile et commerciale.

Néanmoins, la procédure de remise en état se heurte à deux obstacles : le premier est de nature juridique tandis que le deuxième est de nature technique.

Les problèmes juridiques résident dans la difficulté pour les tierces personnes victimes d'un préjudice écologique d'imposer le recours à la remise en état, vu qu'elles ne disposent d'aucun moyen juridique leur conférant cette possibilité. Il s'agit d'une décision facultative pouvant uniquement être prononcée et par le juge et par l'administration[1].

Pour l'obstacle technique, il consiste essentiellement dans l'impossibilité de rétablir *complètement* l'environnement une fois détérioré. Il peut par contre être restauré partiellement, de manière à se rapprocher le plus possible de son état antérieur.

Ceci dépend bien entendu de certains facteurs extrinsèques, tels que les possibilités technologiques ainsi que de la capacité régénératrice du milieu détérioré[2].

Il convient de préciser alors que la responsabilité environnementale ne concerne pas les personnes physiques seulement, mais aussi les personnes morales. Compte tenu du danger de pollution que posent les entreprises, nous allons nous intéresser particulièrement aux multinationales, vu leur interférence avec plusieurs États et plusieurs droits à la fois.

Section 4 : La responsabilité environnementale des multinationales

Les politiques publiques nationales pour l'environnement ont été mises en place dans les années 70[vii], marquant ainsi une période où les questions environnementales ont commencé à être encadrées par des législations.

Dans les années 90, ce thème a atteint la sphère internationale à travers des conventions et des traités multilatéraux. Par conséquent, la question environnementale, qui consistait auparavant en de simples problèmes locaux, s'est transformée en enjeux planétaires majeurs tels que ceux relatifs au changement climatique et à l'érosion de la biodiversité[3]. Plusieurs acteurs avaient donc pris l'initiative de lutter

---

[1] Michel PRIEUR, op. cit, p. 901.

[2] Marie-José LITTLMAN-MARTIN, *Le juge est mal armé pour prescrire des remises en état complexes*, article 22 de la loi sur l'eau, RJE, 1994, 2-3, p. 168.

[3] Olivier GODARD, Thierry HOMMEL, *Les multinationales, un enjeu stratégique pour l'environnement et le développement durable ?* Revue internationale et stratégique 2005/4, n° 60, p. 102.

contre la détérioration de l'environnement, dont les États, les entreprises, les associations, etc.

La question environnementale étant d'une actualité brulante et d'une importance primordiale, ces acteurs ont décidé de l'intégrer dans leurs politiques. La nature urgente de la situation veut que de profonds changements soient faits au niveau économique et social pour remédier à la détérioration rampante de l'environnement.

Il est nécessaire d'accepter des concessions et de faire des sacrifices pour atteindre cet objectif. En d'autres termes, il faut parfois renoncer à des profits économiques pour protéger l'environnement.

Cependant, certains acteurs exploitent l'urgence de la situation et la popularité croissante du sujet environnemental pour se mettre en avant et accroître leur notoriété. En intégrant des contraintes environnementales dans leurs activités, ils peuvent légitimer leurs opérations économiques et les promouvoir. Encore faut-il se tenir à cette contrainte pleine de promesses envers l'environnement.

D'ailleurs, il s'agit du paradoxe problématique résultant de la notion de *développement durable*[1], dans la mesure où il est impossible pour les grandes entreprises, compte tenu de la nature de leurs activités, de réaliser des profits conformément à leur stratégie, tout en pensant à la préservation de l'environnement[2]. C'est soit l'un, soit l'autre.

Le meilleur moyen de réguler de telles activités pour poser une limite aux stratégies extravagantes de ces entreprises semble donc être à travers la mise en place de lois relatives à l'environnement.

Dans un monde de plus en plus mondialisé et caractérisé par la libéralisation des échanges, il est important de jeter un coup d'œil sur la nouvelle balance des pouvoirs mettant en scène un antagonisme acharné entre les États et les multinationales **(I)** avant d'entamer la question épineuse de la responsabilité environnementale des multinationales **(II)**.

I— La balance de pouvoir entre États et multinationales :

Eu égard à leur souveraineté et à l'ampleur de leur influence au niveau interne, les États étaient ceux qui déterminaient la marche à suivre dans tous les domaines. Seulement, ces États ne représentent plus l'entité la plus puissante, puisqu'il y en a d'autres qui ont pris le pas sur ces derniers. Il s'agit des multinationales.

---

[1] Voir la dernière section du 2e chapitre.

[2] Ce point fera l'objet de plus de développements plus loin dans ce travail.

« Nombre d'entre elles ont acquis un pouvoir supérieur à bien des États : à titre d'exemple, le chiffre d'affaires cumulé des 10 premières sociétés transnationales dépasse les PIB de l'Inde et du Brésil[1] ».

En négociant des accords sur le climat, ces entreprises jouent un rôle politique que seuls les États étaient chargés de faire. Il est donc légitime de se demander qui des deux entités, États et multinationales, est le plus à même de créer des lois relatives à l'environnement.

– L'État en tant que législateur légitime :

Il est évident que c'est l'État, en sa qualité de détenteur du pouvoir politique, qui procède à la création des lois afin de régir et d'organiser la vie en société. Par ailleurs, l'État dispose des trois pouvoirs lui permettant d'exercer légitimement sa souveraineté. Il s'agit des pouvoirs législatif, exécutif et judiciaire.

En effet, c'est ce que Montesquieu démontre dans son livre *De l'esprit des lois* :

« Il y a dans chaque État trois sortes de pouvoirs : la puissance législative, la puissance exécutrice des choses qui dépendent du droit des gens, et la puissance exécutrice de celles qui dépendent du droit civil. Par la première, le prince ou le magistrat fait des lois pour un temps ou pour toujours, et corrige ou abroge celles qui sont faites. Par la seconde, il fait la paix ou la guerre, envoie ou reçoit des ambassades, établit la sûreté, prévient les invasions. Par la troisième, il punit les crimes, ou juge les différends des particuliers. On appellera cette dernière la puissance de juger, et l'autre simplement la puissance exécutrice de l'État[2] ».

À ce propos, ce n'était qu'une question de temps avant que l'action de l'homme sur la nature, autrefois délaissée et abandonnée à elle-même, ne devienne une question de droit étatique. Cela dit, le droit de l'environnement est devenu une arme fatale et décisive entre les mains de l'État pour asseoir son pouvoir encore plus longtemps, toujours au nom de la légitimité de sa souveraineté et de la loi.

Malgré le souci apparent de l'État concernant la question environnementale, sa volonté politique démontre le contraire, puisqu'il existe un arbitrage en faveur de la croissance économique. En gros, le profit garde la priorité, la protection de l'environnement n'étant qu'un

---

[1] www.lemonde.fr, Antonio MANGANELLA et Olivier MAUREL, *De l'impunité des multinationales : Ceux qui jouent avec l'économie ne sont pas ceux qui paient les pots cassés !* 23 avril 2012.

[2] Montesquieu, *De l'esprit des lois*, livre XI, chapitre 6, édition GF Flammarion, 2011, p. 294.

prétexte pour s'aligner avec des lois déjà votées, mais qui, en fin de compte, ne s'appliquent pas.

L'État peut aller jusqu'à invoquer des principes opposés, comme c'est le cas en droit français qui présente le remembrement comme un moyen de protection de l'environnement, alors que c'est tout à fait le contraire. Ce qui crée une certaine confusion dans l'esprit du citoyen ordinaire qui *n'est pas censé ignorer la loi* une fois votée. Cette confusion s'accentue encore plus avec la multiplication et la superposition des nouvelles lois à celles déjà existantes.

En faisant du droit de l'environnement un outil de puissance, il devient facile pour la croissance économique d'accélérer le processus de bureaucratisation du corps social qui avait, jadis, préparé le terrain au capitalisme. C'est ce qui permet aux entreprises d'évoluer jusqu'à devenir de puissantes entités capables de rivaliser avec les États.

En France, un des aspects de la faiblesse de l'État face aux grandes entreprises, État dont le leitmotiv est l'économie avant tout, comme n'importe quel autre État qui prétend se soucier de l'état de l'environnement, apparait de manière flagrante via la substitution du système des amendes contraventionnelles à celui des peines correctionnelles, ce qui débouche sur un phénomène bien particulier : les entreprises préfèrent payer des amendes plutôt que d'arrêter de polluer.

Ceci soutient l'idée selon laquelle le polluant, une fois qu'il paie l'amende, gagne le droit de polluer. En plus de polluer librement contre une légère compensation financière, les grandes entreprises jouent la carte de l'emploi pour faire du chantage avec l'État, ce qui incite ce dernier à affaiblir intentionnellement ses défenses juridiques, notamment en réduisant ou en annulant des peines d'emprisonnement et d'amendes, devant normalement être prononcées à l'encontre des directeurs généraux ou présidents-directeurs généraux desdites entreprises.

Qu'en est-il des multinationales ? Dans quelle mesure peuvent-elles contribuer à la création des lois ? Et d'où provient leur légitimité en tant que législateurs ou créateur de lois ?

– L'influence des multinationales sur les lois relatives à l'environnement :

Désignée par la doctrine comme une structure économique, une multinationale peut être définie comme une « entreprise transnationale dont les capitaux et l'activité commerciale, industrielle ou de communication, se répartissent dans plusieurs États et principalement par le truchement de filiales[1] ».

La multinationale ne dispose, bien évidemment, pas des mêmes pouvoirs que l'État. Il s'agit d'une société anonyme gigantesque qui se propage dans plusieurs pays en ouvrant des filiales qui se soumettent aux lois nationales desdits pays. Elles sont dénuées de personnalité juridique internationale, dans la mesure où elles ne sont considérées que comme des entreprises nationales ayant des participations dans des entreprises étrangères[2].

Mais leur influence sur ces mêmes États ainsi que sur les lois que ces derniers créent est parfois plus grande qu'elles deviennent des entités pas moins fortes qu'un État.

Aujourd'hui, les multinationales, auparavant de simples entreprises, représentent désormais un pouvoir transversal qui défit même les États, en allant jusqu'à négocier des accords internationaux ou financer des universités.

Certaines d'entre elles disposent d'un chiffre d'affaires conséquent qui dépasse le budget de certains États. Le tableau ci-dessous[3] illustre clairement les sommes faramineuses que ces entreprises gagnent chaque année.

Entreprise	Chiffre d'affaires en milliards de dollars
Exxon Mobil	346,17
Shell	339,19
Volkswagen	335,04
China State Construction Engineering	310,78

[1] www.dictionnaire-juridique.com, définition de « multinationale ».

[2] En plus de s'étendre dans le monde entier, les activités des multinationales couvrent plusieurs domaines, allant des matières premières aux services, en passant par le secteur industriel.

[3] www.journaldunet.com, *Classement d'entreprises : les plus riches, les plus grandes, les plus profitables*.

Cependant, un État n'a d'autorité que sur son propre territoire, tandis que les multinationales opèrent à travers plusieurs pays simultanément, défiant ainsi les frontières nationales. De plus, elles exercent une influence sociologique sur les populations en influençant leur mode de vie. Dans ce contexte, le seul pouvoir que ces populations ont sur ces grandes entités réside dans leur capacité à choisir d'acheter ou non leurs produits et services[1].

Les multinationales offrent de l'emploi à des milliers d'individus, allégeant énormément le poids pesant sur les gouvernements, ce qui leur permet d'exercer une pression sur les États, dans la mesure où leur délocalisation dans un autre pays causerait une crise sociale dans le pays d'accueil.

L'expansion des multinationales veut que celles-ci participent au processus de réglementation d'une manière ou d'une autre. Il est vrai qu'elles ne créent pas de lois *per se*[2], mais elles le font indirectement via la négociation des accords multilatéraux en y imposant leurs conditions. Et puisque les conventions et traités internationaux se dressent au-dessus de la hiérarchie des normes, c'est-à-dire au-dessus de la constitution de chaque pays qui est le texte le plus important au niveau interne, les États se trouvent dans l'obligation d'adapter leurs lois à ces textes qu'ils signent et ratifient.

En d'autres termes, les États suivent indirectement la vision des multinationales, ce qui change complètement la donne en termes de pouvoir. Le rapport de force entre les deux entités a toujours été déséquilibré au profit de l'État, mais dans le contexte de la mondialisation, de la libéralisation des échanges et des avantages fiscaux, le déséquilibre profite désormais aux multinationales.

Ce basculement de pouvoir réside dans l'incapacité des États à réguler les circuits financiers, industriels et commerciaux qui sont internationalisés grâce aux firmes et aux banques multinationales[3]. En plus, ces puissantes entreprises se présentent comme la solution unique à la pauvreté et au changement climatique, problèmes qu'elles créent parfois ou au moins aggravent fortement, et qu'elles camouflent parfois au moyen d'actions philanthropiques.

---

1 www.ici.radio-canada.ca, Alain Deneault, *Quand les multinationales deviennent plus puissantes que les États*.

2 Mot qui signifie *en soi* sans prendre en compte les autres éléments extrinsèques.

3 Philippe FAUCHER et Jorge NIOSI, *The state and multinational firms*, vol. 16, n° 2, 1985, p. 241.

L'influence des multinationales peut atteindre un niveau supérieur en s'opposant même à l'application effective des accords internationaux. Selon *Olivier GODARD* et *Thierry HOMMEL*, ce sont les groupes industriels multinationaux qui, comme ExxonMobil, ayant le plus gros budget de mécénat, sont ceux qui revendiquent le plus leur responsabilité sociale et environnementale[1].

En outre, ils exercent les plus grandes pressions pour faire échec aux tentatives d'avancée de la gouvernance internationale, comme la conclusion du Protocole de Kyoto pour la maîtrise des gaz à effet de serre[2].

Un autre exemple célèbre qui illustre l'ampleur de l'influence de ces entreprises est celui de la multinationale I.T.T[3] Corporation qui a pu influencer le gouvernement américain[viii] pour provoquer un coup d'État au Chili, en raison de la nationalisation par ce dernier des mines de cuivre sans indemniser les compagnies nord-américaines. Ce qui, par la suite, a asphyxié l'économie chilienne et provoqué la chute du régime d'Allende[4].

II— La responsabilité environnementale des multinationales :

La notion d'*entreprise multinationale* ne figure sur aucun texte à caractère obligatoire, mais elle est mentionnée dans des textes comme les principes directeurs de l'OCDE destinés à ces entreprises et adoptés en 1976 et plusieurs fois révisés ; la Déclaration tripartite de l'OIT[5] de 1977 sur les entreprises multinationales et la politique sociale ; un certain nombre de résolutions d'organes d'organisations internationales sans portée normative, parmi lesquelles quelques résolutions de l'Assemblée générale et du Conseil des droits de l'homme des Nations Unies.

Il est légitime de se demander quel est le degré d'impunité de ces entreprises transnationales ? Et quelles sont les mesures juridiques

---

[1] Olivier GODARD, Thierry HOMMEL, *Les multinationales, un enjeu stratégique pour l'environnement et le développement durable*, op. cit, p. 101.

[2] www.cei.org, Marlo LEWIS, Jr, Study, *A Citizen's Guide to Climate Change*, 6 November 2019.

[3] International Telephone and Telegraph Corporation.

[4] www.sciencespo.fr, Chili 1973-1988 : *Du coup d'Etat militaire à la fin de la dictature*. Voir aussi : www.monde-diplomatique.fr, I.T.T. : *au-dessus des lois et des Etats.*

[5] Organisation internationale du travail.

susceptibles de mettre fin ou au moins affaiblir l'expansion incontrôlable de leurs actions économiques ?

– L'impunité des entreprises multinationales :

Les multinationales sont très souvent en situation de concurrence oligopolistique sur un marché donné, que celui-ci soit géographique ou économique[1]. Sauf que parfois, elles se trouvent confrontées à une croissance passive dans les pays dont elles sont issues, généralement des pays occidentaux, ce qui les oblige à aller chercher d'autres horizons où elles pourraient profiter d'un nouveau potentiel pour leur propre développement.

Bien entendu, leurs principales cibles sont les pays émergents, notamment les BRICS[2] (Brésil, Russie, Inde, Chine et Afrique du Sud). Mettre un pas dans ces pays où le coût de la main-d'œuvre est très bas, leur permet de conquérir de nouveaux marchés de croissance.

Tout d'abord, il ne faut pas nier que les entreprises multinationales peuvent contribuer au développement économique des régions concernées et à une augmentation du niveau de vie des populations locales.

Leur contribution à ce niveau se fait de quatre façons principales : les investissements directs étrangers ou IDE et la fiscalité, l'emploi local, la fourniture de biens et de services ainsi que le soutien au développement économique local dans leurs zones d'influence[3].

Néanmoins, leurs actions ne demeurent pas innocentes pour autant. L'impact négatif de ces multinationales sur l'environnement des régions où elles sont implantées est principalement dû à des régimes juridiques laxistes, qui ne prévoient pas certaines mesures relatives à l'environnement devant être mises en place pour freiner leurs actions économiques. D'ailleurs, c'est un facteur essentiel qui a un impact sur les choix de localisation de ces firmes[4].

La nature du capitalisme fait que les multinationales soient moins chauvines que l'on pourrait croire, car elles sont à la recherche

---

[1]Maxime A. CRENER et Georges HENAULT, *Le rôle paradoxal des entreprises transnationales (E.T.) dans une ère de tensions protectionnistes*, Études internationales vol. 8, n° 4, 1977, p. 619.

[2] L'Iran, l'Argentine, l'Égypte, l'Éthiopie, l'Arabie Saoudite et les Émirats arabes unis n'avaient pas encore rejoint les BRICS le jour de la soutenance de cette thèse.

[3] Cécile RENOUARD et Hervé LADO, *Les multinationales et l'impasse du développement par la croissance*, Éthique publique [En ligne], vol. 15, n° 2.

[4] Rémi BAZILLIER, Sophie HATTE et Julien VAUDAY, *La RSE influence-t-elle le choix de localisation des firmes multinationales ? Le cas de l'environnement*, p. 383.

constante du profit, le sentiment patriotique n'étant pas leur point central. Si une entreprise américaine juge qu'elle a plus de chance de se développer ailleurs dans un pays autre que les États-Unis, comme la Chine par exemple, en raison d'une réglementation environnementale plus souple, elle n'hésitera pas à aller s'y implanter.

La solution semble être que ces pays, dont le régime environnemental est faible, laxiste ou souple, régulent les actions économiques de ces puissantes entreprises par le biais de lois rigoureuses. Toutefois, même avec un arsenal de lois solide, il n'est pas évident de limiter l'expansion des multinationales, car si les profits remontent jusqu'à l'entreprise mère, il n'en est pas de même de leur responsabilité juridique.

Autrement dit, si les filiales succursales ou joint-venture d'une multinationale dont le siège social est dans un pays A nuisent à l'environnement d'un pays B, il est quasi-impossible de la condamner devant la justice dans le pays où elle a son siège principal. Ceci s'explique par le fait que chaque pays dispose d'un régime environnemental différent, et par le fait que les activités économiques des multinationales soient organisées dans des structures juridiques qui leur permettent d'échapper à l'impôt, notamment grâce aux paradis fiscaux, et ce, en profitant souvent du vide juridique et de la faiblesse institutionnelle des pays où elles sont implantées[1].

La sphère juridique qui devait être le dernier bastion contre l'extravagance des multinationales s'est avérée être leur premier allié, affaiblissant les États et leurs institutions. Entre 3400 traités de commerce et d'investissement protégeant leurs profits, aucun traité ne contraint les multinationales à respecter l'environnement[2].

– Les mesures pouvant freiner les actions économiques des multinationales :

Plusieurs mesures ou propositions prises pour remédier à la gravité de la crise écologique visent à inciter ou à inviter les consommateurs à modifier leur conduite. Ce sont des mesures qui comptent principalement sur le changement du comportement des individus, afin que leurs actions individuelles puissent apporter une vraie solution.

Il est vrai qu'au moyen d'une éducation environnementale et d'un bon arsenal de lois relatives à l'environnement, l'homme peut atteindre

---

[1] L'existence des multinationales ainsi que leurs actions s'inscrivent dans une réalité façonnée par les États, même si elles échappent parfois à leur contrôle.

[2] www.amisdelaterre.org, thématique, *Multinationales*.

une véritable protection de l'environnement. Mais il faut dire que les émissions de *CO_2* ainsi que les pollutions causées par les êtres humains sont loin d'égaler celles des entreprises exerçant des activités industrielles. En vérité, ce sont des mesures draconiennes visant à limiter les actions économiques et financières des multinationales qui doivent être prises.

L'impact de ces grandes structures sur l'environnement est beaucoup plus important et beaucoup plus dangereux. L'ONG *Carbon Disclosure Project* a indiqué dans son rapport que, « depuis 1988, plus de 50 % des émissions de CO_2 proviennent de seulement 25 entreprises et pays », et que 100 compagnies (principalement des producteurs d'énergies fossiles) sont responsables de 71 % des émissions[1].

Ainsi, contraindre les entreprises multinationales à intégrer dans leur politique économique des mesures environnementales apparait comme la solution idoine à ce problème, mais est-ce vraiment suffisant ?

Certaines solutions à ce problème méritent d'être mentionnées, notamment le recours entrepris par des associations, l'insertion d'une clause de déni dans les traités liant les États et le droit au moratoire.

Compte tenu des voies de recours qui existent, il est improbable pour les victimes d'obtenir réparation de la part d'une multinationale ayant porté atteinte à leurs droits fondamentaux et à leur environnement. Ceci est principalement dû à l'évolution beaucoup trop rapide de la réalité économique par rapport au cadre juridique, ce qui fait que ce dernier soit inadapté au contexte international dans lequel elles évoluent. Que ce soit au Maroc ou ailleurs, la situation est la même face aux multinationales.

En France, par exemple, il existe des associations, fonctionnant sur la base du volontariat avec des avocats et juristes bénévoles, qui lancent des actions juridiques contre les entreprises dont les pratiques ont des impacts négatifs sur l'environnement, en se basant sur les maigres voies de recours existantes. Ainsi, il est possible de repousser les limites du droit et de la jurisprudence, en faisant du droit un outil de promotion des droits afin de lutter contre l'impunité de ces entreprises, et d'obtenir réparation du préjudice subi par les victimes. Ces associations peuvent même négocier avec ces entreprises en tirant avantage du risque *réputationnel* à cause duquel lesdites entreprises risquent, en cas d'échec des négociations, de perdre beaucoup. Il s'agit d'un moyen de

---

[1] *The Carbon Majors Database,* CDP Carbon Majors Report 2017.

pression qui pousse les limites du droit, en permettant de freiner les actions économiques des grandes entreprises[1].

La deuxième solution réside dans la possibilité d'insérer une clause de déni des avantages dans les traités bilatéraux relatifs aux investissements[2]. Cette clause permet aux États-parties de refuser l'octroi des avantages consentis dans l'accord, aux investisseurs d'un État tiers et aux structures sans activité substantielle établis sur leur territoire[3]. En ce faisant, l'État peut lutter contre le phénomène des sociétés-écrans[ix] et de ses conséquences juridiques.

Enfin, il peut être prévu dans la législation d'un État un droit au moratoire face aux formes actuellement incontrôlées du développement économique et technique. Ce droit aurait le mérite de posséder une fonction sociale effective qui consiste en une soumission de l'invention technique aux véritables aspirations de l'homme. Le droit au moratoire s'oppose au droit à la nature ou au droit à l'environnement, tel que mentionné dans la Déclaration des droits de l'homme qui, en fait, ne fait que présenter une évidence sans proposer une véritable solution[4].

La structure tentaculaire des multinationales semble avoir pris des dimensions démesurées mettant à mal même le droit. Ce dernier est une discipline qui touche à presque tous les domaines, y compris à celui se rapportant aux activités des entreprises. Mais, l'État peine à réguler les activités économiques des multinationales, principalement par manque de volonté, pour des raisons purement économiques - chose qu'il n'admet pas ouvertement - et sociales, mais surtout pas environnementales.

L'ordre juridique ne peut être révolutionné qu'à la suite d'un profond changement du corps social tout entier, sachant qu'une simple mesure apparemment anodine possède le pouvoir d'entrainer des bouleversements profonds dans la société.

Afin d'opérer un tel changement sur le corps social, en ce qui concerne la question environnementale, le droit pénal doit s'aligner avec les exigences imposées par le changement climatique et les nouvelles tendances de consommation des ressources naturelles.

---

[1] www.multinationales.org, *Comment mettre les entreprises multinationales face à leurs responsabilités ?* L'action de Sherpa, 24 mars 2014.

[2] Quoc Chien NGO, Van Anh LY, *Le chalandage de traités à l'épreuve des accords d'investissement de nouvelle génération*, Revue internationale de droit économique 2017/3 (t. XXXI), pp. 85 et 86.

[3] www.prezi.com, *Sociétés-écran et clauses de déni des avantages.*

[4] Simon CHARBONNEAU, *l'État et le droit de l'environnement*, op. cit, p. 405.

En effet, le droit pénal exerce une influence profonde sur le corps social en agissant comme un mécanisme régulateur des comportements individuels au sein de la société. En établissant des normes juridiques et en imposant des sanctions pour les infractions, il contribue à façonner les attitudes collectives envers la moralité et la légalité.

Les changements opérés par le droit pénal se manifestent à travers la dissuasion des comportements criminels, la protection des droits individuels, la réparation des préjudices causés et la réhabilitation des délinquants.

En définissant ce qui est acceptable ou répréhensible, le droit pénal joue un rôle essentiel dans la construction de la confiance des citoyens envers le système juridique et participe à l'évolution des normes sociales en réponse aux dynamiques changeantes de la société. Ainsi, il agit comme un pilier fondamental dans la préservation de l'ordre et de la justice au sein du corps social.

CHAPITRE 4 : LE DROIT PENAL DE L'ENVIRONNEMENT

L'interaction complexe entre l'activité humaine et l'écosystème planétaire a engendré une nouvelle ère de responsabilité légale et morale envers notre environnement.

Alors que les défis environnementaux continuent de s'aggraver, le droit pénal de l'environnement a émergé en tant que bouclier juridique crucial pour préserver la santé de notre planète. Ce domaine dynamique du droit transcende les frontières nationales, confrontant les acteurs tant individuels que corporatifs à des questions de responsabilité, de réparation et de dissuasion.

Le Droit pénal de l'environnement est une branche du droit qui traite des infractions commises contre l'environnement, prévoyant des sanctions pénales pour les auteurs de ces infractions. De nombreux pays à travers le monde ont mis en place des lois spécifiques pour réguler et sanctionner les atteintes à l'environnement, et ces lois s'inscrivent généralement dans le cadre plus large du droit pénal. Il est également question des principes clés qui guident l'application du droit pénal de l'environnement, notamment la notion croissante de responsabilité pénale des personnes morales, la portée des sanctions pénales et leur efficacité en tant qu'outils de dissuasion.

En naviguant dans les méandres de la législation environnementale et des poursuites pénales, nous avons constaté que malgré les efforts employés par les États dans le sens d'une véritable protection de l'environnement, notamment après avoir été dotés d'un droit de l'environnement depuis 1970, l'état général de l'environnement ne s'est pas réellement amélioré[1].

De la pollution industrielle à la déforestation illégale en passant par le trafic d'espèces protégées, ces affaires montrent bel et bien que la mise en œuvre du droit pénal de l'environnement est devenue une nécessité pour protéger les ressources naturelles, et maintenir l'équilibre écologique.

Cette discipline est confrontée à plusieurs défis tels que l'harmonisation des législations internationales, la coordination des enquêtes transfrontalières et l'adaptation aux avancées technologiques

[1] Conclusions d'une étude générale réalisée par Environnement Canada, L'état de l'environnement au Canada, Ottawa, 1986, Criminologie, vol. 21, n° 1.

qui évoluent plus rapidement que les règles juridiques censées les encadrer[1].

Cette introduction sert de porte d'entrée vers une question importante concernant l'existence même du droit de l'environnement en tant que discipline en pleine croissance depuis plusieurs décennies.

Dans un monde où la protection de la planète est devenue une préoccupation primordiale, il est devenu important de savoir si ce droit est vraiment adapté à jouer le rôle de protecteur de la nature, ou bien sert-il seulement d'un outil purement théorique, ayant pour dessein de servir des intérêts individuels.

Par ailleurs, la notion de protection de l'environnement engendre une ambiguïté indiscutable : s'agit-il de préserver le cadre de vie de l'homme, en veillant particulièrement à préserver sa santé ainsi que la pérennité de l'espèce, ou bien de conserver la nature en tant qu'entité distincte ?

Nous comptons explorer plus en profondeur le domaine essentiel du droit pénal de l'environnement, en mettant en lumière l'état du droit pénal marocain qui se dirige vers une dépénalisation qui risque de le vider de sa substance véritable.

D'ailleurs, c'est cette substance même qui justifie son existence. Pour ce faire, nous allons aborder deux points cruciaux qui balisent cette étude. Tout d'abord, nous examinerons la problématique relative à la dépénalisation du droit pénal marocain (**Section 1**). Ensuite, nous traiterons de la difficulté d'application des règles juridiques proposées par le droit pénal de l'environnement transposées en lois nationales depuis le droit international, compte tenu de différents facteurs qui freinent inlassablement cette mise en œuvre, et qui remettent en question l'existence même de ce droit qui peine à freiner la dégradation de l'environnement (**Section 2**).

Enfin, nous conclurons par une réflexion sur les perspectives de ce domaine en constante évolution, en examinant les nouvelles approches législatives, les avancées technologiques et les moyens d'assurer une protection environnementale efficace à travers les mécanismes du droit pénal.

---

[1] Maryse GRANDBOIS, *Le droit pénal de l'environnement : une garantie d'impunité ?*, Criminologie, vol. 21, n° 1, 1988, p. 57.

Section 1 : La dépénalisation du droit pénal au Maroc :

En raison de son importance sociétale grandissante, le Droit de l'environnement marocain, considéré comme un nouveau droit de l'homme, mérite une protection pénale digne du rang constitutionnel auquel il a été élevé en 2011.

La Constitution marocaine consolide également le rôle légitime de la société civile marocaine dans la protection de l'environnement et la lutte contre le réchauffement et le dérèglement climatique.

De plus, la loi-cadre n° 99.12 relative à la création de la Charte nationale de l'environnement et du développement durable, ainsi qu'à l'établissement de la Stratégie nationale de développement durable (SNDD), établit le cadre réglementaire des politiques publiques orientées vers une économie verte.

I— La faiblesse du système répressif marocain en matière environnementale :

Il est indéniable que le respect des normes juridiques dépend de l'existence de sanctions pénales suffisamment dissuasives et adaptées aux enjeux environnementaux. Cependant, l'état actuel du dispositif répressif marocain présente de nombreuses particularités et oscille entre forces et faiblesses. La fonction préventive du droit pénal renforce l'objectif de protection de l'environnement en suscitant la crainte d'une répression en cas de violation des normes environnementales.

Or, pour atteindre les objectifs de développement durable au Maroc, il est nécessaire de mettre en place une base juridique pénale efficace. Actuellement, le cadre pénal environnemental marocain présente des lacunes importantes, entraînant une sorte de *dépénalisation de fait* où les infractions environnementales ne sont pas poursuivies.

Par ailleurs, les infractions pénales liées à l'environnement, devant être identifiées et regroupées dans un Code de l'environnement, sont identifiées dans divers textes juridiques dispersés. Ces infractions peuvent être trouvées dans la loi n° 28.00 sur la gestion des déchets et leur élimination, dans la loi sur l'eau n° 36.15, entre autres.

Les infractions environnementales au Maroc sont uniquement sectorielles et ne sont pas systématiquement intégrées dans le Code pénal marocain. En d'autres termes, le Code pénal marocain traite de manière résiduelle ces infractions.

L'unique infraction liée à la délinquance écologique, énoncée à l'article 218-3 et surnommée *terrorisme écologique*, ne sanctionne pas spécifiquement l'aspect écologique de l'infraction, mais se focalise plutôt sur l'aspect terroriste de l'acte.

De plus, le 46e point de l'article 609 du Code pénal ne prévoit qu'une amende modique de 10 à 120 dirhams marocains (environ 1 euro à 12 euros) pour ceux qui « placent ou abandonnent dans les cours d'eau ou dans les sources, des matériaux ou autres objets pouvant les encombrer ». Cette sanction paraît dérisoire et manque de dissuasion pour la protection de l'environnement.

Le projet de loi n° 10.16 modifiant et complétant le Code pénal ne propose aucune disposition en faveur de la norme pénale environnementale, ce qui risque de compromettre le respect des normes environnementales. Il est important de noter que les sanctions administratives présentes dans divers textes en vigueur ne possèdent pas le même pouvoir répressif et dissuasif que les peines pénales.

En l'absence d'une véritable législation répressive, permettant d'identifier la victime de ce type de préjudice et de sanctionner le véritable coupable, la légitimité même de l'existence du droit de l'environnement sera remise en question.

II— La justification de l'existence du droit de l'environnement :

Avant de traiter du droit pénal de l'environnement, il faudrait tout d'abord justifier l'existence d'un véritable droit de l'environnement. Pour déterminer la sanction qui sera réservée à un préjudice écologique quelconque, il faut de prime abord, identifier la véritable victime entre l'environnement et la personne.

Une telle infraction peut avoir pour sanction le paiement d'une amende, auquel cas il faudrait préciser qui est la victime qui bénéficiera de cette compensation pécuniaire, sachant qu'il s'agit ici d'une discipline qui protège non pas la personne physique ou la personne morale comme il est de coutume en droit, mais l'environnement en tant que milieu composé de plusieurs éléments, inhérents à la survie de l'homme.

En vertu de l'article 1382 du Code civil français, « tout fait quelconque de l'homme qui cause à autrui un dommage oblige celui par la faute duquel il est arrivé à le réparer ». Cette disposition démontre de manière claire qu'en droit français, la réparation du dommage est possible parce que le préjudice écologique est rattaché à une personne qui en a souffert.

Cela s'explique par le fait que l'environnement n'a pas la qualité de sujet de droit, que ce soit en droit français ou bien dans n'importe quel autre ordre juridique. En outre, la nature n'est pas douée de raison pour ester en justice et demander réparation. Ce qui nous force à poser la question suivante :

Si le dommage écologique doit être impérativement lié à la personne pour qu'il soit incriminé et punissable, serait-il toujours question d'un droit de l'environnement ?

En observant différentes législations, notamment françaises et canadiennes, nous avons constaté que le préjudice écologique n'est punissable que parce qu'il portait atteinte aux intérêts des personnes, qu'elles soient de droit public ou de droit privé. En d'autres termes, la notion de préjudice écologique, pour exister, dépend d'autres règles de droit, notamment celles du droit civil, parce que dans ce cas, l'objectif n'est plus simplement de légalement sanctionner les dommages infligés à la nature en tant qu'entité distincte, mais plutôt de sanctionner les préjudices causés aux individus par le biais des atteintes à l'environnement[1].

Dans le revers du décor, le préjudice écologique, pour exister véritablement dans son sens apparent, devrait être détaché de la lésion des intérêts individuels. Autrement, il n'y a que l'application des règles traditionnelles du droit civil, dans la mesure où le dommage est porté à un droit personnel.

Cela n'exclut toutefois pas le fait que le préjudice écologique, en plus de l'environnement, pourrait également porter atteinte aussi bien à la propriété qu'à la santé de la personne. En l'occurrence, il ne serait pas étonnant de voir les règles traditionnelles du droit civil ou du droit pénal rigoureusement mises en œuvre[2].

D'un point de vue juridique, l'environnement est considéré comme un bien collectif de l'humanité. Cependant, étant donné que le droit est une construction humaine et que seuls les êtres humains peuvent détenir des droits subjectifs, la classification juridique de l'environnement est limitée à celle d'un bien dont la préservation est impérative en raison de son lien avec la communauté humaine. Néanmoins, cela n'exclut pas la possibilité d'une reconnaissance philosophique et morale, selon laquelle l'homme peut compléter son obligation morale de respect

---

[1] Stephen DUVAL, *La notion de préjudice à l'environnement et le droit individuel à la santé*, Elsevier Masson, Droit, Déontologie & Soin, 2-16, 2009, p. 4

[2] Ibid, p. 14.

envers la vie en attribuant à l'environnement une sorte de droit *sui generis*[1].

La perpétration d'un préjudice écologique implique forcément des sanctions. Cependant, ce n'est pas le cas de toutes les législations. Certains pays ne disposent pas encore d'un droit de l'environnement, tandis que d'autres disposent de textes juridiques n'ayant pas un caractère répressif. D'ailleurs, même les pays occidentaux qui disposent d'un droit pénal de l'environnement peinent, dans la plupart des cas, à mettre en œuvre leur système répressif en matière environnementale.

Section 2 : La répression en matière environnementale

Dans le domaine environnemental, les criminalités sont nombreuses et sont le plus souvent visibles. La grande majorité des atteintes à l'environnement demeurent sans sanctions, nonobstant le fait que les infractions soient souvent apparentes. Cela est principalement dû à la conclusion d'ententes[2] et à la fixation d'échéances, parfois même à long terme, entre l'autorité administrative et les entreprises.

Cette situation compromet non seulement les poursuites pénales, mais également les poursuites administratives et civiles. À cet effet, nous allons tout d'abord traiter de l'ambiguïté qui enveloppe le droit pénal de l'environnement **(I)** avant de démonter à quel point, il est difficile d'appliquer les sanctions en matière environnementale **(II)**.

I— Existence ambiguë d'un droit pénal de l'environnement :

D'un point de vue social, le droit pénal de l'environnement n'est pas perçu comme un véritable droit pénal incriminant certains comportements qui nuisent à l'ordre social, mais plutôt comme une sorte de discipline exigée par la vie en société[3]. Car, si le droit de l'environnement régit la relation dynamique entre les individus et leur milieu, le droit pénal de l'environnement vient renforcer cette structure normative en vue d'en sanctionner le défaut d'application.

Pourtant, certains gouvernements, notamment ceux de la France et du Canada, déterminent les quantités maximales tolérables des émissions ou de rejets de contaminants (anhydride sulfureux, dioxyde

---

[1] Mateo J. MAGARINOS DE MELLO, *Les ressources naturelles et leurs rapports avec le droit de l'environnement et le droit international*, Environmental Policy and Law, n° 3, 1977, p. 132.

[2] Au Québec seulement, 400 entreprises ont conclu de telles ententes.

[3] Jacques-Henri ROBERT et Rémond-Guilloud MARTINE, *Droit pénal de l'environnement*, Paris, Éditions Masson, 1983, p. 23.

d'azote, monoxyde de carbone), autant de produits néfastes qui ont une incidence catastrophique sur l'environnement[1]. Sinon, ces gouvernements, parfaitement conscients de l'irréversibilité des dommages causés à l'environnement, tolèrent un minimum de pollution pouvant mener à la dégradation de la qualité de l'atmosphère, en conférant le droit de polluer indirectement aux entreprises ou aux usines[2].

Au Canada, en vertu de la loi sur la prévention de la pollution des eaux arctiques[3], le ministre a le pouvoir de demander des preuves de solvabilité. De même, en vertu des dispositions de la loi sur les contaminants de l'environnement, le ministre peut solliciter des informations et exiger des expériences[4].

En d'autres termes, l'autorité administrative, après vérification de la solvabilité de l'entreprise, et donc de sa capacité à pouvoir payer des sommes d'argent considérables, tolère un certain seuil de contamination de l'atmosphère, et ce, malgré la dangerosité des produits industriels en jeu. Ceci démontre clairement que la logique économique prévaut toujours sur la logique environnementale, ce qui est raisonnable dans un monde où le capitalisme, l'industrialisation et la technologie marchent main dans la main vers une domination totale des ressources naturelles.

Tant qu'il y a des normes autorisant certaines émissions telles que l'émission d'oxyde de soufre, il n'y a pas de véritable interdiction. Ce qui nous mène à poser la question suivante : Existe-t-il un droit pénal de l'environnement ?

Nonobstant leur caractère fragmenté et varié, les mécanismes de répression des délits environnementaux permettent même d'ajuster les sanctions en proportion de la sévérité des infractions et de la capacité des entreprises à payer. Cependant, ce droit pénal ne parvient pas à accomplir pleinement les rôles sociaux de répression et de dissuasion qu'il prétend assumer[5].

---

[1] Règlement sur la qualité de l'atmosphère, R.R.Q. 1981, c. Q-2 r 12 ; *Loi sur la qualité de l'environnement*, art. 20 et 106.

[2] Maryse GRANDBOIS, *Le droit pénal de l'environnement : une garantie d'impunité ?*, op. cit, p. 64.

[3] Article 5 (1) de la loi sur la prévention de la pollution des eaux arctiques.

[4] Article 3 et 4 de la loi sur les contaminants de l'environnement.

[5] Maryse GRANDBOIS, *Le droit pénal de l'environnement : une garantie d'impunité ?* op. cit, p. 73.

En dépit de la sévérité des peines d'amendes, le droit ne semble pas dissuader les grandes entreprises qu'il choisit parfois de privilégier. C'est le cas de la compagnie « Mines Noranda » qui a continué d'enfreindre, jusqu'en 1994, le règlement sur la qualité de l'atmosphère[1].

Au Québec comme en France, il n'est pas interdit de polluer. Ce qui est interdit, c'est de dépasser un certain seuil de pollution, une limite difficile à fixer définitivement en raison des multiples intérêts en jeu[2].

II— De la difficulté de sanctionner en matière environnementale :

Le droit de l'environnement étant sujet à une vaste dépénalisation au profit de procédures purement administratives, il est devenu de plus en plus difficile d'appliquer les sanctions prévues par les lois relatives à l'environnement, et ce, pour des raisons diverses.

Tout d'abord, il est difficile d'établir le lien de causalité entre l'atteinte à l'environnement et le préjudice subi. Au Maroc, le Dahir des obligations et des contrats, dans ses articles 77 et 78, dispose que l'auteur du dommage n'est présumé responsable que « lorsqu'il est établi que ce fait ou cette faute en est la cause directe ».

En droit allemand, la responsabilité repose principalement sur le concept de faute, ce qui signifie que c'est au demandeur prétendant être victime d'un préjudice qui doit démontrer sa réalité. Cependant, des exceptions[3] à ce principe existent, suivant notamment les cas susmentionnés des gouvernements allemand et italien[4].

La notion de faute de l'entreprise peut englober la notion de causalité, mais dans de nombreux cas, particulièrement en matière environnementale, la faute peut en réalité entraîner l'exonération de la responsabilité plutôt que son établissement. Cette situation est accentuée lorsque la pollution découle de multiples sources, ce qui rend ardue l'attribution d'une responsabilité unique.

---

[1] John D. WILSON, *Re-thinking Penalties for Corporate Environmental Offenders: a view on the Law Reform Commission of Canada's Sentencing in Environment Cases*, 1986, McGill Law Journal, 31, p. 321.

[2] John SWAIGEN et Bunt GAIL, *La détermination de la peine de l'environnement*, un document d'étude préparé à l'intention de la Commission de réforme du droit du Canada, 1985, p. 8.

[3] Pascale KROMAREK, *La charge de la preuve, un revirement de la jurisprudence en R.F.A*, Revue juridique de l'environnement, n° 4, 1985, pp. 445 et 446.

[4] Voir le 3e chapitre : la responsabilité environnementale.

Les cas de pollution environnementale sont souvent caractérisés par leur diffusion, leur apparition tardive et leur nature insidieuse, nécessitant des expertises scientifiques coûteuses pour leur détection et pour l'identification des parties responsables.

Une autre problématique réside dans la nature fondamentalement transnationale des atteintes environnementales les plus sérieuses : comment parvenir à engager des poursuites efficaces contre les crimes et délits écologiques lorsque les responsables opèrent à des milliers de kilomètres du lieu où les infractions ont été commises ?

En effet, la majeure complexité liée à la poursuite et à la sanction effective des infractions portant atteinte à l'environnement, réside dans le fait qu'elles sont fréquemment caractérisées par une forte composante d'extranéité. Outre la non négligeable question de la responsabilité étatique dans les dégradations environnementales, les violations les plus graves proviennent le plus souvent de sociétés multinationales ou d'acteurs agissant en dehors des frontières de leur propre pays. Ce qui nécessite une coopération internationale, accomplie de bonne foi[1].

La répression des infractions environnementales les plus graves fait face à l'absence d'harmonisation des infractions et à la persistance d'une tendance nationale dans leur poursuite[2]. Il est donc nécessaire d'établir des infractions communes définies de manière similaire dans les États qui sont appelés à collaborer dans le cadre de leur poursuite.

Enfin, comme nous l'avons souligné ci-dessus, la logique économique bénéficie d'une priorité par rapport à la logique environnementale. Les intérêts politiques et économiques passent avant la protection de l'environnement, et cela est dû principalement à l'absence d'une véritable volonté de le protéger. La vision anthropocentrique du monde persiste encore face à la vision écocentrique qui semble, pour l'instant, être un mythe plus qu'autre réalité.

Comme l'exprimait Rossi, dans une société démocratique, « le pouvoir social ne peut regarder comme délit que la violation d'un devoir envers la société ou bien les individus, exigible en soi, et utile au maintien de l'ordre politique, un devoir dont l'accomplissement ne peut

---

[1] Pierre LASCOUMES, *Action publique et environnement*, Paris, PUF, coll. Que sais-je ?, 2012, p. 55.

[2] Vincent SIZAIRE, *Peut-il exister un droit pénal de l'environnement ?,* Délibérée, éditions La Découverte, n° 3, 2019, p. 47.

être assuré que par la sanction pénale et dont l'infraction peut être appréciée par la justice humaine[1] ».

Tout comme l'incrimination des différentes formes d'atteinte aux institutions publiques a pour but ultime de sauvegarder les droits et les libertés des citoyens, l'incrimination des atteintes à l'environnement vise à garantir la préservation de leur cadre de vie. Dans la plupart des cas, la force symbolique supérieure du procès pénal est abandonnée, faisant en sorte que la poursuite finisse par une compensation pécuniaire[2].

En fin de compte, c'est bien davantage de la personne que de la nature dont il est question. Rigoureusement, il n'y a pas d'atteintes juridiques à la nature. Il n'y a que des atteintes en fait. L'atteinte à l'environnement ne devient une préoccupation juridique que lorsqu'elle affecte simultanément les intérêts personnels protégés par le droit.

En plus de la protection des intérêts individuels, le droit de l'environnement sert, pour l'instant, d'outil destiné à réaliser certains objectifs contradictoires, notamment ceux concernant le développement durable, puisqu'il faut concilier entre la réalisation du profit et la protection de l'environnement, et ceux qui sont relatifs aux générations futures.

Comme nous l'avons déjà souligné, l'avenir, avec son lot d'aléas et d'incertitudes, échappe au domaine du droit qui se concentre plus sur les actions présentes et immédiates. Il est donc extrêmement difficile de restreindre les droits et libertés actuels au nom des générations futures. Cette dualité inhérente à cette discipline rend la sanction des dommages environnementaux complexe, voire parfois impossible. Par conséquent, on se retrouve avec un droit de l'environnement incitatif, mais peu contraignant.

---

[1] Pellegrino ROSSI, *Traité de droit pénal*, Paris, Guillaumin, 1863, p. 249.
[2] Vincent SIZAIRE, op. cit. p. 44.

CHAPITRE 5 : L'EDUCATION ENVIRONNEMENTALE

Face à la fragilité des systèmes biologiques essentiels à la vie sur Terre, l'humanité a été contrainte de reconnaître les limites des ressources planétaires indispensables à sa survie.

Avant 1970, l'appel à la préservation de ces ressources n'était pas pris au sérieux. Dès 1972, la conférence des Nations unies sur l'environnement, tenue à Stockholm, a incité plusieurs personnes à partager les mêmes préoccupations, notamment grâce à quelques incidents majeurs qui avaient eu lieu à l'époque.

Pour remédier à ces problèmes qui se multipliaient de plus en plus, le débat international sur les questions environnementales a proposé l'éducation comme un élément de solution important[1].

L'éducation environnementale est essentielle pour le développement individuel et social, car elle concerne la relation entre les personnes et leur environnement. Ce processus continu vise à cultiver chez les individus et les groupes sociaux un état d'esprit propice à optimiser leur interaction avec leur milieu de vie.

Il s'agit également de développer des connaissances et une volonté d'agir afin de s'engager dans des actions visant à préserver, restaurer ou améliorer la qualité du patrimoine environnemental commun, indispensable à la vie et à la qualité de vie[x].

L'expression *éducation relative à l'environnement* a été adoptée par l'UNESCO[2] et le programme des Nations unies pour l'environnement. Quelques locutions sont toutefois utilisées comme synonymes, bien qu'elles aient presque toutes une connotation ou une signification particulière ; éducation à l'environnement, éducation environnementale, éducation en matière d'environnement ou en environnement, éducation pour l'environnement et enfin, éducation mésologique[3].

---

[1] Marc BOUTET, *Analyse du contenu réflexif de discussions d'étudiantes en formation initiale à l'enseignement dans le contexte de séminaires de formation à la didactique de l'éducation relative à l'environnement*, thèse, 2000, Université Laval (Canada), p. 4

[2] Organisation des Nations unies pour l'éducation, la science et la culture.

[3] Qui intègre toutes les dimensions du milieu de vie.

Il existe trois sortes d'éducation environnementale : l'éducation par l'environnement, l'éducation pour l'environnement et l'éducation à l'environnement.

Dans l'éducation par l'environnement, ce dernier, par sa richesse, est considéré comme un moyen pédagogique qui permet à l'homme de développer des savoirs, notamment son savoir-faire, son savoir-être.

Quant à l'éducation pour l'environnement, elle requiert que l'homme soit armé d'une morale et d'une croyance qui lui permettent d'être responsable envers son milieu naturel. Pour ce faire, ces principes moraux et ces croyances doivent être intégrés dans le système éducatif.

« Éduquer pour l'environnement, c'est donc mettre l'enfant - et l'homme ou la femme qu'il deviendra plus tard - au service de l'environnement. De moyen, l'environnement devient une fin, un but[1] ».

Enfin, l'éducation à l'environnement réunit les deux approches susmentionnées en donnant de l'importance à l'homme et à l'environnement, sans favoriser l'un par rapport à l'autre.

Section 1 : Origine de la notion d'éducation à l'environnement

Après la naissance de la notion d'éducation environnementale dans les années 60, un nombre important d'associations de protection de l'environnement est apparu au milieu des années 70. C'était l'occasion d'incruster d'autres notions comme la connaissance et la préservation des milieux naturels.

Suite à l'apparition du concept de développement durable en 1987, le terme *nature* a été remplacé par celui d'*environnement*, afin d'intégrer au milieu naturel d'autres composantes, à savoir celles de nature sociale, économique et culturelle[2]. L'ONU a également exprimé sa volonté de poser un nouveau cadre mondial avec la *décennie pour l'éducation au développement durable*.

Les participants à la conférence de Stockholm ont alors préconisé l'organisation d'un programme international d'éducation relative à l'environnement (PIEE) et ce, sous la responsabilité de l'UNESCO et des Nations unies pour l'environnement (PNUE).

À Belgrade en 1976, comme à Tbilissi en 1978, les participants ont proposé un cadre explicite à ce mouvement éducatif en énonçant des buts, des objectifs, des principes pédagogiques ainsi que de nombreuses

[1] Pierre GIOLITTO et Maryse CLARY, (2001), *Éducation à l'environnement*, Paris, Hachette Éducation. p. 129-134.
[2] www.rdee26.com, *qu'est-ce que l'éducation à l'environnement ?*

recommandations pour la concrétisation d'un véritable programme relatif à l'éducation environnementale[1].

D'ailleurs, cette dénomination a pour origine la conférence de Tbilissi susmentionnée, la charte de Belgrade[2] de 1975 qui a lancé l'expression *éducation relative à l'environnement*, ainsi que le rapport de Brundtland de 1987 ayant lancé l'expression connue actuellement par *développement durable*.

D'après la déclaration de Tbilissi de 1977, « L'objectif fondamental de l'éducation relative à l'environnement est d'amener les individus et les collectivités à saisir la complexité de l'environnement, tant naturel que créé par l'homme - complexité due à l'interaction de ses aspects biologiques, physiques, sociaux, économiques et culturels - ainsi qu'à acquérir les connaissances, les valeurs, les comportements et les compétences pratiques nécessaires pour participer de façon responsable et efficace à la prévention et à la solution des problèmes de l'environnement et à la gestion de la qualité de l'environnement[3] ».

L'éducation environnementale vise à restaurer le lien entre les humains et leur environnement naturel, social et culturel. Étant crucial pour la survie humaine, cet environnement devrait inciter chacun à prendre conscience de l'impact de ses actions sur l'environnement, qu'elles soient bénéfiques ou préjudiciables. Mais est-ce une évidence ? Existe-t-il une éducation environnementale qui rendrait n'importe quel citoyen conscient de l'état critique de l'environnement ?

Section 2 : Réaction sociale et sociologie juridique

Se comporter avec responsabilité envers l'environnement n'est pas une chose innée chez l'homme. Ce comportement s'acquiert dans le cadre de la vie en société, grâce à plusieurs facteurs, notamment le caractère répressif de la loi, mais aussi, et surtout grâce à une éducation bien pensée et bien organisée.

L'éducation environnementale comporte plus une dimension socio-économique, que juridique. Nous allons alors traiter des irrégularités dans le comportement des citoyens et de l'industrie lourde, qui nuisent gravement à l'environnement (**I**). Ensuite, nous souhaitons démontrer l'importance de l'étude sociologique préalable à toute initiative de la

---

[1] Marc BOUTET, op. cit.

[2] UNESCO-PNUE, La Charte de Belgrade, 1976, p. 5.

[3] Conférence intergouvernementale sur l'éducation relative à l'environnement, Tbilissi, URSS, 14-26 octobre 1977.

part du législateur dans le sens de la réglementation de l'environnement (**II**).

I— Le comportement et l'attitude de l'individu envers l'environnement :

À partir de la deuxième moitié du 20e siècle, les foyers ont commencé à changer leurs habitudes à cause de la naissance de la société de consommation. L'individu avait acquis de nouveaux réflexes et de nouvelles habitudes qui l'ont incité à consommer encore plus.

Avec l'avènement des nouvelles technologies d'information et de communication (NTIC), ces habitudes et ces réflexes se sont aggravés de façon démesurée, portant atteinte tout d'abord à l'environnement.

Désormais, la vision selon laquelle l'homme est le centre de l'univers est révolue (anthropocentrisme[1]). Cette vision, tournant autour de l'idée de la valeur intrinsèque, considère les entités naturelles, ou de la nature comme un tout[2].

> « Les êtres dont l'existence dépend, à vrai dire, non pas de notre volonté, mais de la nature, n'ont cependant, quand ce sont des êtres dépourvus de raison, qu'une valeur relative, celle de moyens, et voilà pourquoi on les nomme des choses[3] ».

Aujourd'hui, l'environnement est devenu une préoccupation majeure des gouvernements, des organisations internationales et de la société civile. Cependant, les individus ne sont pas les seuls responsables dans ce cas ; les grandes usines de l'industrie lourde sont également impliquées et portent une part significative de la responsabilité.

Considérons un gaz tel que l'oxyde de carbone, un polluant atmosphérique provenant principalement du trafic automobile. Il s'agit d'un poison gazeux inodore et incolore résultant de la combustion incomplète du carbone contenu dans les hydrocarbures. Cette substance émane en grande partie des voitures et des camions. Bien qu'elle se disperse lentement et soit finalement absorbée par des processus

---

[1] D'après Kant, l'expression de *valeur intrinsèque* est « tout ce qui doit être traité comme une *fin en soi*, c'est-à-dire l'humanité et, plus généralement, tout être raisonnable. Tout le reste n'est considéré que comme un moyen, comme une valeur instrumentale ».

[2] Catherine Larrère, *La question de l'écologie ou la querelle des naturalismes*, Cahiers philosophiques 2011/4, n° 127, p. 64.

[3] Emmanuel KANT, *Fondements de la métaphysique des mœurs*, in Œuvres philosophiques, Paris, Gallimard, coll. Bibliothèque de la Pléiade, 1985, t. II, sect. II, p. 294.

naturels, elle peut atteindre des concentrations élevées, surtout dans les zones urbaines. L'oxyde de carbone a la capacité de se substituer à l'oxygène dans les globules rouges de l'homme, réduisant ainsi la quantité d'oxygène nécessaire à la vie. Cela peut entraîner des problèmes cardiaques et cérébraux, et dans les cas les plus graves, entraîner la mort[1] .

À cela, on peut également mentionner les accidents environnementaux majeurs ainsi que les accidents industriels qui peuvent à eux seuls causer des pertes de vie tout en endommageant sérieusement l'environnement (UNESCO-PNUE, 1990). En adoptant un comportement responsable, la coopération semble être le strict minimum requis quand on observe les dégâts que ces facteurs polluants peuvent causer aussi bien sur le plan écologique que sur le plan humain, sans oublier les catastrophes naturelles, le changement climatique et la déforestation des milieux forestiers qui jouent le rôle d'absorbeurs de toute substance à base de CO_2.

Malgré cette prise de conscience, la population est bien souvent la victime de comportements irresponsables à l'égard de l'environnement. Ceci est dû à de sérieux problèmes de pollution, de gestion des déchets, de déforestation, etc., qui constituent des facteurs aggravants.

C'est pour cette raison que l'éducation apparait comme la solution principale susceptible de contribuer aux changements de la perception humaine, et par la suite au changement de comportement de tout un chacun face à la détérioration de l'environnement[2].

Néanmoins, il est recommandable de passer par une étude sociologique préalable avant d'établir un plan relatif à l'éducation environnementale.

II— La nécessité d'une étude sociologique relative à l'éducation environnementale :

Tandis que la sociologie se penche sur tous les faits de nature sociale ainsi que sur toutes les institutions sociales, la sociologie juridique ou sociologie du droit s'intéresse uniquement aux phénomènes juridiques. Elle ne se limite toutefois pas aux lois, coutumes et institutions, mais s'étend jusqu'aux comportements que celles-ci déterminent dans la

---

[1] Anne-Suze AMICY, *L'éducation relative à l'environnement dans le programme des deux premiers cycles du niveau fondamental en Haïti*. Analyse comparative des programmes de sciences expérimentales de France, Haïti et Ontario (Canada), Université Paris-Est, 2016, pp. 30 et 31.

[2] Idem.

société[1]. En effet, cette science peut aider à mieux appréhender et connaitre le comportement des citoyens ainsi que leur réaction face à de nouvelles règles de droit[2].

Dans le cas des règles de droit relatives à l'environnement, exploiter la voix d'un processus éducatif progressif serait insuffisant, et dans une certaine mesure, une grave erreur puisque, devant le caractère répressif d'une nouvelle loi, le comportement des individus peut devenir imprévisible.

Par contre, durant la période où ils se familiarisent encore avec le processus éducatif relatif à l'environnement, ils jouissent encore du choix de se comporter comme ils le souhaitent. Le passage direct à l'établissement d'une loi nouvelle peut avoir une influence négative sur leur comportement.

Afin d'appréhender la réaction et l'imprévisibilité de ces divers comportements chez les individus, la sociologie juridique compte sur diverses techniques telles que l'analyse de documents juridiques, la jurisprudence, les enquêtes et les sondages[3].

Grâce à ces techniques d'investigation, le législateur agit en connaissance de cause et fait son choix en se basant sur des données d'une crédibilité solide. Ceci permet d'éviter un rejet violent et immédiat de la part des citoyens, un rejet qui ne peut amener la société qu'au désordre, plus qu'autre chose.

De cette manière, toute nouvelle loi relative à l'environnement pourrait être adaptée par le législateur tout en s'inspirant des pays en avance dans ce domaine, sans pour autant en faire un parfait calque. Ainsi, même après le vote de ces nouvelles lois, il pourrait, grâce à la sociologie juridique, modifier la règle de droit devenue inefficace, ou bien résister aux déviations révélées par cette science[4].

Section 3 : Les difficultés et les solutions relatives à l'établissement d'une éducation à l'environnement

L'éducation environnementale se heurte à quelques obstacles qui entravent sa bonne application et rendent difficile son uniformisation.

---

[1] Jean CARBONNIER, *La sociologie juridique et son emploi en législation : communication de Jean Carbonnier à l'académie des sciences morales et politiques*, l'Année sociologique, 2007/2, vol. 57, p. 393.

[2] Mohammed JALAL ESSAID, *Introduction à l'étude du droit*, 4e édition, 2010, p. 15.

[3] Jean CARBONNIER, *Sociologie juridique*, P.U.F, 1978, p. 247 à 334

[4] Jean-Luc. AUBERT, *Introduction au droit et thèmes fondamentaux du droit civil*, Édition A. Colin, 1988, n° 63, p. 53.

Quels sont donc ces obstacles et quels sont les moyens disponibles qui permettent d'y remédier ?

I— Les obstacles à l'uniformisation de l'éducation à l'environnement :

Le premier obstacle à l'uniformisation de l'éducation à l'environnement tient du fait qu'il existe une contradiction entre le comportement de l'individu et son attitude.

Dans une étude effectuée en France, il a été démontré que 80 % des Français se déclarent être prêts à consommer de manière responsable, alors que moins d'un quart d'entre eux allie le geste à la parole.

L'attitude renvoie à une représentation mentale qui résume l'évaluation par un individu à l'égard d'un objet. Ceci montre qu'il existe un lien entre l'attitude et les comportements, mais prouve aussi que d'autres variables entrent en jeu comme les normes sociales. Ces normes conditionnent l'individu de façon à ce qu'elles l'incitent à suivre ce que les autres font. Cela voudrait dire que le comportement de l'un dépend du comportement des autres[1].

Dans une autre étude menée par *Cialdini* et *Griskevicius* en 2008, des individus séjournant dans un hôtel ont été invités à participer à une campagne dans laquelle il fallait réutiliser des serviettes au cours du séjour, afin de préserver l'environnement. En ajoutant un message selon lequel « 75 % des personnes ayant séjourné ont participé à cette campagne », la réutilisation de serviettes de bain a connu une augmentation de 10 %[2].

La volonté de changer les réflexes, les routines et les modes de consommation est devenue une nécessité afin de pouvoir préserver les ressources et les équilibres naturels dans les années à venir. Cependant, certains changements favorables à l'intérêt général peuvent être contraires aux désirs individuels.

Parfois, même lorsqu'elle sert l'intérêt particulier, vouloir changer de comportement peut s'avérer difficile à mettre en œuvre. Ceci est

---

[1] Kabran Djane ARISTIDE, Aïstan KONATE, Fabrice Constant KOUASSI, *Éducation environnementale à l'école primaire et adoption du comportement environnemental par l'élève*, UEMOA, Côte d'Ivoire, 2009, p. 11.

[2] Noah J. GOLDSTEIN, R.B CIALDINI et Vladas GRISKEVICIUS, (2008), *A room with a viewpoint: using social norms to motivate environmental conservation in hotels,* Journal of a Consumer Research, 35, August, p. 472-482.

principalement dû à la complexité des individus quand il est question de comportements pro-environnement.

Pour que l'individu fasse preuve d'une conduite rationnelle, l'État doit déclencher une action publique efficiente, pour peser sur les comportements de tout un chacun grâce à une politique publique orientée vers le développement d'une éducation à l'environnement. De cette façon, le citoyen ou l'usager aura acquis une certaine éthique et une morale relatives à la préservation de son environnement naturel. Pour ce faire, l'État doit avoir entre les mains les moyens nécessaires destinés à concrétiser un tel projet.

L'État marocain peut faire recours à trois options pour pousser la société à évoluer dans ce sens et à respecter l'environnement. Il s'agit de la contrainte, notamment au moyen de la loi et de la puissance publique, de l'information ou de la sensibilisation ainsi que de l'incitation.

Concernant la contrainte, nous l'avons traitée dans la section précédente via la responsabilité environnementale.

Du coup, nous allons traiter des deux dernières options, à savoir l'information ou la sensibilisation et l'incitation, vu que d'autres États y font de plus en plus recours, pour faire face à la complexité des comportements des citoyens.

II— Les moyens nécessaires à la concrétisation du projet d'éducation à l'environnement :

L'émergence d'une éducation à l'environnement et son intégration dans le système de l'État, commencent par la sensibilisation des citoyens. Cette méthode a pour utilité d'orienter leur comportement dans une totale transparence.

Une sensibilisation pour la préservation et la protection de l'environnement permettra de combler le fossé qui existe entre l'attitude et le comportement de l'individu. Une telle sensibilisation peut se faire à travers des campagnes qui fournissent des informations aux individus afin de les inciter à se comporter rationnellement envers leur environnement.

Les campagnes de communication doivent, de préférence, être concoctées par des professionnelles en marketing, afin de transmettre des messages positifs et réalistes. Des messages positifs parce que, d'habitude, le citoyen perçoit le comportement proécologie comme une punition[1] ou un rabaissement de sa personne[2].

Il est également préférable que ces informations soient transmises au citoyen dès son jeune âge, surtout à la nouvelle génération qui semble gravement submergée par un monde d'hyperconsommation, malgré la sensibilisation aux enjeux de l'environnement et du développement durable[3]. Afin d'y remédier, l'État et les collectivités territoriales doivent faire en sorte d'orienter les comportements des individus en guidant leurs choix vers des décisions favorables à l'intérêt général.

Des campagnes d'information et d'éducation faites dans d'autres pays ont donné de bons résultats, puisqu'elles aident les jeunes à se familiariser avec les bonnes pratiques proécologiques.

L'État et les collectivités territoriales disposent d'une diversité d'instruments qu'ils peuvent mettre en œuvre, notamment, l'action contraignante au moyen d'instruments réglementaires et législatifs, spécialement ceux relatifs à la fiscalité. En effet, un consommateur bien informé et incité à travers des mécanismes fiscaux et financiers peut prendre des décisions destinées à servir l'intérêt général[4].

Par ailleurs, ils disposent aussi de moyens plus conventionnels pouvant donner de bons résultats en ce qui concerne l'orientation du comportement écologique de l'individu. Il s'agit par exemple des chartes, dont le but est d'inciter aussi bien le citoyen que les entreprises et les administrations à se comporter décemment envers l'environnement.

D'ailleurs, le Maroc a déjà franchi le pas en élaborant la Charte nationale de l'environnement et du développement durable, dont la finalité est d'encourager le maintien de l'équilibre entre les dimensions environnementales, économiques et sociales[5].

Or, l'information, seule, n'a jamais été un facteur décisif capable de produire des changements comportementaux chez les individus. L'idée qu'une personne informée ferait les bons choix est une idée fausse.

---

[1] ec.europa.eu/clima/documentation/roadmap/docs/com_2011, p. 112.

[2] Synthèse des débats, *Incitations comportementales et environnement,* Actes de séminaire, 2011, pp. 6-8.

[3] P. Wesley Schultz, *Expérimentation menée auprès de 120 foyers dans la ville de Laverne en Californie*, (1998) *Changing behavior with normative feedback interventions : A field experiment on curbside recycling, Basic and applied social psychology*, p. 21.

[4] Bruno MARESCA, *Orienter le consommateur final : les ressorts actuels de l'action publique*, actes de séminaire, op. cit, 2011, pp. 13 et 14.

[5] www.environnement.gov.ma

C'est pour cette raison que l'information que l'État est tenu de fournir doit être intelligible, cohérente et facile à transmettre[1].

La cohérence des messages à transmettre lors des campagnes de sensibilisation est extrêmement importante. Il faut qu'il n'ait pas de paradoxe entre les politiques adoptées et les actions mises en œuvre. Dans ce cas, c'est l'ensemble du corps exécutif qui doit coopérer et se mettre d'accord chaque fois qu'il est sur le point de communiquer un message de sensibilisation.

S'ils ne comprennent pas pourquoi ils doivent se comporter de telle ou telle manière, les citoyens ne changeraient pas leur comportement, tandis que l'État et les collectivités territoriales auront échoué et perdu en crédibilité. Les citoyens doivent prendre conscience des problèmes environnementaux paralysant le monde, ainsi que de la source de tous les maux et de toutes les solutions qui n'est autre que la somme de son propre comportement vis-à-vis de l'environnement.

C'est pour cette raison que l'éducation à l'environnement ainsi que l'intégration des questions relatives à l'environnement et au développement durable dans les programmes scolaires du primaire et du secondaire semblent avoir une valeur inestimable.

Selon *Michèle PAPPALARDO*[2], « il suffirait de dire au citoyen que modifier son comportement est bon pour la planète pour qu'il agisse ». Ce n'est pas pour autant que ce citoyen est irrationnel ou contre l'écologie. Il est *seulement* complexe et il existe différentes manières de le convaincre ». D'où la nécessité de veiller à ce que les messages transmis par l'État soient cohérents. Il faut également permettre au citoyen averti et sensibilisé d'être conscient de l'impact de ses actions sur l'environnement en lui fournissant les informations nécessaires pour l'éclairer.

Section 4 : L'éducation à l'environnement au Maroc

La situation de l'éducation environnementale au Maroc montre une certaine carence, ce qui représente à la fois une contrainte socioculturelle et juridique. L'éducation environnementale est cruciale pour assurer une mise en œuvre effective des lois environnementales tant par les citoyens que par l'administration. Cependant, les efforts dans ce domaine au Maroc ont souvent été insuffisants, ce qui limite la

---

[1] Olivier OULLIER, « Nudges vets », *Avantages et limites de l'expérimentation de terrain* : Sylvain LEMOINE, Actes de séminaire, op. cit, pp. 34 et 40.

[2] Ancien commissaire général du Développement durable en France, remplacé dans le mandat qui suit par Mme Dominique Dron.

sensibilisation et la compréhension des enjeux environnementaux à tous les niveaux de la société.

Quelle est alors la situation de l'éducation environnementale au Maroc et quelle est la valeur juridique de la Charte nationale relative à l'environnement et au développement durable ?

I— La situation de l'éducation environnementale au Maroc :

Dans le rapport annuel du PNUD (Programme des Nations unies pour le développement) du mois d'avril 1987, on peut relever le fait que plusieurs pays ont adopté des lois environnementales il y a plusieurs décennies, et ce n'est que durant ces dernières années qu'elles ont été révisées ou clarifiées. Dans certains cas, les problèmes se sont avérés plus graves que prévu, nécessitant des modifications législatives. Dans d'autres cas, les changements visaient à rendre les mesures de protection plus efficaces. Pourtant, l'application de ces lois reste difficile. Parfois, les autorités environnementales manquent d'informations suffisantes pour vérifier la conformité des pollueurs. De plus, certains pays n'ont pas respecté les délais qu'ils s'étaient fixés pour la mise en œuvre effective des lois. C'est notamment le cas des pays en développement, où ces lois sont souvent restées lettre morte[1].

Le Maroc ne fait pas exception puisqu'il souffre de la même manière que d'autres pays en développement, notamment d'une insuffisance au niveau de l'éducation environnementale, et du niveau assez faible de l'information au sein des administrations. L'absence chez la population d'une éducation environnementale met à mal l'État marocain. L'ignorance de l'individu quant à l'importance de l'environnement affecte gravement son comportement et l'empêche, par conséquent, de respecter la loi.

L'attitude de l'homme envers son environnement et la manière dont il le perçoit sont influencées par la culture, la tradition, les facteurs socio-économiques et politiques. Pour changer ces perceptions et attitudes, il est crucial de prendre en compte les conditions sociologiques, géopolitiques et les intérêts du pouvoir, en s'assurant que celui-ci est engagé et associé aux changements envisagés. Souvent, les dangers environnementaux sont perçus différemment par le grand public, les experts et les décideurs. Il est donc essentiel que ces derniers comprennent comment les gens perçoivent les risques et y réagissent.

[1] L'état de l'environnement mondial (avril 1987, PNUD ; UNEP/GC.14/6. P. 72).

Pour rendre les décisions environnementales plus durables, il est nécessaire d'encourager activement la participation du public dans la planification et la prise de décisions. Cela permet non seulement de mieux intégrer les perspectives communautaires et locales, mais aussi de renforcer la légitimité et l'acceptation des mesures environnementales adoptées[1].

Certains passages issus du document du PNUE susmentionné illustrent parfaitement la situation qui prévaut au Maroc. La population connait une réelle absence des activités de protection de l'environnement, nonobstant les tentatives et les efforts médiatiques déployés par certaines structures et associations[xi].

En ce qui concerne les administrations, il existe une carence apparente du niveau d'informations chez certains agents. « Nul n'est censé ignorer la loi », telle est la maxime destinée à tout le monde, que ce soit au simple citoyen ou au fonctionnaire de l'État.

Si l'ignorance de certaines règles de conduite, voire même des règles juridiques, peut paraitre compréhensible dans le cas du citoyen ordinaire, elle est étonnante dans le cas des services étatiques ou de n'importe quelle structure décentralisée chargée de l'amélioration du cadre et du niveau de vie de la population[2]. Encore faut-il savoir s'il s'agit bien d'une carence ou d'une volonté délibérée de ne pas respecter les lois.

D'un autre côté, l'absence d'un code dédié uniquement à l'environnement rend cette tâche plus ardue pour l'État. En plus des efforts qu'il déploie grâce aux annonces médiatiques par le biais de la société civile œuvrant dans le domaine environnemental, le Maroc devrait penser à élaborer un code de l'environnement réunissant toutes les lois relatives à l'environnement dont il dispose déjà, en améliorant certaines d'elles, afin d'établir une proximité entre le citoyen marocain et les lois que ce dernier devrait respecter. Le Maroc a déjà fait les premiers pas à cet égard dans une volonté d'améliorer sa politique environnementale, dont l'impact socioculturel est crucial.

En effet, dans le cadre de la lutte contre les changements climatiques, toutes les régions du Royaume du Maroc ont été impliquées dans la mise en place de stratégies efficaces pour faire face aux phénomènes

---

[1] *Le public et l'environnement. État de l'environnement*, 1988, PNUE, résumé p. 3. (UNEP/GC.15/7/Add.1).

[2] Ibrahima LY, *Problématique du droit de l'environnement dans le processus de développement économique et social d'un pays africain : L'exemple du Sénégal*, thèse de doctorat d'État en droit, 1994, pp. 255 et 256.

naturels. Avec le vote de la *loi-cadre n° 99.12* portant charte nationale de l'environnement et du développement durable, le Maroc est devenu un acteur majeur dans la protection de l'environnement. À cet égard, l'État, en partenariat avec les différentes régions du Royaume, s'est engagé dans la lutte contre les effets du changement climatique.

Afin de concrétiser cette complicité, diverses compétences dans le domaine environnemental ont progressivement été attribuées par la nouvelle *loi organique n° 111.14* relative aux régions. Cette dernière a élargi et diversifié le champ de ces compétences en octroyant plus de liberté aux conseils régionaux et à leurs présidents.

Toutefois, une politique environnementale destinée à la préservation des ressources naturelles nécessite la mobilisation de tous les efforts, ainsi que les moyens humains et matériels dont dispose la région, dans un cadre de concertation, de dialogue et de coopération entre les partenaires économiques, sociaux et administratifs[1].

II— La valeur juridique de la charte nationale de l'environnement et du développement durable :

La Charte nationale de l'environnement et du développement durable[2] commence par énumérer les objectifs que l'État doit se fixer en matière d'environnement, notamment l'établissement d'un régime de responsabilité environnementale et d'un système de contrôle environnemental, et ce en respectant les différents principes[3] pour mettre en œuvre les plans d'action de l'État.

Elle met également en exergue les droits des citoyens en la matière, comme la participation au processus de prise des décisions susceptibles d'avoir un impact sur l'environnement, et l'accès à une information environnementale fiable et pertinente.

Pourtant, la Charte s'arrête à ce niveau, c'est-à-dire à l'énumération des éléments susmentionnés, sans prévoir de sanctions en cas de

[1] Samih HAMDAOUI, *The advanced regionalization in Morocco : about fight against climate change and environmental protection*, Revue juridique de l'environnement, 2017/3, vol. 42, pp. 425-430.

[2] Dahir n° 1.14.09 du 4 joumada I 1435 (6 mars 2014) portant promulgation de la *loi-cadre n° 99.12* portant Charte Nationale de l'Environnement et du Développement Durable.

[3] La Charte nationale de l'environnement énumère sept principes qui doivent être respectés par les politiques publiques afin de réaliser les objectifs de l'État en matière environnementale. Il s'agit du principe d'intégration, du principe de territorialité, du principe de solidarité, du principe de précaution, du principe de prévention, du principe de responsabilité et du principe de participation.

manquement de quelqu'un à son devoir de respecter et de préserver l'environnement.

Dans son article 6, correspondant au début du titre II, intitulé « De la protection de l'environnement », il est énoncé que :

« Les ressources naturelles, les écosystèmes et le patrimoine historique et culturel sont un bien commun de la nation. Ils font l'objet d'une protection, d'une mise en valeur et d'une valorisation fondées sur une gestion intégrée et durable, à travers l'adoption de mesures législatives, institutionnelles, économiques et financières ou autres, et ce, conformément aux objectifs et principes de la présente loi-cadre ».

Dans cet article, la Charte rappelle l'importance des ressources naturelles et soutient le fait que des mesures institutionnelles et réglementaires sont prises pour préserver ces ressources. Les articles 7 et 8 ont également un caractère énonciatif. Or, il ne suffit pas de dicter des principes pour inciter les citoyens à interagir raisonnablement avec leur environnement. Des transgressions ne sont pas à écarter. Même au sein des pays les plus développés, des atteintes à l'environnement au niveau de toutes ses composantes se font recenser chaque jour. D'où l'importance indéniable du caractère répressif des textes juridiques.

La charte nationale de l'environnement et du développement durable au Maroc est un texte non obligatoire, dénué de force contraignante et se limite à formuler une ligne de conduite générale sans imposer d'obligations particulières[1].

La convention de Stockholm tenue en 1972 est un exemple d'un texte juridique sans valeur contraignante qui recommande aux États quelques lignes de conduite en matière d'environnement, sans leur imposer de sanctions en cas de violation. Bien entendu, il s'agissait de la tendance de la pratique internationale, ce qui n'a bien évidemment pas changé jusqu'à nos jours.

La *loi-cadre n° 99.12* se limite à inciter les citoyens à respecter l'environnement sans rien leur imposer. De cette manière, le législateur opte pour l'élaboration d'un droit doux ou *soft law*[2].

Ainsi, l'absence du caractère contraignant d'un texte juridique directement transposable en droit positif le rend, en vérité, inutile. En ce faisant, le législateur a peut-être jugé bon de commencer par l'élaboration d'un texte incitatif et énonciatif des mesures prises par

---

[1] Martine REMOND-GOUILLOUD, *La charte de la nature*, Revue juridique de l'environnement, n° 2, 1982, p. 120.

[2] René-Jean DUPUY, *Droit déclamatoire et droit programmatoire : de la coutume sauvage à la soft law*, in *L'élaboration du droit international public*, op. cit, p. 132.

l'État et de la nécessité de protéger l'environnement, avant d'élaborer un texte à caractère répressif avec des sanctions en cas de violation de ses dispositions.

Le législateur voulant proposer un *droit doux* ne propose en réalité aucun droit, vu qu'actuellement la Charte touche plus à la morale qu'au droit.

Or, l'éducation environnementale est plus une question de morale que de droit, ce dernier servant dans ce contexte à prévenir les éventuelles transgressions et à inciter les gens à respecter l'environnement. Le droit et la morale ont chacun un domaine bien distinct, et sont dominés par des préoccupations spécifiques.

Cette conception se proposait durant tout le 19e siècle de confiner le droit dans un domaine restreint. En revanche, la morale dont les buts sont la vertu et la justice couvre un champ beaucoup plus large qui englobe tous les devoirs de l'individu envers lui-même et envers le groupe social[1].

Cette théorie classique étant largement critiquée, de nombreux juristes ont considéré que si le but général du droit est de préserver un ordre social satisfaisant, il doit s'élargir pour englober certaines règles morales[2], notamment celles se rapportant à la préservation et la protection de l'environnement. Cette doctrine moderne a été bel et bien appliquée par certaines législations positives, notamment le droit pénal français.

---

[1] Jean CARBONNIER, op. cit, p. 50.

[2] Mohammed JALAL ESSAID, op. cit, 56-57.

Conclusion de la partie I

L'émergence du droit de l'environnement, dont les origines résident dans des dispositions éparses et hétéroclites, a beaucoup apporté au droit en tant que discipline. Aujourd'hui, le droit de l'environnement est en train d'éclipser les autres droits, vu qu'il fait l'objet de toutes les préoccupations, surtout après la crise sanitaire qui a ébranlé le monde fin 2019, et la détérioration de l'environnement qui ne cesse de prendre de l'ampleur à l'échelle mondiale.

Un environnement sain, propre et durable est ce qui peut permettre à l'homme de jouir, dans de bonnes conditions, du droit à la vie et de bien d'autres droits inhérents à sa survie. Mais il contribue aussi à maintenir un niveau de vie décent, à la réduction de la pauvreté et à la paix. C'est pour cette raison que plusieurs États ont considéré qu'il est impérieux d'élaborer des lois en ce sens pour préserver et protéger l'environnement.

En guise de réaction face au changement climatique, les pays ont élaboré leurs propres lois pour prévenir la dégradation de l'environnement. Au niveau international, les traités et conventions sur l'environnement ont contribué à l'identification des véritables maux dont souffre l'ensemble des écosystèmes, et à répondre aux différentes préoccupations environnementales.

Avec la conférence de Stockholm sur l'environnement (1972), l'ONU a commencé à pointer du doigt les problèmes environnementaux. Depuis lors, différents États ont adopté plus de 70 chartes, déclarations, traités et accords internationaux visant à protéger l'environnement et à tenter de concilier développement humain et préservation de l'environnement[1]. Ainsi, les États s'étaient hâtés vers une réglementation de ce domaine afin de préserver la nature et de sauver ce qui pouvait être sauvé tant qu'il n'était pas encore trop tard.

Pour favoriser le respect des lois environnementales, il serait judicieux pour les gouvernements de prévoir, avant toute réglementation, une éducation environnementale appropriée et une étude sociologique, ces processus devant précéder l'élaboration des lois. Il serait, en outre, intéressant de lier cette éducation, dont une haute priorité a été accordée par l'agenda 21, au développement durable, afin

[1] Idem.

d'avoir une vision d'ensemble qui concilie le social, l'économique et l'environnemental.

La mise en œuvre des lois environnementales demeure difficile, car il n'est pas toujours facile d'établir un lien de causalité. Il n'est, en effet, pas évident de savoir qui est responsable de la pollution d'un lac lorsque deux usines exerçant une activité similaire produisent des substances polluantes. Une expertise ne serait utile qu'en ce qui concerne la preuve de l'existence de la substance polluante dans l'eau. Elle serait incapable de savoir qui est vraiment responsable, sachant que l'établissement de la responsabilité des deux usines reste quand même valable. En outre, la nature de la pollution fait d'elle un phénomène cumulable, qui complique encore plus le processus d'établissement du lien de causalité.

Par ailleurs, une fois qu'un élément de l'environnement est détruit, sa remise en état n'est pas garantie. Et même si c'était le cas, un élément de l'environnement prend généralement de longues années pour se régénérer. D'un autre côté, la vitesse à laquelle l'environnement se détériore surpasse largement celle à laquelle le droit s'adapte à la situation. Devant l'urgence, le droit montre de fâcheux points faibles.

Un autre obstacle à la mise en œuvre du droit de l'environnement au Maroc réside dans la dualité des intervenants dans le processus de création des lois. La loi relève du pouvoir législatif alors que ses textes d'application sont du ressort du pouvoir réglementaire, ce qui implique que ladite loi ne peut produire tous ses effets qu'en étant accompagnée de ses textes d'application qui prennent largement plus de temps pour voir le jour.

La mise en œuvre du droit de l'environnement se heurte également à deux autres obstacles majeurs.

Premièrement, le droit n'a aucune incidence sur la condition physique de l'environnement. Le droit ne peut pas ordonner aux incendies de forêt de s'éteindre, comme il ne peut pas ordonner à la pluie de tomber. En revanche, il peut empêcher que des atteintes soient faites, par le biais de mesures préventives[1], comme il peut intervenir sur

[1] En droit français, il s'agit du principe de prévention qui implique d'éviter les atteintes à la biodiversité et aux services qu'elle fournit ; à défaut, d'en réduire la portée ; enfin, en dernier lieu, de compenser les atteintes qui n'ont pu être évitées ni réduites, en tenant compte des espèces, des habitats naturels et des fonctions écologiques affectées. Voir. Résumé de la formation du 28 septembre 2017 sur les grands principes du droit de l'environnement, Compagnie des commissaires enquêteurs D'Adour Gascogne.

le plan humain en influençant le comportement des individus qui, eux, ont une incidence directe sur leur environnement.

Ensuite, il existe un problème qui touche à la fois à la technique juridique et à des préoccupations économiques et sociales. Sur le plan juridique, une norme peut être établie de deux façons : soit par une autorité (ordre unilatéral), soit par consentement mutuel à travers la création d'un lien contractuel. Concernant le souci socio-économique, il est courant que le droit de l'environnement fasse souvent l'objet d'un conflit[1] entre intérêts économiques et intérêts écologiques[2].

Il n'est pas anodin de noter que les lois nationales ne sont pas façonnées uniquement en fonction de l'évolution de la société, mais elles subissent également l'influence indirecte des multinationales. En effet, ces entreprises qui, contrairement à un État ancré dans son territoire, se trouvent en même temps dans plusieurs pays en défiant les frontières nationales peuvent aller jusqu'à négocier des accords internationaux. Par conséquent, elles tirent avantage de la primauté des conventions internationales sur les constitutions pour que les lois nationales aillent dans leur sens.

Il est cependant important de rappeler que la construction d'un droit de l'environnement repose grandement sur la capacité du système politique à faire valoir les intérêts écologiques, parce qu'il ne suffit pas de créer des normes juridiques en la matière, mais il faut de surcroit qu'elles soient exécutées et respectées.

Afin d'assurer l'exécution et le respect de ces normes juridiques, le droit pénal de l'environnement semble être le seul moyen efficace. Cette branche du droit régit les infractions contre l'environnement et prévoit des sanctions pénales pour leurs auteurs, souvent au niveau national et international. Malgré l'existence de lois environnementales depuis plusieurs décennies, l'état général de l'environnement ne s'est pas amélioré. Cela renforce la nécessité pour les États d'inclure dans leurs législations nationales un droit pénal de l'environnement strict, capable de protéger efficacement les ressources naturelles contre les activités humaines.

Toutefois, le problème de la mise en œuvre des normes juridiques n'est pas spécifique au droit national d'un État. C'est avant tout un problème du droit international en général. La conférence de Rio a fait

---

[1] Ce conflit sera développé ultérieurement.

[2] Michael BOTHE, *La construction d'un droit de l'environnement*, op. cit, pp. 153 et 154.

de ce problème un sujet majeur, ce qui explique le fait qu'elle lui ait consacré tout le chapitre 8 de *l'agenda 21*[1]. Cependant, les normes juridiques de protection internationale de l'environnement étant excessivement laxistes, chaque État se trouve individuellement responsable de la mise en œuvre, ou de l'inaffectivité patente du droit international[2].

---

[1] Michel PRIEUR, *La mise en œuvre nationale du droit international de l'environnement dans les pays francophones*, Agence Universitaire de la Francophonie, Éditions PULIM, p. 9.

[2] Claude IMPERIALI, *L'effectivité du droit international de l'environnement. Contrôle de la mise en œuvre des conventions internationales*, Paris, Economica, 1998 ; P. H. SAND, *The effectiveness of International Agreements. A Survey of Existing Legal Instruments*, Cambridge, Grotius Publications, 1992.

PARTIE II

LA FORET DE MAÂMORA

REGIME JURIDIQUE ET CONTRAINTES SOCIO-ECONOMIQUES ET ENVIRONNEMENTALES

PARTIE II : LA FORET DE MAÂMORA

REGIME JURIDIQUE ET CONTRAINTES SOCIO-ECONOMIQUES ET ENVIRONNEMENTALES

Situé entre la Méditerranée, l'Océan Atlantique et le Sahara, le Maroc abrite une flore et une faune très riches. Au niveau socio-économique, les forêts marocaines contribuent à 18 % du bilan énergétique national, à 17 % des besoins alimentaires du cheptel national et à l'approvisionnement de 60 unités industrielles, et de plus de 6000 artisans en matières primes (HCEFLCD 2015). Elles jouent par ailleurs un rôle déterminant en matière de protection des sols et de conservation de la biodiversité, et ont une valeur récréative importante[1].

Le rôle de la forêt consiste à protéger l'environnement en luttant contre l'érosion hydrique ainsi que l'érosion éolienne, aussi bien dans les zones littorales que les zones continentales. Elle permet également d'éviter une perte de la capacité de stockage des barrages évaluée à 0,5 % par an, qui correspond à une capacité d'irrigation de 10 000 ha par an. En outre, elle contribue à la lutte contre les inondations et contribue à la protection des infrastructures de base, sans oublier, bien entendu, sa capacité à séquestrer le carbone[2].

Dans ce chapitre, la première section sera consacrée à la forêt qui constitue un abri social et une richesse économique importante pour le pays.

Ensuite, le transfert de gestion des ressources forestières en tant que mécanisme efficient pour lutter contre la dégradation des forêts, fera l'objet d'une deuxième section.

Puis, nous nous intéresserons dans une troisième section au régime juridique de la forêt qui fait naitre un lien complexe entre l'administration forestière et la population locale.

---

[1] Lelia CROITORU et Maria SARRAF, *Le coût de la dégradation de l'environnement au Maroc*, Rapport, Groupe de la Banque mondiale, janvier 2017, p. 65.

[2] Rapport, *L'engagement du Maroc dans la lutte contre les effets du changement climatique*, août 2014, p. 31.

La domanialité de la forêt de la Maâmora fera l'objet d'une quatrième section, tandis qu'une cinquième section sera consacrée au développement durable qui pose l'épineuse problématique d'incompatibilité entre la croissance économique et le respect de l'environnement.

CHAPITRE 1 : LA FORET DE MAAMORA EN TANT QU'ABRI SOCIAL ET RICHESSE ECONOMIQUE

En raison de sa richesse en ressources naturelles, la forêt de Maâmora a fait l'objet de plusieurs études d'ordre géographique. Ces études ont été menées dans le but de sa valorisation et de sa gestion durable (richesse et diversité floristique), pour que ses richesses ainsi que les avantages qu'elle procure à l'individu comme à l'État soient mis en valeur.

La forêt de Maâmora a été choisie comme un cas à étudier d'un point de vue juridique, parce que c'est l'écosystème le plus important qui agit comme purificateur de l'air et réducteur du taux de la pollution[1].

Pour commencer, nous avons défini la forêt de la Maâmora qui constitue l'objet d'étude de cette deuxième partie, avant de mettre en valeur ses richesses. Ensuite, nous l'avons située dans le contexte international, avant de traiter des menaces qui la traquent tout en mettant en exergue leurs impacts socio-économiques sur les populations locales.

Section 1 : Définition

La forêt de Maâmora est considérée comme la plus vaste subéraie de plaine d'un seul tenant au monde. Elle occupe une place privilégiée en raison des rôles qu'elle joue sur les plans environnemental, économique et social. Parfois, le contenu de la forêt (faune, flore…) peut se révéler plus important que la forêt elle-même (forêt proprement dite : les arbres), soit par choix délibéré, soit par nécessité technique.

Quelques fois, la production forestière, étant trop faible, peut être comblée par l'exploitation de la chasse. La forêt constitue la dernière

---

[1] Il est important de noter que la pollution est assimilée par certains juristes à toute atteinte à l'environnement. De nombreux spécialistes du droit de l'environnement considèrent effectivement toute atteinte à l'environnement, qu'elle soit ou non liée à la pollution, comme un sujet d'intérêt dans le cadre de la législation environnementale. Cela inclut des questions telles que la déforestation, la perte de biodiversité, les émissions de gaz à effet de serre, et d'autres formes de dommages environnementaux. Cependant, chaque juriste peut avoir des opinions et des interprétations différentes en fonction de son domaine d'expertise et de sa perspective personnelle.

portion du territoire étatique qui échappe à l'économie exclusive, qu'elle soit agricole ou urbaine. Il s'agit du refuge parfait de la faune, plus particulièrement du grand gibier[1].

I— Superficie :

Cette vaste forêt, couvrant actuellement une superficie de 123 000 hectares, se compose de 55 000 hectares[2] de chênes-liège et de 74 000 hectares de peuplements artificiels, formant ainsi une surface productive moyenne de 13 838[3] hectares avec un taux d'occupation de 23 % (Plan bleu/FAO 2015).

Cette région forestière majeure, située dans la Maâmora, comprend des chênes-liège ainsi que des peuplements artificiels d'Eucalyptus Sp, d'acacias et de pins, principalement au nord-est de Rabat. Ces formations reposent sur une plateforme quaternaire composée de sols complexes, mélangeant le sable et l'argile rouge de la Maâmora[4].

La Maâmora bénéficie d'un climat diversifié allant du semi-aride chaud au subhumide frais. Les études écologiques menées dans cette forêt ont identifié l'écosystème de chêne-liège dans une tranche altitudinale allant du niveau de la mer jusqu'à environ 280 mètres[5].

La forêt est naturellement divisée en cinq parties par des cours d'eau, formant ainsi cinq cantons de la forêt, désignés de « A » à « E » d'ouest en est. Ces cantons sont ensuite subdivisés en 33 groupes au total, chacun composé de parcelles. Au total, la forêt compte 448 parcelles[6].

Ce précieux écosystème se développe dans un climat méditerranéen marqué par la douceur atlantique, avec des températures moyennes

---

[1] Jean DE MALAFOSSE, *Usage concerté des ressources naturelles : le plan de chasse du grand gibier*, La forêt privée, 1981, n° 141, p. 77 à 83.

[2] À titre de comparaison, le chêne-liège s'étendait en 1910 sur une superficie de plus de 130 000 ha, pour qu'il soit réduit jusqu'en 2003 à 55 000 ha seulement. Ces chiffres montrent bel et bien que la forêt de Maâmora souffre d'une dégradation grave de sa superficie sans le moindre indice de régénération, et ce, malgré les efforts entrepris par les pouvoirs publics pour la sauvegarde de ce patrimoine forestier.

[3] Idem, p. 69.

[4] Blandine LEPOUTRE, *La Maâmora, Caractérisation des agents et causes la déforestation et de la dégradation forestière dans le site de la Maâmora au Maroc*, 1970. Cahier de recherche agronomique n° 27, chapitre VII, page 279-295.

[5] Abderrahman AAFI, Ahmed Achhal EL KADMIRI, Abdelmalek BENABID et Mohamed ROCHDI, *Richesse et diversité floristique de la subéraie de la Maâmora (Maroc)*, Málaga, 2005, pp. 127-128.

[6] Simulation de l'effet du changement climatique sur la dynamique des peuplements forestiers au Maroc, Le cas de la forêt de la Maâmora, FAO, 2011, p. 4.

variant de 11 °C en janvier à 34 °C en août, et des précipitations annuelles moyennes de 450 à 600 mm/an, principalement en novembre et décembre.

La sécheresse estivale peut durer plus de deux mois, mais sur le littoral, elle est compensée par une humidité atmosphérique élevée et constante. Sur le plan géographique, l'écosystème à chêne-liège se trouve dans des marnes sablo-gréseuses bleues du Mio-Pliocène, des grès et des sables du Plio-Quaternaire, ainsi que des argiles sableuses villafranchiennes[1].

Depuis les années 1950, la forêt domaniale de la Maâmora est gérée selon des plans d'aménagement échelonnés jusqu'en 2011, visant à assurer une gestion rationnelle des peuplements tout en préservant la pérennité de la subéraie.

Cette gestion n'entre pas en conflit avec le respect de l'équilibre naturel. De plus, des stratégies de conservation et de réhabilitation des sols, telles que le programme d'action nationale de Lutte contre la Désertification (PANLCD) et le Plan national d'Aménagement des bassins-versants (PNABV), sont mises en œuvre pour restaurer et protéger les écosystèmes forestiers, contribuant ainsi à la préservation du patrimoine forestier et du sol[2].

II— Population :

L'environnement forestier et les sociétés humaines entretiennent une relation dont les contours sont définis par des aspirations individuelles et collectives, que ces sociétés ont envers les forêts. Ce rapport imprescriptible dépend largement des attitudes sociales concrètes qui se modifient en fonction des évolutions culturelles et technologiques[3].

La forêt de la Maâmora est grevée d'un droit d'usage reconnu par la réglementation en vigueur, en faveur de la population riveraine du massif. Il concerne le pâturage en forêt des troupeaux des usagers et la

---

[1]Abderrahman AAFI, Ahmed ACHHAL EL KADMIRI, Abdelmalek BENABID et Mohamed ROCHDI, *Richesse et diversité floristique de la subéraie de la Maâmora (Maroc)*, Acta Botanica Malacitana, Malaga, 2005, pp. 127-129.

[2] Lelia CROITORU et Maria SARRAF, op. cit, p. 66.

[3] Franz Josef SCHMITHUSEN, Yves KAZEMI, Klaus SEELAND, *Perception et attitudes de la population envers la forêt et ses prestations sociales : analyse des enquêtes sélectionnées et des articles dans les principales revues forestières de l'Allemagne, l'Autriche et la Suisse entre 1960 et 1995*, p. 4.

collecte du bois mort gisant[1]. En effet, le domaine forestier est régi par un ensemble de textes juridiques et réglementaires, notamment par le *Dahir du 10 octobre 1917,* et qui feront par la suite l'objet de plus de développements.

Cependant, la forêt ne se limite pas à une superficie composée de la faune et de la flore, mais elle a plusieurs vertus qui touchent sensiblement les domaines suivants : l'écologie, l'économie ainsi que la société. En effet, les forêts offrent à l'humanité un large éventail d'avantages économiques et sociaux. Il s'agit notamment des contributions à l'économie globale — par exemple par l'emploi, la transformation et le commerce des produits forestiers et de l'énergie — et des investissements dans le secteur forestier.

Les forêts et l'industrie forestière sont de plus en plus reconnues comme des éléments clés du développement, car elles occupent une place prépondérante dans la vie des populations en termes d'avantages sociaux et économiques. De plus en plus, les politiques sont explicitement conçues pour maximiser les avantages économiques en matière d'emploi des forêts et de l'industrie forestière[2]. Il est donc crucial de préserver la forêt de Maâmora, compte tenu de son importance internationale.

Section 2 : La forêt marocaine dans le contexte international

Dans le programme de développement durable à l'horizon 2030, les pays se sont engagés à se saisir des défis complexes d'aujourd'hui, à savoir éliminer la faim et la pauvreté, faire face au changement climatique, améliorer la résilience des communautés, favoriser une croissance inclusive et gérer de manière durable les ressources naturelles de la planète[3].

Au Maroc, la forêt de Maâmora est un espace très important qui a plusieurs utilités, mais c'est aussi un patrimoine naturel qui s'inscrit,

---

[1] Caractérisation des agents et causes de la déforestation et de la dégradation forestière dans le site de la Maâmora au Maroc, version provisoire du rapport publié en 2015 par le Haut-Commissariat aux eaux et forêts et à la lutte contre la désertification, p. 5.
[2] www.fao.org, Karin THEOPHILE, *Forests and employment*. Cet article est un extrait d'un document d'information préparé pour l'événement spécial *Impacts de la turbulence économique mondiale sur le secteur forestier*, organisé le 20 mars 2009 à Rome pendant la dix-neuvième session du Comité des forêts de la FAO.
[3] La situation des forêts du monde, *Les forêts au service du monde*, Organisation des Nations-unies pour l'alimentation et l'agriculture. 2018, p. 9.

parmi les forêts les plus importantes de la planète, dans un contexte international global.

I— La situation des forêts au niveau mondial

Plus d'un tiers de la population mondiale vit dans des zones arides, lesquelles représentent 35 % de la superficie terrestre totale. Ces populations sont tributaires des forêts et des arbres hors forêt pour leur sécurité alimentaire, leurs moyens d'existence et leur approvisionnement en eau.

Une gestion appropriée des zones arides — y compris par un reboisement et une remise en état — qui tiendrait également compte des effets du couvert forestier sur l'hydrologie — pourrait donc apporter des avantages considérables à des milliards d'êtres humains[1].

Le secteur formel des industries du bois emploie plus de 13,2 millions de personnes. Il produit également plus de 5 000 types de produits à base de bois, générant une valeur ajoutée brute de plus de 600 milliards de dollars chaque année. Cependant, la contribution économique réelle du secteur du bois est bien plus importante, car une grande partie de ce secteur est informelle et sa valeur n'est pas pleinement déclarée.

L'inclusion du secteur informel dans les calculs du produit intérieur brut pourrait doubler la contribution du secteur du bois et quadrupler le nombre d'emplois à temps plein connexes. De plus, l'industrie du bois de chauffage crée des emplois pour des dizaines de millions de ménages sous forme de collecte de bois à petite échelle, de production de charbon de bois, de transport et de vente au détail.

Des emplois sont créés à chaque étape des chaînes commerciales, depuis les zones de production jusqu'aux points de vente au détail. Rien qu'en Afrique subsaharienne, le secteur du charbon de bois emploie environ 7 millions de personnes.[2].

Le développement économique, la croissance démographique ainsi que l'urbanisation augmentent la demande de produits forestiers. Il est même probable que la demande de bois rond industriel mondial connaisse une augmentation considérable d'ici 2050.

Cependant, les inquiétudes portent sur le fait que les forêts naturelles ne soient pas en mesure de répondre à cette demande. La concrétisation

---

[1] Idem, p. 11.

[2] Gérard MADON, *Le bois, énergie de première nécessité en Afrique, Une ressource trop souvent négligée*, Afrique contemporaine, 2017/1-2, n° 261-262, p. 208.

d'un tel scénario aurait un impact grave sur la capacité des forêts à fournir des services sociaux et des services écosystémiques essentiels.

Dans le même temps, environ deux milliards d'hectares de paysages forestiers dans le monde ont été dégradés, voire définitivement perdus. Leur restauration par le reboisement et la plantation d'arbres reste toutefois possible[1].

La mobilisation d'un financement adéquat pour le secteur forestier reste un défi de taille. Bien que le financement privé soit prometteur, il n'est pas encore réparti également entre les régions. Dans de nombreux pays en développement, cette répartition égale ne s'est pas encore matérialisée[2].

II— La place de la Maâmora sur la scène internationale :

La Conférence des Nations Unies pour l'environnement et le développement (CNUED) de Rio en 1992, ainsi que le Sommet de la Terre à Johannesburg, ont sensibilisé les communautés politiques et scientifiques internationales à l'importance cruciale des forêts. Elles jouent un rôle essentiel dans le maintien des systèmes vitaux de la planète et le développement socio-économique des nations.

Aujourd'hui, les milieux ruraux entrent dans une nouvelle ère où l'articulation des territoires n'est plus définie par une architecture nationale, mais par une géographie mondiale qui redéfinit la place du local. Ce glissement est opéré via le processus de mondialisation, dans la mesure où le local joue un rôle de complément indissociable du global[3].

Au Maroc, presque la moitié de la population est rurale, avec un taux de 49 %. À peu près 80 % de cette population vit essentiellement de l'agriculture, de l'élevage et de la forêt. De ce fait, la forêt marocaine présente des atouts qui consistent en des richesses naturelles avec une étendue de 9 millions d'hectares, une grande diversité biologique, un impact sur l'équilibre socio-économique du pays, et le support qu'elle représente pour l'agriculture[4].

---

[1] Selon un rapport de la Banque mondiale (2014), le financement requis pour la gestion durable des forêts est estimé entre 70 et 160 milliards de dollars par an dans le monde.

[2] www.worldbank.org/, Forests generate jobs and incomes.

[3] Juan-Luis KLEIN, *L'espace local à l'heure de la globalisation, la part de la mobilisation sociale*, Cahiers de géographie du Québec, vol. 41, n° 114, 1997, p. 367.

[4] Saïd LAARIBYA, *Il faut sauver la forêt de la Maâmora, forêt méditerranéenne*, t. XXVII, n° 1, mars 2016, p. 65.

Parmi les points forts de la forêt marocaine se trouve le chêne-liège qui occupe une place des plus importantes. Le chêne-liège est une essence endémique sous climat méditerranéen, se trouvant essentiellement au niveau de la forêt de Maâmora qui représente une partie substantielle du territoire marocain.

La forêt de la Maâmora revêt une importance clé du point de vue socio-économique et environnemental. Il convient donc de mettre en lumière les différentes utilités de la forêt de la Maâmora, à savoir sur le plan écologique, économique et social. Puis, nous nous focaliserons sur les différents dangers qui menacent sa continuité ainsi que les différents êtres qui la peuplent.

Section 3 : L'utilité de la forêt

Partout, les forêts représentent une source de vie et de biodiversité qui offre différents moyens de subsistance aussi bien aux hommes qu'aux animaux. De par le monde, 1,6 milliard de personnes dépendent des forêts pour vivre, y compris 60 millions de peuples indigènes. Elles représentent également des systèmes naturels efficaces pour séquestrer le carbone grâce aux arbres et au sol, ce même carbone responsable du changement climatique qui n'est pas sans effets néfastes sur les populations.

I— L'utilité écologique et climatique de la forêt :

Les forêts sont des alliées incontestables de l'environnement et un facteur clé pour lutter contre le changement climatique. L'existence de vastes surfaces forestières influe énormément sur le climat, et il s'agit d'un constat connu chez tous les météorologistes. La présence d'arbres a pour effet de fixer l'humidité dans le sol et dans l'atmosphère, ce qui est sans doute bénéfique à l'agriculture[1].

D'après des informations présentées suite à la troisième communication nationale à la convention-cadre des Nations unies sur les changements climatiques, les émissions nettes de carbone, notamment celles dues aux changements d'affectation des terres et des forêts, s'élèvent à 4,35 millions de t CO_2 pour l'année 2014[2]. Sans forêts, les répercussions de cette quantité colossale de carbone auront un impact inéluctable sur la santé de la population urbaine et rurale.

---

[1] Centre national de documentation, *La forêt marocaine, nature et forêt*, n° 2, Maroc, p. 10.

[2] Initiatives climat, Ministère chargé de l'Environnement/PNUD 2015.

Compte tenu de leur fragilité, les écosystèmes forestiers marocains ressemblent beaucoup aux forêts du bassin Méditerranéen. La majorité des peuplements forestiers et paraforestiers du Maroc sont situés dans les étages bioclimatiques semi-aride et subhumide. L'insuffisance, et surtout l'irrégularité des précipitations, rend la croissance et l'équilibre général de ces écosystèmes très vacillants[1].

À l'échelle mondiale, la déforestation est responsable de 12 à 20 % des émissions mondiales de gaz à effet de serre. Le Maroc interdit la coupe de bois — sauf autorisation le cas échéant — pour la simple raison d'assurer son contrôle sur le domaine forestier, mais il procède ainsi pour préserver la forêt qui, à elle seule, peut purger l'air qu'on respire. La forêt de la Maâmora n'échappe pas à cette règle vu qu'elle présente les mêmes caractéristiques, et qu'elle est considérée comme les poumons de la métropole de Rabat.

Compte tenu de leur vastitude, les forêts offrent des services hydriques à l'état naturel et jouent un rôle majeur dans l'approvisionnement en eau aux réseaux des lacs et rivières[2]. En effet, une grande partie de l'eau provient des bassins-versants des forêts. Celles-ci purifient l'eau potable à laquelle les villes ont accès, et de ce fait l'on remarque qu'il existe une interdépendance entre les espaces rural et urbain.

Naturellement, l'homme peut procéder à des plantations d'arbres pour enrichir le milieu en espèces végétales et animales diverses. Ces plantations contribuent au développement des micro-organismes nécessaires au développement harmonieux de beaucoup d'espèces végétales. L'introduction de nouvelles essences forestières dans la forêt contribue également à son enrichissement, et surtout à sa transformation en une forêt capable de rendre d'innombrables services à la communauté[3].

Par ailleurs, la forêt, que ce soit par son côté naturel ou artificiel, a des incidences positives sur la vie des populations aussi riveraines que lointaines. Ce qui permet par conséquent de créer des emplois au niveau

---

[1] Mohammed ELLATIFI, *L'économie de la forêt et des produits forestiers au Maroc : bilan et perspectives*, thèse, Université Montesquieu, 2012, p.120.

[2] www.mediaterre.org, Florent Breuil, *Forêts : les avantages sociaux et économiques qu'elles procurent sont essentiels*, mars 2013.

[3] Nicolas SHUKU ONEMBA, mémoire, *Les avantages sur le plan environnemental et socio-économique d'une forêt plantée : cas du projet de reboisement de 8 000 hectares sur le plateau de BATEKE*, KINSHASA, Association nationale pour l'évaluation environnementale (RD Congo).

de la région, mais aussi d'implanter des infrastructures indispensables à son développement socio-économique.

En ce faisant, la forêt artificielle approvisionne la population en combustibles ligneux de bonne qualité tels que le bois de charbon, contribue à la réduction de la pression exercée par la population sur les formations végétales préexistantes, et modifie le milieu ainsi que les conditions de vie de la population riveraine.

II— L'utilité sociale de la forêt :

Pour certains, la forêt est perçue comme un espace distinct, au point où son exclusion de l'espace rural est à l'origine même du mot *forêt* (Foris), signifiant *en dehors*.

Les progrès de l'économie forestière, à la fois comme discipline scientifique et comme réalité économique, passent aujourd'hui par une réconciliation entre les forêts et leur environnement social, économique et géographique[1].

C'est pour cette raison qu'il existe une certaine réciprocité entre l'homme et la forêt. Le premier prend soin de la forêt, notamment via l'autogestion, tandis que ladite forêt lui offre des opportunités d'emploi.

– Emploi :

L'emploi est défini par l'Organisation Internationale du Travail (OIT) comme suit :

> « Toute personne qui, durant la période de référence, a effectué un travail en échange d'un traitement ou d'un salaire (emploi rémunéré) ou d'un profit ou d'un gain familial (activité non salariée) en espèces ou en nature[2] ».

Juridiquement, l'emploi est défini comme un ensemble de tâches correspondant à une fonction attachée à une qualification professionnelle. Le terme peut aussi désigner de manière globale le travail salarié[3].

Afin de remédier aux problèmes d'employabilité dans les milieux ruraux, y compris dans les forêts, le Roi Mohammed VI a pris

---

[1] André BRUN, *La forêt dans l'économie rurale*. In : Économie rurale, n° 154, 1983, p. 66.

[2] Cette définition se base sur les définitions retenues par l'Organisation internationale du travail et la Division de statistiques des Nations Unies.

[3] Lexique des termes juridiques 2010, op. cit, p. 297

l'initiative en 1999 en lançant de multiples réformes afin de promouvoir le développement humain, particulièrement au sein des milieux ruraux[1].

En 2005, l'initiative nationale pour le développement humain (*INDH*) a vu le jour, celle-ci ayant pour rôle de réduire la pauvreté, la précarité ainsi que l'exclusion sociale[2]. L'importance des forêts du royaume a ainsi été reconnue, vu qu'elles réduisent nettement le fardeau qui pèse sur l'État en termes d'emploi, et en conséquence, réduisent aussi l'exode vers les villes.

Les avantages sociaux de la forêt comprennent l'accès aux produits forestiers dont les ménages dépendent pour leur subsistance, comme le bois de chauffage, le fourrage pour le bétail et le bois pour le logement[3]. Ainsi, elle permet aux populations qui y habitent de retrouver régulièrement leurs moyens de subsistance, comme elle leur offre des opportunités d'emploi pour générer des revenus. Selon un rapport de la direction du développement de la forêt de Rabat, la Maâmora revitalise l'emploi en milieu rural avec 300 000 jours de travail par an[4].

De cette façon, elle remédie à des problèmes sociaux majeurs tels que le chômage et la pauvreté. Seulement, c'est par nécessité que les résidents de la forêt, et plus généralement les ruraux, empiètent sur le domaine forestier. Lorsque les populations locales souffrent de la pauvreté, les forêts sont menacées ou dégradées à cause de l'effet du nombre et non pas à cause de l'ignorance de l'importance des équilibres écologiques[5].

Dans le monde, la situation de l'emploi dans le secteur forestier est inquiétante puisqu'elle connait une baisse notable. Cette baisse peut être expliquée par l'accentuation des productions réalisées, notamment à l'aide d'une mécanisation accrue. Elle peut également être expliquée par la restructuration et la privatisation des activités forestières[6], ce qui est concrètement le cas au Maroc.

---

[1] www.indh.ma.

[2] Son champ d'action s'est étendu au-delà de la lutte contre la précarité pour toucher également les domaines de la santé, de l'éducation, du sport de proximité, etc. Et cela tout aussi bien en milieu rural qu'en milieu urbain.

[3] www.news.umich.edu, Jim Erickson, Can we get more social benefits from forests and have higher biodiversity?, May 2011.

[4] Rapport sur la Maâmora, Direction du développement forestier-Rabat, 2000.

[5] G. Raphael LARRERE, A. BRUN, B. KALAORA, O. NOUGAREDEO, D. POUPARDIN, *Reboisement des montagnes en France depuis l'Empire*, colloque IUFRO, Nancy Septembre 1978, p. 96.

[6] www.greenfacts.org, combien le secteur forestier emploie-t-il de personnes ?

Le niveau d'emploi dans les activités forestières est un indicateur de la valeur sociale et économique du secteur pour la société. L'emploi procure un revenu, et comme ces activités se déroulent souvent en milieu rural, où le niveau de pauvreté dépasse la moyenne, il est également un indicateur de la contribution du secteur à la réduction de la pauvreté[1]. Grâce à l'emploi, les individus se transforment en membres productifs de la société.

– Autogestion de la forêt :

En prenant en compte toutes les parties prenantes de la société civile concernées par la gestion durable de la forêt, du propriétaire forestier au consommateur, sans oublier les entreprises de transformation ainsi que les usagers de la forêt, on peut dire que la Maâmora est en mesure d'offrir une production et une exploitation de bois en croissance, tout en conservant les fonctions sociales et environnementales propres à la forêt, essentielles à son renouvellement[2].

Il est également envisageable que les usagers soient uniquement chargés de leur environnement pour une gestion durable de la forêt, dans la mesure où ils sont intimement liés à cet écosystème, et sont les plus qualifiés à le gérer.

En effet, selon une analyse effectuée par deux chercheurs de l'Université du Michigan sur des pratiques forestières dans les pays d'Afrique de l'est et d'Asie du sud, lorsque les populations forestières sont autorisées à établir des règles sur la gestion des forêts voisines, les forêts sont susceptibles de fournir de plus grands avantages économiques aux ménages et contiennent plus de biodiversité.

C'est aussi la thèse avancée par *Gilles J. Martin* qui propose de permettre à chaque individu de gérer son propre environnement pour le conserver, et le réhabiliter continuellement en cas de besoin.

En ce qui concerne la forêt de la Maâmora, la population locale n'a pas le droit d'autogérer son environnement, ce rôle étant exclusivement réservé à l'administration forestière. D'une part, via le mécanisme de compensations pour mises en défens, la population peut croire avoir acquis la possibilité d'autogérer son territoire, mais ceci semble confirmer plus la suprématie de l'administration qu'autre chose.

---

[1] Fao.org, Chapitre 7 : Les fonctions socio-économiques des ressources forestières, p. 148.

[2] Marc-Antoine DE SEZE, *Pour une gestion durable de la forêt française*, Géoéconomie 2013/2, n° 65, p. 196.

D'autre part, via les coopératives forestières, l'administration travaille avec la population sans, toutefois, leur accorder la capacité d'autogestion[1].

La forêt est sensiblement liée à différentes tranches sociales, à savoir douars, quartiers, marginaux, travailleurs, chômeurs, bergers, voleurs, etc. Cette relation devient plus apparente quand la forêt répond aux besoins de toutes ces tranches sociales en leur offrant leurs moyens de subsistance. En plus, les populations locales y pratiquent des activités étroitement liées à leur style de vie, ce qui donne lieu à une coexistence harmonieuse. Ainsi, le rôle économique de la forêt devient plus apparent.

– L'utilité économique de la forêt :

Au sein de la Maâmora, la population locale se livre à plusieurs pratiques de nature économique. La vente de bois de chauffage est considérée comme l'activité économique la plus ancienne, qui continue d'être pratiquée de nos jours.

Au Maroc, l'exploitation du bois pour la vente et pour l'autoconsommation est assez significative, même si cette vente a drastiquement baissé, notamment à cause du raccordement des villages et des hameaux au réseau de gaz et à la baisse de la demande. La réglementation de la coupe du bois pourrait également être la cause d'une telle baisse.

La vente du chêne-liège est une activité économique importante et aussi ancienne que la vente de bois de chauffage. Grâce à la richesse de la Maâmora en chêne-liège qui s'étend sur des milliers d'hectares, la collecte de ce dernier atteint des chiffres considérables (130 000 q par année). Le liège est un produit naturel et biologique qui peut faire l'objet de plusieurs usages. Il peut servir dans la construction des bâtiments, l'isolation et l'emballage.

Pourtant, pour des raisons économiques, les chênes-liège avaient été convertis en eucalyptus, car ce dernier croît rapidement dans les zones à faible productivité. Ce n'est qu'en 1990 que l'administration forestière s'était résolue à changer d'orientation, afin de reconstituer la subéraie[2].

---

[1] Said LAHSSINI et Sarah VANUXEM, *Les Paiements pour Services Écologiques ou la reconquête de la Maâmora par ses habitants ?* Enquête sur une forêt emblématique du littoral méditerranéen marocain, Développement durable et territoires, vol. 7, n° 1, 2016, p. 4.

[2] Said LAHSSINI et Sarah VANUXEM, op. cit, p. 2.

En plus, avec le temps, les forêts sont devenues investies d'un rôle nouveau qui consiste à accueillir le public citadin à des fins récréatives. La forêt de Maâmora fait également l'objet d'espaces récréatifs[1] qui constituent une source de revenus pour une population usagère d'environ 300 000 habitants, dont les besoins ne cessent de croitre. Ces espaces offrent aux familles un lieu de loisirs et de détente et créent de l'activité pour les jeunes. Elle constitue un espace récréatif de première nécessité pour la population des grandes villes urbaines, à savoir Rabat, Salé, Khemissat et Kénitra, attirant ainsi près de deux millions d'habitants. Cette qualité inestimable permet à la Maâmora d'attirer des visiteurs de marque (universitaires, associations, écoliers...).

À cette fin, la Maâmora, en dépit des difficultés économiques que connaissent les populations locales, est devenue un capital touristique constituant un enjeu de qualité[2]. C'est ce que sa Majesté le Roi Mohammed VI a assuré dans un discours : « que le secteur touristique représente un puissant levier de promotion de l'emploi et de développement de la richesse nationale, compte tenu de la diversité des atouts naturels que recèle le Maroc, ainsi que de la richesse et de la singularité de sa civilisation et de son patrimoine[3] ».

En matière de production, l'investissement dans la culture des plantes médicinales et aromatiques commence à prendre de l'importance. Sur le marché mondial, l'huile essentielle du géranium, par exemple, est la mieux notée, sa valeur atteignant les 1000 dollars le litre. Les difficultés économiques présentes suggèrent un meilleur couplage du capital touristique forestier avec les productions biologiques de la Maâmora, avec l'économie des territoires qui en sont le support, ainsi qu'avec les populations locales susceptibles de les mettre en valeur.

Section 4 : L'importance socio-économique de la Maâmora

La forêt fournit une série de bienfaits économiques et sociaux, notamment grâce à l'emploi, aux profits générés par la transformation et le commerce de produits forestiers et aux investissements dans le secteur forestier. Par ailleurs, elle recouvre et protège des sites et

---

[1] Le Maroc dispose de 190 forêts récréatives dans 36 Wilayas.

[2] Khalid CHERKI, *Analyse de la répartition spatiale des incendies de forêt en fonction des facteurs anthropiques, écologiques et biophysiques. Le cas de la forêt de la Maâmora (Maroc septentrional),* Études caribéennes, décembre 2011, introduction, pp. 1-2.

[3] Discours adressé par sa Majesté le Roi à la Nation à l'occasion de la fête du Trône de 2012.

paysages d'ordre culturel tout en étant un milieu propice pour les activités récréatives.

D'habitude, les bénéfices économiques générés grâce à la forêt sont mesurés en termes monétaires, tandis que les fonctions sociales varient d'un pays à l'autre. Bien entendu, cela dépend de leur niveau de développement et de leurs traditions. Malheureusement, l'importance socio-économique de la forêt est cruellement dépréciée. La contribution des forêts ainsi que le véritable rôle de celles-ci dans la réduction de la pauvreté ne sont pas reflétés dans la stratégie nationale du Maroc.

La forêt marocaine revêt une importance clé du point de vue socio-économique dans la mesure où elle contribue à 2 % du PIB agricole et 0,4 % du PIB du pays. En effet, certains écosystèmes, tels que la subéraie de la Maâmora, contribuent d'une façon significative à l'économie régionale[1].

L'importance socio-économique de la forêt de la Maâmora s'illustre à travers des indicateurs clés, dégagés par la direction de développement de la forêt. Annuellement, les recettes forestières atteignent les 60 millions de dirhams, notamment grâce à la mobilisation des produits forestiers par des entreprises forestières[2], des exploitants de bois[3] ainsi que par des coopératives forestières[4].

La Maâmora fournit des ressources inestimables aux industries de bois dont la production se compte par 300 000 m^3 par an, c'est-à-dire 85 % de la production nationale principalement composée d'eucalyptus destiné à la pâte. Quant au bois de feu, la production atteint 600 000 m^3 par an, soit 87 % des besoins de la zone. Toutefois, les quantités de bois de feu prélevé illicitement par les usagers ne sont pas comptabilisées, vu qu'elles représentent une part assez consistante.

Concernant le chêne-liège, qui est considéré comme la ressource la plus importante de la Maâmora, la production peut atteindre jusqu'à 6000 tonnes, avec 47 % de la production nationale. En plus, la production fourragère s'élève jusqu'à 24 millions d'unités fourragères

---

[1] Lelia CROITORU et Maria SARRAF, op. cit, p. 66.

[2] Il s'agit de sociétés opérant dans le secteur forestier (abattage du bois, transport des produits forestiers…).

[3] Ce sont des entrepreneurs qui s'occupent généralement de l'abattage et du débardage de bois, et souvent aussi de transport, de conversions et de transformations primaires du bois.

[4] Ce sont des groupements associatifs qui œuvrent dans le secteur forestier, caractérisé par l'égalité de droits de chacun de ses membres quant à sa gestion.

(UF) par an pour 250 000 têtes ovines et bovines, soit 75 % des besoins du cheptel de la Maâmora.

En ce qui concerne les produits non ligneux, ils inscrivent également des chiffres importants d'une valeur économique non négligeable. La production des champignons lichens s'élève à 30 tonnes par an, les plantes médicinales et tanins à 5000 tonnes par an, et enfin le miel[1] à 1000 tonnes par an[2].

La valeur des extractions de produits forestiers autres que le bois, tout comme la valeur de la production de bois, est un indicateur de la contribution de la forêt et des terres boisées à l'économie nationale. Cela donne une indication sur la contribution du secteur à la réduction de la pauvreté, dans la mesure où les produits forestiers autres que le bois comme les produits alimentaires et le fourrage sont principalement récoltés dans les zones rurales par des personnes relativement pauvres.

Les statistiques officielles sur l'emploi dans le secteur forestier précisent rarement les unités de mesure utilisées. Or, les emplois saisonniers ou à temps partiel sont très répandus dans le secteur.

En outre, l'emploi informel et les activités de subsistance tiennent une grande place dans le secteur forestier dans les pays en développement, mais sont souvent omis dans les statistiques officielles, et certaines statistiques collectées pour cette étude semblaient très élevées, ce qui laisse penser qu'une partie des emplois étaient à temps partiel[3].

Section 5 : La dégradation de la Maâmora et ses causes

Le Maroc porte au niveau mondial une image publique contrastée, caractérisée par un climat typiquement méditerranéen et une biodiversité exceptionnelle, avec un taux d'endémisme parmi les plus diversifiés au monde, mais aussi une déforestation très forte et une dégradation relativement rapide de son environnement.

Ses forêts souffrent parfois d'incendies qui mettent fin à une grande partie des espèces naturelles, causant directement une érosion considérable. En plus de cela, les pratiques agraires ou pastorales non

---

[1] Selon une étude d'évaluation, la valeur unitaire du miel dans la forêt de la Maâmora varie entre 211 dirhams/ha lors des années sèches alors qu'en période pluvieuse, la valeur unitaire peut atteindre jusqu'à 308 dirhams/ha (Plan bleu/FAO 2015).

[2] Rapport sur la Maâmora, op. cit.

[3] La contribution du secteur forestier aux économies nationales, Tendances et situation actuelle, programme de la FAO sur le financement de la gestion durable des forêts, FSFM/ACC/07, p. 7

appropriées et dégradantes ajoutent plus de pression et contribuent à la dégradation de l'espace forestier. Ajouter à cela une démographie galopante qui a pour conséquence un défrichement accru, entrainant ainsi la déforestation et renforçant la dégradation de l'environnement en général. Cela dit, la dégradation des forêts plonge automatiquement les populations rurales dans une pauvreté inquiétante.

Le domaine forestier national subit des dégradations naturelles, marquées par des déboisements intensifs et désordonnés, ainsi que par des parcours extensifs très vulnérables aux efforts de reconstitution et de repeuplement des paysages naturels. De plus, les forêts de production connaissent une perte de productivité inédite en raison d'une baisse des densités.

L'une des conséquences de ces perturbations écologiques a trait au renforcement des processus érosifs, lesquels sont responsables des évasements des barrages et des pertes irréversibles en eau et en terres arables. Ces conséquences sont cependant reconnues très dangereuses, bien qu'elles ne désertifient les paysages que progressivement.

Généralement, plusieurs facteurs interactifs entrainent la mortalité des arbres, allant de la sécheresse aux attaques d'insectes nuisibles susceptibles de provoquer des maladies. Cependant, ce sont les facteurs abiotiques[1] qui causent le plus souvent des problèmes de santé pour la forêt, comme le stress climatique qui peut être la cause de nombreuses attaques d'insectes et de maladies[2].

Tous les forestiers savent pertinemment à quel point il est difficile de rétablir une forêt naturelle détériorée ou complètement détruite. Même en cas de régénération, les coûts et le prix en termes d'économies et de temps ne sont pas évidents. En plus, le recours au remplacement par une forêt artificielle en tant que solution n'est pas toujours possible, aussi bien pour des raisons écologiques que techniques[3].

Dans les paragraphes suivants, nous allons traiter des menaces naturelles et des menaces humaines qui guettent la forêt de la Maâmora.

---

[1] Là où il n'y a pas ou ne peut y avoir de vie.

[2] F. Raffa KENNETH., Brian AUKEMA., Barbara BENTZ., Allan L. CAROLL, Jeffrey A. Hicke, Monica G. TURNER, et William ROMME, 2008. *Cross-scale drivers of natural disturbances prone to anthropogenic amplification: the dynamics of bark beetle eruptions*. Bioscience, vol. 58, n° 6, p. 501-517.

[3] Abdelkader IBRAHIMI, *Les coopératives forestières au Maroc : leur passé et leur avenir*, Institut supérieur de commerce et d'administration des entreprises, Casablanca, mémoire, pp. 4 et 5.

I— Les causes anthropologiques de la dégradation de la forêt :

Partout sur la surface de la Terre, nombre de personnes souffrent de la destruction à grande échelle des ressources forestières. Ainsi, les populations se trouvent privées de leurs moyens d'approvisionnement[1].

Les défrichements démesurés qui ébranlent la Maâmora, tant par la méthode traditionnelle que mécanisée, pour la culture du sol, l'exploitation anarchique ainsi que le braconnage[2] exagéré, ne garantissent désormais plus la pérennité de leurs richesses en diversité biologique[3].

Il faut dire qu'au niveau du Maroc, essentiellement à Maâmora, des personnes extérieures à la population forestière exploitent l'ignorance, ainsi que le besoin financier de celle-ci pour profiter de ses ressources. À cause de cet égoïsme démesuré, les habitants de cette forêt commettent des infractions, soit par ignorance, soit par nécessité sociale, et vendent leurs produits à des prix trop bas, afin que la tierce personne puisse les revendre à un prix beaucoup plus élevé.

Essentiellement, ce sont des bandes organisées opérant la nuit qui s'occupent de telles activités et commettent des infractions en coupant le bois pour le vendre[4]. Chose qui n'est autorisée par le *Dahir du 10 octobre 1917* que sous certaines conditions[xii] et sous peine de sanctions, puisqu'elle ne figure pas parmi les droits d'usage conférés à la population. Cependant, les peines énumérées dans le Dahir renvoient au Code pénal français. En plus, dans l'article 17 du Dahir susmentionné, les amendes sont formulées en francs français et non pas en dirham[5].

Étant parfaitement conscientes que l'exploitation lucrative du bois est défendue, ces mafias vendent des sacs de charbon le long des routes au terme d'activités de contrebande. En revanche, le bois du chêne-liège

[1] Isaac NDOTAM TATILA, *Gestion des aires protégées au Tchad : contraintes et perspectives pour une gestion participative*, mémoire de DESS, Université de Kinshasa, 2005, p. 223.

[2] Chasse ou pêche illégale.

[3] Catherine AUBERTIN, *Représenter la nature ? ONG et Biodiversité*, 2005, Éditions IRD, Paris.

[4] Saka CASTRO, *Économie informelle forestière marocaine : diagnostic et évaluation*, mémoire, 2016, p. 82.

[5] En cas de contravention à l'article 26, « celui qui aura effectué ou fait effectuer le défrichement sera condamné à une amende de 100 francs au moins et 200 francs au plus par hectare de bois défriché ».

est fortement convoité à cause de ses facultés thermiques intéressantes[1]. En plus du charbon, la population se livre également au commerce illicite des glands de chêne-liège comme susmentionné, du champignon et des truffes. Ces dernières, en particulier, sont vendues à des intermédiaires qui les revendent 15 fois plus cher à des marchands du pays du Golfe[2].

Cependant, le problème ne réside pas uniquement dans les violations commises par la population de la forêt. L'administration des eaux et forêts aussi est concernée par l'état inquiétant de la forêt. Effectivement, cette dernière fait la sourde oreille quant aux revendications de la population dont le seul souci est d'avoir un travail durable et un revenu stable. Les habitants de la Maâmora souhaitent reprendre les activités des entreprises comme le déliénage et le reboisement, afin de les réaliser eux-mêmes.

Il est donc recommandable de permettre aux populations usagères de participer au développement de l'économie forestière, pour qu'elles puissent bénéficier des recettes forestières. Ce qui, par conséquent, suscitera vivement leur adhésion au développement durable des ressources de la forêt[3].

En guise de compensation, la population locale se livre à des activités qui exercent une pression considérable sur la forêt, à savoir l'élevage extensif qui demeure la principale activité de la zone[4]. Afin d'améliorer leurs revenus, les habitants de la Maâmora s'associent avec les citadins, lesquels disposent de moyens financiers, mais dépourvus de droit d'usage, en augmentant la taille de leurs cheptels. De cette façon, des étrangers à la forêt profitent indirectement des droits d'usage dont seule la population de ladite forêt a le droit de bénéficier[5]. Par ailleurs, afin de combler le déficit énergétique et fourrager[6], la population riveraine

---

[1]Ahmed CHIHAB, *La Maâmora, forêt de toutes les convoitises*, Le matin, 11 février 2003.

[2] Said LAHSSINI et Sarah VANUXEM, op.cit. p. 5.

[3] Saïd LAARIBYA, *Il faut sauver la forêt de la Maâmora (Maroc),* op. cit, p. 71.

[4] Deuxième rapport national sur l'état des ressources génétiques animales, 2014, pp. 6 et 7.

[5] Ce qui est interdit par la loi et contraire aux dispositions du deuxième alinéa de l'article 22 de la loi forestière de 1917 selon lequel : « Les troupeaux en cheptel ou en association avec des non-usagers sont exclus du bénéfice du droit de parcours ».

[6] Direction régionale des eaux et forêts et à la lutte contre la désertification du nord-ouest, procès-verbal d'aménagement, révision de l'étude d'aménagement de la forêt de Maâmora, novembre 2011, p. 108.

pratique de façon permanente des coupes de bois vif, ainsi que l'ébranchage du chêne-liège.

En revanche, il existe quelques petites structures locales qui peuvent permettre à la population locale d'effectuer les mêmes activités que les grandes entreprises exercent en profitant des ressources naturelles de la forêt, mais elles font face à une concurrence écrasante[1]. Ceci est principalement dû aux conditions législatives fixées par le Code des marchés publics.

En vertu de ce code, le marché est accordé à celui qui offre le meilleur rapport qualité/prix, ce que l'administration des eaux et forêts applique à la lettre en offrant les travaux forestiers à des prestataires extérieurs. Cela dit, il est parfaitement naturel que de grandes structures bien équipées puissent gagner de tels marchés, comparées aux coopératives dont le seul point fort est une main-d'œuvre abondante. Pourtant, le code des marchés publics est clair dans son article premier, selon lequel : « la passation des marchés publics obéit aux principes… d'égalité de traitement des concurrents » entre autres. Ce qui n'est en réalité pas le cas.

On peut conclure que les textes réglementaires relatifs aux droits d'usage ne sont pas toujours respectés, dans la mesure où l'administration des eaux et forêts peut être amenée à acheter (temporairement) les droits d'usage conférés à la population, à travers le respect des mises en défens.

Dès lors, les usagers se trouvent, pour une période déterminée, privés de la liberté d'exercer leurs droits en forêt, ce qui crée quand même des conflits d'usage. Pourtant, l'article 21 du *Dahir du 10 octobre 1917* déclare clairement que les droits d'usage reconnus aux usagers des forêts sont *incessibles*.

Afin de remédier à cette difficulté, le Maroc a mis en place le mécanisme de CMD ou *compensations pour mise en défens*.

II— Les causes naturelles de la dégradation de la forêt :

La situation des ressources naturelles met en exergue le caractère particulièrement rigoureux des conditions naturelles, leur fragilité ainsi que leur état de dégradation très avancé[2].

Eu égard au caractère persistant de la sécheresse qui menace le Maroc chaque année et de la pression démographique, le milieu forestier de la

---

[1] Said LAHSSINI et Sarah VANUXEM, op.cit. p. 6.

[2] Ibrahima LY, op. cit, p. 31.

Maâmora s'est dégradé au point que les systèmes de production dont il constitue le substrat se trouvent aujourd'hui dans une situation extrêmement difficile. Ceci peut facilement justifier une crise socio-économique au sein de la population forestière.

Malgré les nombreux avantages socio-économiques de la forêt, ses formations demeurent toutefois menacées. L'expansion agricole, le changement climatique, le développement urbain et les pratiques inappropriées d'utilisation des terres sont autant de causes qui contribuent à la déforestation et donc aux défrichements, mais stimulent aussi des incendies, favorisent l'invasion d'insectes parasites, causant ainsi sa dégradation.

– Le défrichement :

Le défrichement n'étant défini par aucune loi ou Dahir, nous avons décidé d'adopter la définition proposée par *Michel PRIEUR* par laquelle le défrichement peut être direct, comme il peut être indirect.

Le défrichement direct « consiste à supprimer l'état boisé par abattage des arbres et destruction des souches en donnant par la suite au sol une destination autre que la forêt ». Il présente également une définition voisine en associant le défrichement direct à « des opérations qui ont pour effet de détruire l'état boisé d'un terrain et de mettre fin à sa destination forestière ».

Quant au défrichement indirect, il le définit comme étant un ensemble de faits assimilés au défrichement, et punis comme tels en vertu du code forestier français, et qui consiste en toute utilisation du sol qui empêche la régénération de la forêt[1].

Le défrichement peut être effectué pour destiner l'exploitation d'une certaine superficie, soit à l'agriculture, soit à l'installation d'une entreprise ou d'un complexe industriel, soit à l'extension de l'urbanisme au-delà du domaine urbain. Il est l'une des causes de la déforestation que l'ONU considère comme « une conversion de terres boisées à d'autres utilisations ou réduction permanente du couvert forestier, celui-ci tombant au-dessous du seuil minimal de 10 pour cent[2] ».

---

[1] Michel PRIEUR, *Droit de l'environnement*, op. cit. p. 319.

[2] Rapport de la FAO, Situation des forêts du monde, Forêts et agriculture : défis et possibilités concernant l'utilisation des terres, op. cit.

Selon la FAO[1], la surface de la forêt marocaine a connu une véritable expansion[2] entre 1990 et 2015, une amélioration que le Haut-commissariat aux eaux et forêts a déjà confirmée. Soit une augmentation de 2 % de la superficie forestière du Royaume. Cette performance n'a pu être atteinte que grâce à la loi forestière qui interdit le défrichement.

Cependant, Le Haut-Commissariat aux eaux et forêts précise que durant la période s'étalant entre 2010 et 2015, la superficie affectée par défrichement comprend les distractions effectuées pour des intérêts publics s'élevant à 2000 ha, ainsi que des défrichements délictueux comptant 2400 ha pendant la même période[3].

Or, le problème ne réside pas dans la superficie de la forêt, mais dans sa mauvaise santé. C'est ce qui fait la différence entre la dégradation et la déforestation, la première pouvant déboucher sur la deuxième[4].

Le défrichement a des conséquences négatives aussi bien sur la population forestière que sur l'économie du pays.

En ce qui concerne les conséquences humaines, elles peuvent affecter une population autre que celle qui cause les dégradations. Par exemple, une population qui pollue l'eau et une autre qui l'utilise.

Concernant les conséquences économiques, elles consistent en des pertes de bénéfices considérables sur la totalité de la surface défrichée, dont la valeur inclut les prix de marché (pour le bois, le liège, les produits non ligneux et le carbone), les prix des biens de substitution (fourrage) et transfert de bénéfices (recréation)[5].

Ce sont autant de raisons qui incitent l'État à s'opposer au défrichement, mais pas seulement. En réalité, il s'y oppose également pour des soucis d'équilibre écologique.

Au Maroc, l'opposition peut être faite uniquement pour les bois dont la conservation est reconnue nécessaire « au maintien des terres sur les montagnes ou sur les pentes, à la défense du sol contre l'érosion

---

[1] L'Organisation des Nations-Unies pour l'alimentation et l'agriculture.

[2] La superficie de la forêt marocaine est passée de 4,95 millions ha en 1990 à 5,63 millions ha en 2015.

[3] Département de l'Environnement, Secrétariat d'État auprès du Ministère de l'Énergie, des mines, de l'eau et de l'environnement, *État de l'Environnement au Maroc*, 2010.

[4] Pauline, *Comment la forêt marocaine se meurt*, Telquel, Août 2016.

[5] Omar M'HIRIT et Mohamed ET-TOBI, Institut royal des études stratégiques, *Les écosystèmes forestiers face au changement climatique : situation et perspectives d'adaptation au Maroc*. Programme d'études changement climatique : impacts sur le Maroc et options d'adaptation globales.

pluviale et contre son envahissement par les atterrissements, à l'existence des sources et cours d'eau, à la salubrité publique et au maintien de l'équilibre économique et social des populations[1] ».

Néanmoins, des défrichements importants ont déjà été réalisés dans les forêts domaniales de l'État pour des raisons infrastructurelles, notamment pour permettre le passage des lignes électriques, des canalisations, des autoroutes, etc.

Toutefois, les collectivités locales et les établissements publics, quelle que soit leur situation, ne peuvent procéder à aucun défrichement de leurs bois, sans une autorisation expresse et spéciale de l'autorité supérieure donnée par arrêté Viziriel, et en l'absence de laquelle tout dépassement de prérogatives condamne ceux qui l'ordonnent, à savoir l'utilisateur du sol ainsi que le bénéficiaire du défrichement, à payer « une amende de 1000 francs (**2400 dh**) au moins, et 2000 francs (**4800 dh**) au plus par hectare de bois défriché. S'il en est ainsi ordonné par le directeur des eaux et forêts, il devra, en outre, rétablir les lieux défrichés en nature de bois, dans un délai qui ne peut excéder trois années[2] ».

En ce qui concerne les propriétaires des bois à titre privé, ils n'ont jamais bénéficié de la liberté absolue de les défricher. Il s'agit d'une activité strictement interdite en vertu de l'article 27 du Dahir susmentionné et qui expose le responsable aux mêmes peines prévues au premier alinéa dudit article.

Par ailleurs, si une personne autre que le propriétaire procède quand même au défrichement en l'absence de déclaration, elle sera passible des mêmes peines mentionnées ci-dessus. Et dans ce cas, le propriétaire peut être déclaré pénalement responsable de l'infraction, surtout s'il ne le signale pas à l'administration forestière.

– Les incendies :

L'incendie constitue un facteur majeur de dégradation de la forêt. La gravité de ce phénomène réside dans le fait qu'un seul incendie entraine

[1] Article 25 du *Dahir du 27 octobre 1939* sur la conservation et l'exploitation des forêts.

[2] Article 27, alinéa 1 du *Dahir du 30 novembre 1951* modifiant le Dahir du 10 octobre 1917 sur la conservation et l'exploitation des forêts.

de graves bouleversements biologiques, tout comme il est capable d'anéantir les efforts de plusieurs décennies[1].

Un feu de forêt incontrôlé peut tout dévaster sur son passage, se propager à des kilomètres, franchissant les rivières et les routes. En quelques jours, voire en quelques heures, ce fléau redoutable est capable de détruire des dizaines, des centaines, voire même des milliers d'hectares de forêts avec tous leurs biotopes. Ces feux de forêt ont des conséquences différentes sur l'environnement, selon leur importance et leur fréquence[2].

En climat méditerranéen, il existe une période dite *d'incendie* pendant laquelle le risque d'incendie en forêt est beaucoup plus élevé que dans le reste de l'année[3]. En ce qui concerne la forêt de Maâmora, les feux de forêt sont très rares et les chablis[4] sont presque inexistants[5]. Un incendie peut avoir une cause naturelle comme la foudre, une éruption volcanique, un tremblement de terre ou un orage sec, tout comme il peut avoir une cause humaine.

En effet, la plupart des incendies recensés sont dus à des causes humaines, notamment lorsqu'il s'agit d'un oubli d'extinction de feu. Dans ce cas, il est difficile de savoir si le responsable a agi intentionnellement ou s'il s'agissait seulement d'un accident indépendant de sa volonté.

Dans un arrêt rendu le 18 février 2009, la Cour de cassation marocaine a confirmé la décision de la Cour d'appel qui a requalifié un acte préjudiciable vis-à-vis de la forêt, en lui appliquant les dispositions de l'article 607 du Code pénal, plutôt que celles de l'article 581 du même code pour défaut d'intention criminelle, dès lors que l'inculpé a nié, dans toutes les étapes de la procédure, avoir mis volontairement le feu dans la forêt en avançant qu'il a juste oublié d'éteindre le feu après avoir préparé le thé.

Selon cette décision, il suffit de nier d'avoir commis tel ou tel crime contre l'environnement pour bénéficier d'une réduction significative de

[1] Khalid CHERKI et Najib GMIRA, *Répartition spatiale des incendies dans la forêt de la Maâmora (Maroc) en fonction des facteurs humains et physiques*, forêt méditerranéenne, t. XXXIII, n° 1, mars 2012, p. 19.

[2] www.ompe.org, Julia Perez, *Causes et conséquences des incendies de forêt*.

[3] Mohammed ELLATIFI, op. cit, p. 100.

[4] Un chablis, c'est à la fois l'arbre qui tombe et le trou qu'il laisse derrière lui dans le sol.

[5] Simulation de l'effet du changement climatique sur la dynamique des peuplements forestiers au Maroc, Le cas de la forêt de la Maâmora, op. cit, p. 13.

la peine, sachant que l'article 581 prévoit une peine d'emprisonnement bien plus lourde allant jusqu'à 20 ans. Cela démontre à quel point la position de l'environnement peut être fragile devant les actions de l'homme, même lorsqu'elles sont intentionnelles.

Le nombre d'incendies et les superficies incendiées en forêts marocaines sont jugés relativement élevés, eu égard au taux de boisement très faible du pays (8 %), à l'aridité du climat et aux contraintes rendant extrêmement difficile la reconstitution des espaces boisés (reboisement, régénération)[1].

Les incendies sont assimilés à une forme de défrichement, vu qu'ils détruisent une partie de la forêt. Sont assimilés à des défrichements, les exploitations abusives, sur des terrains en pente, ainsi que l'exercice du parcours après exploitation, recépage ou incendie, qui entrainent la destruction totale ou partielle de la forêt où ils sont pratiqués ou qui mettent en danger la stabilité des terres en pente et la protection du sol contre l'érosion. En conséquence, les responsables de ces actes seront passibles des sanctions prévues à l'article 27[2].

Entre 2005 et 2015, les incendies ont détruit une superficie importante des forêts marocaines avec une cadence de 3415 ha par an. D'après l'état de l'évolution annuelle des incendies dans la Maâmora, il en ressort une variabilité interannuelle aussi bien en termes de nombre qu'en termes de superficies touchées, avec une augmentation en flèche durant la période 2003-2005, comme démontré dans le graphique ci-dessous[3].

---

[1] www.eauxetforets.gov.ma, Incendies des forêts.

[2] Article 29 alinéa 1 du Dahir du 30 novembre 1951.

[3] Khalid CHERKI et Najib GMIRA, op. cit, p. 3.

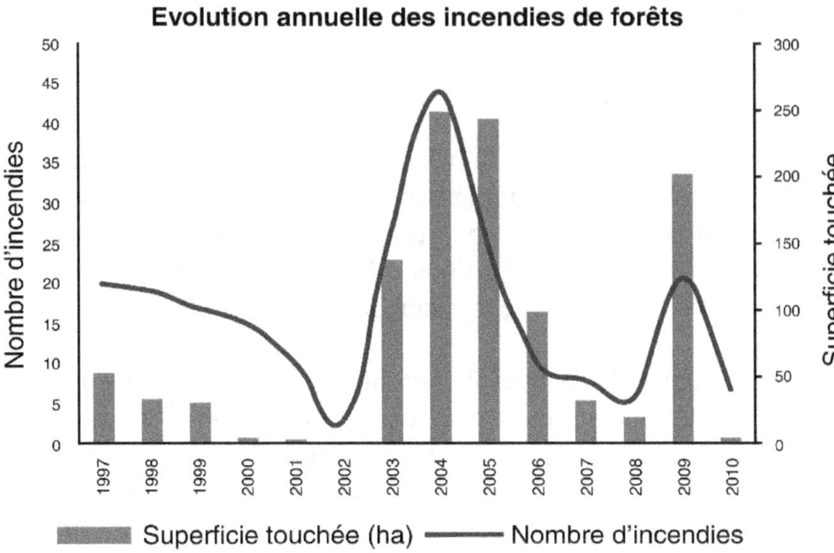

En guise de prévention contre d'éventuels incendies, les propriétaires peuvent se voir contraints de débroussailler leurs terrains. Le Code forestier français définit le débroussaillement comme :
« la destruction par tous moyens des broussailles et mort-bois et si leur maintien en l'état est de nature à favoriser la propagation des incendies, la suppression des végétaux et sujets d'essences forestières ou autres lorsqu'ils présentent un caractère dominé, dépérissant ou une densité excessive de peuplement, ainsi que l'élagage des sujets conservés[1] ».

La destruction de la forêt à cause des incendies génère des pertes considérables[xiii], que ce soit au niveau des produits ligneux et non ligneux, ou bien au niveau du temps nécessaire à certaines superficies boisées pour se régénérer. Par conséquent, l'État ou les particuliers doivent supporter des coûts supplémentaires, que ce soit pour la plantation de régénération, le reboisement, les travaux sylvicoles ou bien pour les installations des clôtures.

Après l'incendie, certaines espèces telles que le chêne-liège, l'arganier et le thuya nécessitent des plantations pour leur régénération. D'autres espèces[2] comme l'eucalyptus et le pin d'Alep ont besoin d'être reboisées avec un coût de reboisement pouvant atteindre 3,6 millions de dirhams, soit 6000 dirhams/ha[1]. Le Maroc estime le coût total de défrichement et des incendies à 40 millions de dirhams, soit 0,004 % du

[1] Article L. 321-5-3 du Code forestier français.

[1] HCEFLCD 2015. Plan décennal 2015-2024. Haut-commissariat aux eaux et forêts et à la lutte contre la désertification.

PIB en 2014, coût résultant essentiellement des pertes en bénéfices sur les superficies incendiées.[1]

– L'agriculture :

L'agriculture est une activité humaine qui permet aux êtres humains de produire des ressources alimentaires inhérentes à leur survie, et qui a toutefois un impact sur les écosystèmes naturels puisqu'elle opère sur eux de profondes modifications. Elle occupe une proportion significative de terres émergées, ayant des conséquences majeures pour l'humanité[2].

Cependant, avec la révolution agricole qui a coïncidé avec l'arrivée du machinisme, une agriculture extensive dite *moderne* a émergé. Au début du 21e siècle, les écologistes ont sonné l'alarme en prônant le retour vers une agriculture moins extensive et un respect des terres de l'environnement[3]. En effet, l'agriculture moderne a plus d'inconvénients que d'avantages et c'est surtout la biodiversité qui en souffre le plus.

En ayant à l'esprit le degré d'importance aussi bien de l'agriculture que de la forêt, serait-il judicieux de transformer une superficie forestière en une terre agricole ?

Bien que les ressources alimentaires soient importantes, transformer une superficie forestière en une terre agricole serait la priver de sa fonction et de son rôle originel. Il s'agit aussi d'un défrichement puisqu'on destine une parcelle de la forêt à autre chose, et donc l'on peut dire que l'agriculture peut constituer un danger pour la forêt.

Ses inconvénients ne se limitent toutefois pas au défrichement, mais s'étendent jusqu'à nuire à l'écosystème, d'autant plus que de nos jours même l'agriculture compte sur des procédés dits *modernes*, ainsi que sur des produits chimiques.

La culture et l'élevage peuvent être les causes principales de la pollution de l'eau par les nitrates, les phosphates et les pesticides. Ils constituent aussi les principales sources anthropiques des gaz à effet de serre (le méthane et l'oxyde nitreux), et ils contribuent massivement à

---

[1] Lelia CROITORU et Maria SARRAF, op. cit, p. 72.

[2] Ministère de l'Agriculture et Ademe, interactions entre agriculture et environnement ; Quels outils de diagnostic ? ; Actes du colloque du 2 avril 1997, Paris.

[3] www.futura-sciences.com, *Prise de conscience environnementale et progrès scientifiques*, visité le 03 juin 2020.

d'autres types de pollution de l'air et de l'eau[1]. En plus, l'agriculture est capable de bouleverser l'hydrologie, notamment en pompant les étendues d'eau temporaires, qui sont essentiellement des *dayas*[2] constituées de l'eau des pluies que la forêt collecte, avant qu'elle ne soit asséchée l'été, et des étangs alimentés par la nappe phréatique[3].

Dans certaines zones forestières en danger, il est même recommandable de ne couper que peu de bois ou même de ne pas en couper du tout[4]. C'est le cas de la Maâmora qui est décrite comme un écosystème fragile vu qu'elle est constamment exposée à une sécheresse chronique[5].

L'impact que peut avoir l'agriculture sur la stabilité de la Maâmora peut amener jusqu'à la disparition du couvert végétal qui, à son tour, peut entrainer des phénomènes d'ensablement dus à sa nature sableuse, et menacerait les infrastructures et les agglomérations existantes. Par ailleurs, cela peut également avoir des conséquences socio-économiques.

Effectivement, bien que l'agriculture soit importante pour l'économie nationale, elle présente quand même un risque considérable pour la forêt. Le recul que cette dernière subit peut être la cause de graves conséquences sur l'économie régionale (manque à gagner des communes rurales, perte d'emplois…) et nationale (affaiblissement du tissu industriel lié au liège, perte en devises).

Ainsi, ce recul est susceptible de rendre le milieu inhospitalier, et donc pourrait entrainer un exode rural de la population forestière vers les grandes agglomérations avec toutes les conséquences sociales que cela pourrait provoquer[6].

En plus des pertes en superficie forestière qui sont d'autant plus importantes dans les pays à faible revenu, les investissements dans l'agriculture et les forêts sont cruellement modestes. Étant signataire de l'accord de Paris sur les changements climatiques, le Maroc serait bien avisé d'agir concernant les utilisations agricoles et forestières des terres

---

[1] www.fao.org, *L'agriculture et l'environnement.*

[2] « Daya » est le mot arabe qui équivaut au mot « lac ».

[3] Alain FRAVAL et Claire VILLEMANT, *La Maâmora et ses ennemis*, Courrier de l'Environnement de l'INRA, n° 15, 1997.

[4] www.fao.org, *La forêt et l'agriculture.*

[5] www.lematin.ma, *À cause de la sécheresse et de l'exploitation immodérée : la forêt Maâmora, patrimoine naturel de la région menacée de disparition*, 15 février 2005.

[6] Said LAARBIYA, *Il faut sauver la forêt de la Maâmora (Maroc),* forêt méditerranéenne, t. XXVII, n° 1, mars 2006, p. 70.

pour respecter ses engagements, sachant que l'agriculture reste le principal moteur de la déforestation, tandis que les politiques agricoles, forestières et foncières restent souvent en conflit[1].

Étant longtemps coupée du monde agricole et mal couplée avec le monde industriel, la réalité forestière contemple, non sans indifférence et détachement, les grandes avancées de l'économie et de la géographie agricole des dernières décennies[2].

Aujourd'hui, l'agriculture et l'alimentation sont devenues les éléments clés de la géopolitique mondiale, comme le démontrent les négociations de l'OMC ainsi que les considérations des organisations internationales qui, après un temps d'insouciance renversant, s'intéressent à nouveau à l'agriculture au nom des échanges, de la lutte contre la pauvreté et de la paix[3].

– Les insectes nuisibles :

En plus des menaces mentionnées ci-dessus, la forêt peut également être victime d'attaques parasitaires causées par des insectes défoliateurs. Ces insectes mettent en charpie le peuplement de la forêt, générant ainsi des dégâts démesurés. L'invasion des criquets pèlerins au milieu de l'année 2020, aussi bien en Afrique de l'Ouest qu'en Inde, est un exemple encore récent qui a incité la Banque mondiale à lever 75 millions de dollars pour faire face à cette menace[4].

Les attaques envahissantes de ces insectes nuisibles causent des pertes considérables aussi bien économiques que naturelles. La question se rapportant aux pertes économiques occasionnées à la production forestière par ces insectes a été abordée à l'échelle mondiale.

Selon une étude américaine, parmi tous les agents destructeurs de forêt, y compris les incendies, ce sont les insectes nuisibles qui causent la plus forte mortalité au niveau de la forêt. Elles détruisent prioritairement les bois, lesquels sont, dans les meilleurs cas, remplacés par des reboisements artificiels, engendrant ainsi de nouveaux problèmes pathologiques et entomologiques[5].

---

[1] Fao, *Situation des forêts du monde*, 2016, pp. 7-12.

[2] André BRUN, *La forêt dans l'économie rurale*, op. cit, p 67.

[3] Philippe LACOMBE, *Regards sur l'évolution de l'agriculture et du monde rural, un nouvel espace pour l'économie rurale ?,* Économie rurale, n° 300, juillet/août 2007, p.18

[4] www.commodafrica.com, Jean GECIT, *La banque mondiale lève 75 millions face à la menace du criquet pèlerin en Afrique de l'Ouest, juin 2020.*

[5] www.fao.org, *Importance des maladies et des insectes nuisibles à la forêt.*

Quant à la Maâmora, les attaques d'insectes qu'elle subit sont soit d'origines naturelles (sécheresse), soit dues à une action humaine (dérèglement dans les ondes électromagnétiques[1]). Durant cette période de dérèglement climatique, la Maâmora se trouve le plus souvent attaquée par un redoutable défoliateur qui cause d'importants dégâts, se situant essentiellement au niveau des pertes de liège, de bois et d'une suppression de glandes[2]. D'ailleurs, au mois de mai 2020, cette forêt a subi une invasion exceptionnelle de ce défoliateur[xiv] qui a couvert 15 000 hectares de forêt de chêne-liège dans la région de Rabat-Salé-Kénitra, plus précisément dans la partie nord-est de Rabat[3].

De nombreuses espèces d'insectes vivent grâce aux arbres forestiers. Il s'agit d'un phénomène naturel qui entre dans le cycle naturel de l'écosystème. Devenant excessif, ce phénomène prend des proportions problématiques, dans la mesure où il empêche la forêt d'accomplir certaines fonctions majeures pour l'homme, mais aussi pour la forêt elle-même lorsque des insectes ravageurs deviennent envahissants. En effet, les pullulations d'insectes peuvent causer la mort d'arbres et déprécier le bois d'œuvre, ce qui compromet des fonctions clés de la forêt[4].

Ce n'est toutefois pas un hasard que de telles attaques soient agressives. Une augmentation des températures et de la sécheresse dans les montagnes par exemple pourrait favoriser des infestations plus intenses et plus répandues d'insectes forestiers ravageurs, ou faire apparaître une nouvelle espèce de ravageurs, voire même modifier le comportement d'insectes secondaires[5].

Les conditions climatiques, comme la sécheresse, quand elles dépassent les seuils physiologiques de tolérance, influencent

---

[1] www.rts.ch, *Les études scientifiques prouvent que les ondes électromagnétiques ont une influence négative sur les insectes, selon l'entomologiste Daniel Cherix*, publié en avril 2019.

[2] HCEFLCD, *Caractérisation des agents et causes de déforestation et de la dégradation forestière dans le site de la Maâmora au Maroc*, 2015, p. 53.

[3] www.yabiladi.com, des chêne-liège de la forêt de Maâmora attaqués par un insecte défoliateur, publié en mai 2020.

[4] www.wsl.ch, Organismes nuisibles à la santé des forêts.

[5] Abdeladim LHAFI, Mohamed BADRAOUI, et Omar MHIRIT, 2006. *Cadre naturel, environnement et territoire : une vision pour 2025*, Contribution au « Rapport sur le Développement Humain au Maroc », Rabat.

directement sur les populations d'insectes, en les incitant à infester massivement et à adopter un comportement agressif et envahissant[1].

Il est vital de prendre soin de tous les éléments qui constituent l'écosystème de la forêt, sans lesquels tout le système risque de s'effondrer. Il suffit de nuire à un seul aspect de la forêt pour que les autres aspects soient exposés au danger. Il s'agit en fait d'un engrenage interdépendant qui fait fonctionner chaque partie de tout un système.

---

[1] IREB (institut royal des études stratégiques), programme d'études « changement climatique : impacts sur le Maroc et options d'adaptation globales », « les écosystèmes forestiers face au changement climatique : situation et perspectives d'adaptation au Maroc », 2010, p. 43.

CHAPITRE 2 : LE TRANSFERT DE GESTION DES RESSOURCES FORESTIERES

Afin de remédier à l'ensemble des problèmes causant la dégradation de la forêt, le Haut-commissariat aux eaux et forêts et à la lutte contre la désertification a décidé de suivre les recommandations de la conférence des Nations Unies pour l'Environnement et le Développement (CNUED), et a élaboré le Programme Forestier National (PFN).

Ce programme a été pensé suite à des observations sérieuses et des études sectorielles[1] qu'il a élaborées, ayant pour finalité d'échafauder une stratégie de développement forestier, que ce soit à moyen ou à long terme.

Ainsi, le PFN demeure un outil stratégique employé au service de l'administration forestière et dont les fondements reposent sur trois approches : patrimoniale, territoriale et participative.

Il s'agit d'une stratégie qui a pour but de mettre fin au processus de dégradation de l'espace forestier en protégeant les sols, en régularisant l'utilisation des eaux, en développant les populations rurales socialement et économiquement, en protégeant la biodiversité, en produisant du bois pour l'industrie et l'artisanat, et en destinant des services aux populations urbaines[2].

L'évolution des textes juridiques qui font office, depuis le protectorat, de politique forestière montre le choix souvent répressif du système de gestion des ressources des forêts marocaines. Le modèle du Madagascar montre, via la *loi n° 96 025* relative à la gestion locale sécurisée des ressources renouvelables, qu'afin de remplacer la répression par l'incitation, il est recommandable d'impliquer davantage les communautés locales riveraines, dans la mesure où elles peuvent

---

[1] Parmi ces études, on peut citer : les actes du colloque national sur les forêts (1996), l'Inventaire Forestier National (1994), le Plan Directeur de Reboisement (1996), le Plan National d'Aménagement des Bassins Versants (1995), l'étude sur les aires protégées (1995).

[2] Mohamed BENZYANE, *La gestion durable des ressources forestières : quelle stratégie ?*, Forêt méditerranée, t XXVIII, n° 1, mars 2007, p. 47.

apporter leurs expériences de gestion traditionnelle, à l'aide d'une gestion dite locale et sécurisée[1].

Pour ce faire, l'administration devrait penser à établir des contrats de transfert de gestion avec la communauté locale peuplant la Maâmora, en vue d'une exploitation rationnelle des ressources forestières transférées.

D'ailleurs, le modèle malgache[xv] témoigne de son efficacité. Mais d'abord, il faudrait que cette communauté ait de bonnes relations avec le secteur public, le secteur privé et la société civile.

Ainsi, il serait possible de considérer la communauté de la Maâmora comme une institution *sui generis*[2], dotée de la personnalité morale et fonctionnant comme une association ou une coopérative. En revanche, la population forestière et l'administration deviendraient des partenaires au terme d'un lien de subordination.

Pourtant, l'administration forestière ne peut en aucun cas transférer sa mission de service public via une activité contractuelle avec une institution privée qu'après une reconstitution du statut des terrains et des ressources qu'ils abritent.

Cette nécessité s'impose, vu que les droits d'usage conférés à la population de la Maâmora sont conditionnés par la nature des terrains relevant du domaine de l'État et des collectivités territoriales[3]. Cependant, si le contrat est de courte durée, les coopérateurs risquent de revenir aux pratiques délictueuses. En plus, le manque de formations au profit des coopérateurs constitue un frein au développement de leur entreprise.

Le transfert de gestion est censé clarifier les responsabilités des populations riveraines et les apports dont celles-ci devraient bénéficier, en relation avec leur partenaire principal qui est l'administration forestière. Il s'agira donc d'une décentralisation de la gestion des forêts

---

[1] Jean Paul RAKOTONIRINA, *Le transfert de gestion de la forêt à une communauté de base*, mémoire, Université d'Antananarivo, 2012, p. 25.

[2] D'origine latine, ce mot signifie littéralement *de son espèce*, qui est propre à une espèce ou à une chose.

[3] Sigrid AUBERT, Philippe KARPE, Georg JASTER, Saholy RAMBININTSAOTR A, Pierre MONTAGNE, *Les communautés de base, partenaires privilégiés de l'administration forestière à Madagascar : le droit en question*, Revue Juridique de l'Océan Indien (20), pp. 230 et 231.

qui permettrait de gérer de façon rationnelle les ressources, et d'assurer en même temps une certaine justice environnementale[1].

Section 1 : Les paiements pour services environnementaux

Dans la mesure où le transfert de gestion suppose l'existence d'une relation contractuelle, les contrats[xvi] qui sont censés avoir lieu, impliquent l'existence d'une relation tripartite entre l'État qui est le gestionnaire originel des ressources de la Maâmora, la commune qui est la collectivité décentralisée responsable des activités de développement dans sa circonscription, ainsi que la communauté locale qui fonctionne comme une association ou une coopérative.

D'une part, en établissant la liaison entre ces acteurs, l'État aura bénéficié d'un domaine forestier en bon état et répondant aux standards internationaux. D'autre part, la commune aura profité d'une cogestion basée sur l'expérience et les moyens de gestion traditionnels mis à contribution par la population de la forêt. Ainsi, cette dernière aura l'opportunité de trouver un emploi et de toucher une rémunération en contrepartie de ses services.

Grâce à l'organisation des coopératives pastorales, la population forestière gagne l'opportunité de travailler moyennant rémunération. Par conséquent, la forêt se trouve protégée de tout comportement anarchique ou acte de vandalisme, tandis que la population forestière prend soin de son territoire. Cependant, l'organisation en associations ou coopératives ne constitue pas leur seule source de revenus. L'administration peut également récompenser cette population en contrepartie du respect de la mise en défens.

I— La compensation pour mise en défens (CMD), un mécanisme efficace :

La mise en défens consiste en l'installation de clôtures pour interdire à autrui de pénétrer une parcelle ou une partie de parcelle[2].

De nombreuses initiatives ont montré qu'une mise en défens intégrale aboutissait rapidement à une régénération de la végétation

[1]Heriniaina ANDRIANANJA et Renaud LAPEYRE, *Décentralisation de gouvernance et gestion, et durabilité des ressources naturelles renouvelables : une analyse comparative*, pp. 3 et 4.

[2] Jacques ASTOR, *Dictionnaire des noms de famille et noms de lieux du midi de la France*, éditions du Beffroi, 2002, p. 288.

herbacée et arbustive[1]. Il s'agit également d'une alternative qui permet de lutter contre les conséquences dévastatrices des incendies[2]. Le fait de la respecter est récompensé par ce que l'on appelle les PSE ou paiements pour services environnementaux.

Les PSE sont un dispositif qui constitue une politique environnementale et qui repose essentiellement sur l'idée d'un paiement, que ce soit sous forme d'une récompense ou d'un dédommagement, en faveur de ceux qui assurent le maintien des écosystèmes[3].

Les PSE représentent l'opportunité pour les populations locales et les communautés autochtones de mettre à profit leurs savoirs écologiques, mais aussi de légitimer leur occupation du territoire[4].

À cet effet, deux textes de loi sont venus tracer le terrain du mécanisme de compensation pour mise en défens (CMD) des forêts domaniales : il s'agit du décret du 30 juin 1999 n° 2.99.626 modifiant et complétant le décret n° 2.85.892 du 31 décembre 1985 fixant les conditions et modalités d'exécution des dépenses du compte d'affectation spéciale n° 3.1.20.02 intitulé fonds national forestier, et de l'arrêté du 21 mars 2002 n° 1855.01 fixant les limites, conditions et modalités de demande et d'octroi de la compensation pour mises en défens du domaine forestier, tous deux complétés par l'arrêté du Premier ministre n° 3.33.04 du 1er juillet 2004 complétant l'arrêté du ministre délégué auprès du ministre de l'Agriculture, du Développement rural et des eaux et forêts n° 1855.01 du 21 mars 2002 fixant les limites, conditions et modalités de demande et d'octroi de la compensation pour mise en défens du domaine forestier à exploiter ou à régénérer.

L'établissement de ces textes de loi est venu suite à la prise de conscience du Maroc de l'urgence environnementale lors du sommet de Rio au Brésil en 1992. Cela a permis à ce dernier de cimenter les bases d'une véritable politique forestière. Plus spécifiquement, c'est la

---

[1] Jean-Claude DELWAULLE, *Le rôle de la foresterie dans la lutte contre la désertification et sa contribution au développement*, Revue Bois et Forêts des tropiques, n° 174, juillet-août, 1977, p. 5.

[2] Idem, p. 6.

[3] Jean-François LE COQ, Philippe MERAL, Géraldine FROGER et Colas CHERVIER, *Les paiements pour services environnementaux ou écosystémiques*, éditions Quae, 2016, p. 181.

[4] Alain KARSENTY, *De la nature des paiements pour services environnementaux*, Revue du MAUSS, 2013, 2, n° 42, p. 263.

signature de la convention sur la diversité biologique qui a été l'élément déclencheur de cette initiative en faveur des forêts marocaines[1].

La compensation pour mise en défens est un mode de paiement pour service environnemental qui, au-delà de la compensation ou du dédommagement, se veut un outil facilitant la communication entre la population forestière et l'administration des eaux et forêts.

En outre, elle permet à la forêt de se régénérer grâce au respect de la mise en défens. La perception des compensations profite uniquement aux ayants droit qui se regroupent en associations ou coopératives. Bien entendu, c'est l'État marocain via le fonds national forestier (FNF) qui finance les compensations pour mise en défens, qui sont en vérité des rémunérations pour services rendus. Il s'agit d'une relation bipartite entre un État acheteur et des usagers de la forêt, fournisseurs du service environnemental. Mais concrètement, d'où proviennent ces fonds ?

En vertu du *Dahir du 12 septembre 1949* instituant une taxe sur le prix principal des cessions des produits principaux des forêts soumises au régime forestier et créant un fonds national forestier, tel que modifié par la *loi des finances de 1992*, les fonds proviennent de la collecte de taxes sur la vente des produits forestiers locaux (ligneux ou pas), des taxes d'occupation temporaire ainsi que des taxes parafiscales sur l'importation de bois.

Cependant, selon des responsables au sein du HCEFLCD (Haut-Commissariat aux Eaux et Forêts Et à la Lutte contre la Désertification), le but derrière le mécanisme de compensation pour mise en défens n'est pas d'aider les habitants de la forêt à regagner leur territoire.

La véritable finalité de ce dispositif est de permettre à l'administration d'asseoir son autorité et de conforter son pouvoir[2] sur une large partie du territoire. En d'autres termes, elle ne se contente pas de verser des compensations pour le respect d'une interdiction de pâturage, mais elle conserve aussi le droit d'exploiter les terres mises en défens.

En effet, cette dernière ne compte pas accorder plus de droits à la population locale qu'elle n'en a, au contraire, elle cherche prioritairement à gagner son adhésion. Seulement, le CMD sert

---

[1] Le Maroc a signé la convention sur la diversité biologique le 13 juin 1992 et l'a ratifiée le 21 août 1995.

[2] Sarah VANUXEM, *Les contrats de services écologiques ou la reféodalisation du lien contractuel, l'exemple du projet-pilote REDD+ et des compensations pour mises en défens dans la forêt de Maâmora*, in M. Hautereau-Boutonnet (dir.), *Le contrat et l'environnement*, PUAM, 2014, p. 235-250.

également à protéger la biodiversité via l'administration forestière qui autorise aussi bien l'exploitation des forêts régénérées que la régénération des forêts.

On pourrait même dire qu'il s'agit d'un contrat de location entre l'État preneur et les titulaires de droits d'usage, bailleurs. Ceci se justifie par le fait que l'administration s'engage à faire jouir la population locale de certains droits comme le fauchage, à condition de ne pas impacter les jeunes plants ou les jeunes pousses.

Néanmoins, mettre en défens un périmètre ne signifie pas qu'il est clôturé ou isolé. Il s'agit en fait d'une façon de redistribuer les prérogatives entre l'administration des eaux et forêts et la population organisée en associations, afin d'œuvrer dans une forêt vue comme un bien commun.

En plus, il est primordial de noter que la mise en défens, appliquée par l'administration forestière, est une mesure qu'elle a adoptée afin d'épauler les opérations de reboisement, tandis que les récompenses demeurent un moyen d'acheter le silence de la population locale, puisque pour cette dernière la parcelle mise en défens représente un manque à gagner.

La relation entre ces deux acteurs demeure très restreinte, vu qu'elle se limite uniquement à l'octroi d'amendes et au dressage des procès-verbaux. En vertu de l'article 65 du Dahir du 10 octobre 1917 sur la conservation et l'exploitation des forêts, le procès-verbal dressé par les agents de l'administration des eaux et forêts fait foi jusqu'à l'inscription de faux.

Dans un arrêt rendu le 28 février 2013, la Cour de cassation marocaine a rejeté la demande d'un inculpé condamné pour délit de vol de produits forestiers et outrage à un agent de l'administration des eaux et forêts dans l'exercice de sa fonction, condamnation motivée et basée sur l'aveu dudit inculpé devant la police judiciaire. En plus de l'aveu qui constitue un moyen de preuve légalement admis, le procès-verbal qui a été contradictoirement discuté devant la Cour fait foi jusqu'à preuve du contraire, et ce, conformément aux dispositions de l'article 290 du code de procédure pénale[1].

Nonobstant ces mesures draconiennes, les infractions continuent de proliférer. Cela dit, ce genre d'échanges fait penser à un État miniature doté d'une institution policière chargée de surveiller et punir les

[1] Arrêt n° 229, rendu par la Cour de cassation (Maroc) le 28 février 2013, « dossier criminel », n° 1244/6/8/2013.

usagers, d'où l'intérêt de remplacer le système d'amendes, jusque-là inefficace, par un mode de gestion participative, qui rend complémentaires les rôles des gardes forestiers et ceux de la population usagère.

La mise en avant et le renforcement de la position de la population de la Maâmora pourraient inverser le processus de prédation et de destruction, en laissant place à une tendance protectrice. Une telle initiative permettrait d'éviter le pillage des ressources et la mise en place de propriétés privées incompatibles avec les pratiques locales.

Malgré la subsistance de quelques problèmes au niveau des droits d'usage, le mécanisme de CMD a connu un grand succès. Effectivement, les compensations pour mise en défens ont permis de financer des projets socio-économiques d'intérêt collectif, susceptibles de générer de nouveaux revenus pour la population sous forme de fonds gagnés par les associations pastorales, et qui sont distribués en parts égales entre les adhérents.

Le Maroc ne s'est pas limité uniquement au mécanisme de CMD pour pallier le problème lié aux droits d'usage, mais il a également pensé à faire recours au mécanisme REDD+[1] (Réduction des émissions dues à la déforestation et à la dégradation des forêts). Qu'est-ce que le programme REDD ? Et quelles sont les limites de son application au Maroc ?

II— Le mécanisme REDD en tant que source nouvelle des PSE :

La déforestation constitue un enjeu mondial, entraînant une augmentation des gaz à effet de serre, l'extinction d'espèces menacées et l'exploitation des ressources des populations autochtones[2].

Au-delà de ses conséquences dévastatrices sur la biodiversité et les modes de vie des communautés forestières, elle joue un rôle crucial dans le changement climatique, représentant environ 20 % des émissions mondiales de gaz à effet de serre.

– Définition :

REDD, ou *Réduction des Émissions dues à la Déforestation et à la Dégradation,* est un programme visant à aider les forêts à se régénérer tout en permettant aux populations locales de trouver des moyens de subsistance durables, sans nuire à leur environnement.

---

[1] Reducing emissions from deforestation and forest degradation.

[2] Jacqueline MORAND-DEVILLER, op. cit, p. 46.

Le programme REDD est aussi un système de paiement pour services environnementaux, grâce auquel le Maroc reçoit des compensations pour les services écologiques fournis, contribuant ainsi à la séquestration du carbone par les forêts.

Ce programme implique une sorte d'incitation à changer la façon dont les ressources forestières sont utilisées. En tant que tel, il offre une nouvelle façon de réduire les émissions de CO_2 en payant des actions qui empêchent la perte ou la dégradation des forêts. Ces mécanismes de transfert peuvent inclure l'échange de carbone ou le paiement de la gestion forestière.

Actuellement, il n'existe pas de mécanismes formels pour REDD reconnu internationalement en vertu du protocole de Kyoto, mais des projets REDD volontaires émergent à travers le monde. Son efficacité repose sur l'adaptation continue des paiements aux facteurs nationaux et locaux spécifiques de déforestation.

Le programme REDD consiste à financer les récompenses d'une bonne gestion forestière dans les pays en développement, et rend la mauvaise gestion forestière moins rentable que l'alternative durable[1]. Ce mécanisme tel qu'il est actuellement conçu implique des paiements aux pays en développement qui empêchent la déforestation ou la dégradation susceptibles d'avoir lieu.

La source de ce financement peut provenir du commerce du carbone, où les acteurs des pays industrialisés compensent leurs propres émissions en transférant des fonds sous forme de crédits carbone[2] aux pays en développement[xvii]. Ou bien il peut s'agir d'un autre mécanisme tel qu'un fonds fiduciaire ne dépendant d'aucune compensation. Cependant, les États conservent leur droit souverain et inaliénable d'utiliser, gérer et exploiter leurs forêts de manière globale et équilibrée[3].

Ce programme s'inscrit dans le cadre d'un projet plus vaste financé par le Fonds français pour l'environnement mondial (FFEM), et conçu sous l'égide de l'Organisation des Nations-unies pour l'alimentation et l'agriculture (FAO). Il s'agit de l'« optimisation de la production de biens et services par les écosystèmes boisés méditerranéens dans un contexte de changement climatique[4] ».

---

[1] www.redd-monitor.org, REDD : An introduction.

[2] Grand dictionnaire de terminologie, *Compensation carbone*, visité le 04 mars 2020.

[3] Jacqueline MORAND-DEVILLER, op. cit. p. 46.

[4] Sarah VANUXEM, op. cit, p. 10.

Étant un partenaire de l'organisme UN-REDD depuis 2012 et une partie non-signataire de l'accord de Paris sur le climat et le réchauffement climatique, le Maroc pense sérieusement se lancer dans l'intégration du programme REDD dans la politique de gestion durable de ses forêts[xviii]. Cependant, son implication dans cette stratégie peut se heurter à certains problèmes relatifs au droit à l'information.

– Le droit à l'information des populations locales :

Dans la mesure où l'implication du Maroc dans le programme REDD est une initiative unilatérale de l'État, nous avons jugé légitime de poser la question suivante : étant donné que la forêt de la Maâmora est la propriété de l'État, est-il possible pour la population locale de bénéficier des crédits-carbone versés par les pays développés ?

Selon un professeur-chercheur à l'École Nationale Forestière d'Ingénieurs (ENFI) :

> « La possibilité que les subventions ou les crédits-carbone soient versés au profit des associations ou coopératives pastorales n'est pas à écarter. Mais il est possible que les usagers ne profitent pas de tous les bénéfices générés par ce projet-pilote »[xix].

En plus, il y'a une crainte qu'il n'ait pas d'équité envers la population fournissant ses services environnementaux. D'autant plus que la population forestière n'a pas été informée à propos du programme REDD, chose que les responsables du HCEFLCD ne nient pas.

Selon eux, le fait de laisser la population locale dans l'ignorance de ce projet n'est pas une erreur ou une omission, mais bel et bien un acte délibéré. Pour se justifier, ils invoquent le fait de ne pas vouloir donner aux habitants de la Maâmora de faux espoirs, vu qu'il s'agit uniquement d'un projet-pilote.

Ils réitèrent leurs propos en admettant que l'administration des eaux et forêts confronte une population composée principalement de personnes illettrées, ne disposant pas d'internet et n'ayant pas accès aux journaux en cas de publication d'information à l'échelle nationale, le cas échéant[1]. Or, une publication au niveau local est prioritaire dans le cas du programme REDD.

Malgré ces justifications, ceci demeure quand même une atteinte grave au droit à l'information. Il s'agit d'une violation du droit à la liberté d'expression prévu à l'article 19 de la Déclaration universelle

---

[1] Julien DELLAUX, *Le cadre juridique international pour la REDD+*, l'observateur des Nations Unies, 2014, 1, vol. 36, p. 29.

des droits de l'homme, et du Pacte international relatif aux droits civils et politiques. Ce dernier fait référence aussi bien à la liberté de répandre des informations que celle de les recevoir. En outre, conformément à la Déclaration de Rio sur l'environnement et le développement des principes de gestion des forêts[1], « les États sont tenus de faciliter et d'encourager la sensibilisation et la participation du public en mettant les informations à la disposition de celui-ci[2] ». Par cette obfuscation d'information, l'administration forestière marocaine transgresse les articles 10 et 13 de la Convention des Nations Unies contre la corruption qu'il a ratifiée en 2007. Ces articles disposent que « les États-parties doivent prendre des mesures de transparence et d'information du public, et promouvoir sa participation, notamment par des mesures consistant à assurer l'accès effectif du public à l'information[3] ».

Il est toutefois important de souligner que la Déclaration de Rio[xx] n'est pas un texte juridique, mais une simple prise de position politique des États sur les problèmes qui guettent les forêts du monde entier[4].

En raison du caractère non contraignant de cette déclaration, l'administration marocaine des eaux et forêts enfreint le droit à l'information, l'un de ses principes fondamentaux. Ainsi, le Maroc ne risque aucune sanction juridique en omettant d'informer les usagers sur l'initiation du programme REDD et sur les avantages potentiels qu'il pourrait leur apporter.

Ensuite, un problème d'incompatibilité entre le programme REDD et les ressources naturelles de la forêt de la Maâmora se pose. Depuis la reconversion des eucalyptus en chêne-liège, il est devenu quasi impossible pour le Maroc de s'aligner sur les objectifs du programme REDD, et ce, pour la simple raison que cette reconversion diminue le potentiel de séquestration du dioxyde de carbone dans la Maâmora. En outre, étant une forêt méditerranéenne, la Maâmora ne peut pas stocker autant de CO2 que les forêts tropicales. Ce projet aurait eu plus de

[1] Le caractère déclaratoire est le résultat de l'échec criant de toute tentative d'élaboration d'une convention internationale sur les forêts.

[2] Principe 10 de la Déclaration de Rio.

[3] Le Programme de collaboration des Nations Unies sur la réduction des émissions liées au déboisement et à la dégradation des forêts dans les pays en développement, Garantir l'intégration, la transparence et la reddition de comptes dans les systèmes nationaux de REDD+ : le rôle de la liberté d'information, P. 25.

[4] Maurice KAMTO, *Droit de l'environnement en Afrique*, Éditions AUPELF/UREF, 1996, p. 169.

chance d'aboutir avant la reconstitution de la subéraie qui avait commencé en 1990.

Si la forêt en général, et la Maâmora en particulier, est considérée comme le garant de nombreuses solutions aux problèmes économiques et sociaux pouvant survenir en son sein, personne ne peut garantir la pérennité de cette situation à moyen ou long terme. En effet, cette garantie, qui assure la stabilité sociale et économique de la population et des exploitants du domaine forestier de la Maâmora, est menacée par la fragilité et le déséquilibre de l'écosystème.

Section 2 : Les menaces d'ordre naturel et social

Les raisons derrière la fragilité et le déséquilibre qui menacent la durabilité de la forêt de la Maâmora, telle qu'elle est dans son état actuel, sont d'ordre social **(I)** et naturel **(II).**

I— Les menaces d'ordre social :

Nous sommes conscients que le caractère social dominant au sein de la Maâmora est le caractère du nomadisme et du patriarcat, un caractère qui fait du père de famille le principal propriétaire de la terre et de ce qui s'y trouve. Et ainsi, toutes les relations de nature économique (travail, paiement, salaire, emploi, impôt, évasion fiscale, contrefaçon, promesses…) gravitent autour de lui de manière centrale.

Cette société est également connue pour la multiplicité de ses membres en raison du rôle important joué par les descendants dans la vie de la communauté agricole. Ce qui fait que tous ces éléments réunis risquent d'être gravement bouleversés lorsque le père n'est plus, et par conséquent les procédures d'héritage mettent fin à de nombreuses relations. Le plus dangereux demeure la fragmentation de l'héritage terrestre, qui fait l'objet d'une redistribution entre les héritiers, chacun avec son dû.

Cela engendre un groupe de jeunes propriétaires souvent insatisfaits de leur petite part, cherchant ainsi à élargir leur domaine de travail pour assurer leur subsistance quotidienne. Ils reproduisent ainsi le modèle de leur père, qui était le propriétaire initial. Dans ce contexte spécifique, l'histoire sociale de nombreuses zones agricoles du Maroc a illustré de nombreux cas d'accaparement des terres, qu'il s'agisse de terres de dotation ou de parties de propriétés forestières.

En revanche, ceux qui ne possèdent aucune richesse ou qui recherchent de meilleures conditions de vie préfèrent quitter la forêt pour s'installer en ville, où ils espèrent trouver un logement décent et un emploi stable. Le même phénomène s'observe dans les migrations des ménages vers les espaces périurbains et ruraux, où ils aspirent à posséder une maison individuelle avec son propre espace vert, tout en profitant de la nature pure caractérisée par de beaux paysages, la tranquillité, le silence, le bien-être et l'air pur.

Cette volonté est principalement motivée par la recherche d'une qualité de vie caractérisée par une baisse des coûts de transport, une augmentation de qualité de vie et une rente foncière plus faible[1]. Toutefois, la localisation de l'habitat en bordure d'une forêt par le développement d'un habitat semi-rural lié à l'emploi urbain peut exposer la forêt à une fréquentation intense par la population. Par contre, les villes aux abords de la forêt poursuivent leur modernisation et laissent leur empreinte sur celle-ci.

II— Les menaces d'ordre naturel :

Les raisons naturelles sont principalement dues au grand nombre de turbulences au niveau des conditions météorologiques que connait le Maroc. Par cela, nous entendons, en particulier, les sécheresses successives et le manque de pluie dont souffre la forêt de Maâmora, bien qu'elle se situe dans les zones agricoles les plus fertiles du Maroc.

Nous n'avons pas besoin de rappeler les effets négatifs de la sécheresse ou du manque d'eau sur la vie de la population rurale en général, et des habitants et travailleurs de la forêt de la Maâmora en particulier. Les gens souhaitent souvent quitter la forêt vers les villes voisines, à la recherche de meilleures opportunités de vie, bien que le départ vers la ville ne soit pas toujours une solution sûre et dénuée de conséquences. Ceci marque la gravité et l'importance du rôle social et économique de la forêt, qui peut être menacée par les conditions météorologiques.

Ces conditions, lorsqu'elles sont extrêmes, menacent non seulement les individus et les familles, mais aussi les entreprises et coopératives dont la production est liée aux matières premières issues de la forêt. Par conséquent, la menace qui traque la forêt, mène ces entreprises et coopératives à faire faillite, et conduit au licenciement de leurs travailleurs.

[1] Philippe JEANNEAUX et Philippe PERRIER-CORNET, *Les conflits d'usage du cadre de vie dans les espaces ruraux et la décision publique locale : éléments pour une analyse économique, Économie rurale*, n° 308, Juillet-Août, 2008, p. 39.

Il ressort clairement du paragraphe précédent que la forêt, en tant que soupape de la sécurité économique et sociale, peut se transformer en une zone fragile sujette à des déséquilibres, et ainsi se transformer en un foyer qui menace la paix sociale des régions voisines de manière générale. Ainsi, la situation se répercute négativement sur la forêt, notamment à cause des coupes de bois non autorisées, du déracinement des arbres pour étendre le champ agricole, du surpâturage pour préserver le bétail au lieu de le vendre à des prix trop bas, etc.

D'autres facteurs d'origine humaine peuvent également constituer des menaces naturelles pour la forêt. Cela inclut la pollution de l'air due aux rejets industriels, domestiques et à la circulation, qui transforment parfois les lisières forestières en véritables décharges. Les bruits et les odeurs répugnantes du trafic routier ont également un impact négatif sur la faune. De plus, les eaux de ruissellement chargées de substances toxiques contaminent les sols et les bassins aquifères essentiels pour la forêt.

La solution à de telles situations pourrait se trouver dans la création de coopératives structurées financièrement et juridiquement pour le travail forestier. Cette approche pourrait offrir une gestion plus durable des ressources tout en fournissant des avantages économiques directs aux communautés locales. Alternativement, une stratégie pourrait consister à octroyer des avantages aux entreprises exploitant la forêt ou à fournir des aides directes à la population locale pour soutenir leur occupation durable des terres forestières. Dans les deux cas, des normes rigoureuses et des moyens adéquats seraient nécessaires pour assurer la durabilité environnementale et économique. Une autre perspective pourrait être un renouveau révolutionnaire dans notre conception de la forêt, introduisant de nouveaux concepts pour la géographie rurale et le secteur agricole, visant à intégrer une gestion plus holistique et respectueuse de l'environnement.

Chapitre 3 : Le regime juridique de la foret et le lien entre l'administration forestiere et la population locale

La forêt est un écosystème qui accueille en son sein différents êtres vivants, végétaux, animaux et humains. Ces êtres, de par la nature de la forêt consistant en un ensemble d'arbres, vivent en communauté tout en profitant de ses ressources. L'écosystème *forêt* est un milieu qui donne naissance à des relations entre les différents acteurs sociaux, à savoir les usagers, l'administration des eaux et forêts ainsi que les personnes privées non-usagères.

La forêt peut être vue autrement. *Charles Guyot* la définit comme un immeuble parsemé d'arbres dont le bois (matière ligneuse ou autres substances tirées de l'arbre telles que résine et écorces) constitue la production principale[1].

D'un point de vue juridique, un terrain sans arbres peut être considéré comme une forêt. En effet, en cas de coupe rase ou de destruction des arbres d'une forêt à cause d'un incendie ou d'une tempête, un terrain, même s'il n'y reste aucun arbre, garde son statut de domaine forestier, et ce, tant qu'il n'a pas été destiné à une utilisation différente telle que l'agriculture ou la construction.

Ceci s'explique par le fait que le défrichement se caractérise par un changement d'affectation du sol et non pas par la destruction du boisement. Même si cette destruction se solde par la disparition de tous les arbres, la qualification de la forêt restera la même tant que le sol ne fait pas l'objet d'une autre activité comme l'agriculture[2].

Il est donc plus que logique de limiter tout prélèvement sur le milieu naturel pour qu'il soit conservé. Cela permet d'établir un équilibre entre ce que les activités exigent et ce que la nature peut fournir. Sauf que l'existence de législations destinées à la protection de l'environnement montre bel et bien que *les usagers* de la nature sont incapables de respecter ce principe.

---

[1] Charles GUYOT, *Droit forestier*. Éditions Lucien laveur, Paris, 1908, tome 1, p. 3.

[2] Thierry DU PELOUX, *Synthèse d'article*, *Définition juridique de la forêt*, Revue de la forêt de France, n° 512, avril 2008, pp. 1 et 2.

Chacun de ces acteurs joue un rôle socio-économique déterminant dans la conservation ou l'altération de la forêt. D'une part, la forêt demeure un espace primordial pour la vie rurale, dans la mesure où elle constitue une réserve foncière et une source de revenus pour les populations rurales.

Son importance s'étend également au milieu urbain, dans la mesure où la population urbaine peut rendre visite à un espace de récréation[1], de loisirs et de tourisme écologique durable[2], ce dernier étant une source potentielle de revenu et d'emploi[3] pour les usagers de la forêt.

Afin de maintenir l'ordre au sein de cet espace abritant de multiples acteurs, le Maroc a dû s'appuyer sur le régime juridique applicable aux forêts du Royaume. Quel est donc ce régime juridique et quelles sont ses particularités ?

Section 1 : Le régime juridique applicable aux forêts marocaines

Dans le cadre du droit de l'environnement, le régime forestier fait l'objet de légitimes critiques de la part d'éminents auteurs qui rappellent toutes les entraves juridiques qui empêchent la réalisation d'une véritable protection de la nature.

L'origine de ce régime est impossible à identifier avec précision, puisque la règle juridique qui s'y applique a fait depuis longtemps preuve d'efficacité, son but étant la conservation de la forêt via la limitation des atteintes qui lui sont portées.

I— Historique du régime forestier au Maroc :

Au Maroc, la législation forestière est nationale et s'applique à l'ensemble du territoire du pays. Il n'existe donc pas de lois forestières décentralisées formulées par les régions. Les principaux textes législatifs concernant la forêt marocaine sont soit des textes généraux, soit des textes spéciaux.

Avant le protectorat, aucun texte de loi ne régissait le domaine forestier, les habitants de la forêt étant habitués à y respecter des règles coutumières, imprégnées de commandements issus de l'islam.

---

[1] Le relais de la Maâmora situé près de Sidi Allal El Bahraoui est un exemple de lieu de récréation qui offre une panoplie de loisirs en plein air.

[2] Omar MHIRIT et Faïçal BENCHEKROUN, *Rapport : Les écosystèmes forestiers et periforesiters : situation, enjeux et perspectives pour 2025, 2006*, p. 419

[3] www.banquemondiale.org, *Les forêts, une source d'emplois et de revenus*, 16 mars 2016.

Avec l'avènement du colonialisme, le Maroc a connu une évolution juridique qui peut être décrite comme le passage d'un droit oral à un droit écrit[1]. Par conséquent, le droit moderne a pris le pas sur le droit musulman et le droit coutumier en les exprimant par le biais de la loi[2].

Certains textes spéciaux de la législation forestière concernent certaines catégories d'essences forestières qui se trouvent uniquement dans quelques régions au Maroc, tels que le *Dahir de 1925 sur la protection et la délimitation des forêts d'arganiers* et *le Dahir de 1928 déterminant le régime juridique des nappes alfatières*[3].

Cependant, en ce qui concerne le domaine forestier, le *Dahir de 1917 sur la conservation et l'exploitation des forêts* demeure *le texte principal* sur lequel se base l'État marocain. Il s'agit d'un régime *au plein sens du terme*, qui se charge de définir le statut de toutes les activités pouvant s'exercer sur le sol forestier[4].

L'avantage de cette loi, c'est qu'elle fait l'objet d'une unité qui consiste en un ensemble de dispositions réunies dans un seul texte. Pourtant, la protection effectuée par la législation forestière doit son efficacité au caractère nettement déterminable de l'espace forestier, et à l'existence d'une administration spécialisée[5].

II— L'évolution de la législation forestière au Maroc :

Le régime forestier marocain a connu une évolution depuis son introduction par le protectorat. La législation forestière marocaine n'est pas restée figée. Au contraire, elle a été actualisée et complétée, entre 1917 et 1962, en fonction des exigences du contexte économique, social et politique du pays. Il ne s'agit pas d'une législation très ancienne au point qu'elle soit considérée comme archaïque et uniquement réservée à un mode de vie dépassé.

---

[1] Said MARGHADI, *Intégration des méthodes d'aide à la décision dans l'aménagement multifonctionnel des forêts au Maroc*, thèse, 2009, Université catholique de Louvain, Bruxelles, Belgique, UCL, p. 65.

[2] Mohamed TOZY et Mohamed MAHDI, *Aspect communautaire dans l'Atlas marocain*, Droit et Société, n° 15, 1990, pp. 219-227.

[3] Fao.org, Abdelkarim ZAIDI, *Cadre politique, légal et institutionnel du secteur forestier, Informations de base*, novembre 2007.

[4] Jean DE MALAFOSSE, *Droit de la chasse et protection de la nature*, P.U.F, 1979 ; sous le même titre, La forêt privée, 1979, n° 129, p. 14 à 18 ; *La protection de la nature*, Revue du droit rural, 1981, n° 99, p. 455 à 458.

[5] Michel LAGARDE, *Le régime forestier : un modèle de législation de protection de l'environnement*, Revue juridique de l'environnement, n° 2, 1985, p. 180.

La principale innovation est celle apportée par le *Dahir portant loi du 20 septembre 1976 relatif à l'organisation communale* qui est venu organiser la participation de la population au développement de l'économie forestière. Ce texte a coïncidé avec la promulgation, le même jour, de la Charte communale qui est venue institutionnaliser les bases de la décentralisation[1].

La loi forestière de 1917 a reconnu certains droits d'usage aux populations riveraines de la forêt de Maâmora, et ce, en posant les jalons de quelques règles d'ordre juridique. Ces dernières encadrent les droits d'usage afin de conserver les potentialités de la forêt.

Un arrêté Viziriel du 15 janvier 1921 est venu ensuite préciser les conditions dans lesquelles certains droits d'usage, tels que le droit de parcours, par exemple, devraient être exercés. Ces conditions concernent en premier lieu les espaces boisés défensables ainsi que le nombre des animaux qui peuvent y pâturer[2].

En respectant les droits d'usage prévus par la loi forestière, la population de la forêt confirme en quelque sorte sa soumission au régime forestier. De cette manière, l'administration des eaux et forêts peut intervenir pour assurer la conservation de la forêt ainsi que l'utilisation durable de ses ressources.

Cependant, malgré la clarté de la loi concernant les limites des droits accordés à la population de Maâmora, celle-ci n'a pas accepté d'être sous la surveillance constante et la menace de sanctions de l'administration.

Quelle est l'institution étatique responsable de la gestion de Maâmora et quelles sont ses missions ? Quelle est la limite des droits d'usage accordés à la population de cette forêt ? Et à quel point s'étend le pouvoir de l'État en ce qui concerne le territoire forestier ?

Section 2 : L'administration forestière marocaine

À l'instar des structures non gouvernementales intervenant dans le domaine forestier, tel que les associations, les coopératives ainsi que les sociétés privées, le gouvernement peut également intervenir compte tenu des prérogatives qu'il détient en sa qualité de pouvoir central.

C'est d'ailleurs la structure la plus importante quand il s'agit de gérer les ressources des forêts du Royaume, et elle joue en plus un rôle

---

[1] Loi n° 78.00 portant charte communale telle qu'elle a été modifiée et complétée par la loi n° 17.08

[2] Rapport annuel de la Cour des comptes, *Valorisation et régénération de la forêt du chêne-liège*, p. 3 ; article 22 de *la loi forestière de 1917*.

déterminant dans l'intervention des autres acteurs. Le Gouvernement gère aussi bien les forêts publiques que les forêts privées relevant du domaine étatique, via une administration bien structurée.

Avant le protectorat, la population forestière jouissait d'une capacité d'autogestion qui lui permettait de gérer son espace en toute liberté. Avec l'avènement du protectorat, ce privilège a pris fin et il était devenu nécessaire de limiter ces agissements aléatoires en régulant l'exploitation des ressources forestières du Royaume[1].

Comme le cas de plusieurs pays ayant été sous la tutelle française, la foresterie française a été une grande inspiration en ce qui concerne l'organisation de l'administration forestière marocaine, ainsi que la législation relative aux forêts du royaume.

La majorité des textes qui la composent ont été rédigés sous le protectorat, entre 1912 et 1956[2]. Elle rappelle donc en de nombreux points celle qui prévalait en France dans la première moitié et le début de la deuxième moitié du 20e siècle, caractérisée par un antagonisme entre forestiers et paysans, provoqué à cause de la division de l'espace rural.

Les premiers sont les garants de l'intégrité de la ressource ligneuse et de toutes les vertus qui lui sont associées (faune sauvage, lutte contre l'érosion, maintien des milieux forestiers et de sa biodiversité), percevant les seconds comme des délinquants en puissance, incapables de gérer durablement une ressource vitale pour eux. D'où le caractère répressif de la législation forestière visant à conserver et réhabiliter la végétation forestière[3].

I— Le HCEFLCD en tant que gestionnaire principal des ressources forestières :

Au Royaume du Maroc, le dépositaire légal du domaine forestier a été depuis plusieurs années le Haut-Commissariat aux Eaux et forêts et à la Lutte contre la Désertification (HCEFLCD), organisme qui était sous la tutelle du ministère de l'Agriculture, de la Pêche maritime, du

---

[1] Sarah VANUXEM, *Des paiements pour services environnementaux en faveur des populations locales ? Regards de l'administration forestière sur le mécanisme de compensations pour mise en défens marocain*, op. cit, p. 13.

[2] Pierre-Marie AUBERT, *Projets de développement et changements dans l'action publique*, Revue Tiers Monde 2014/4 (n° 220), p. 227.

[3] Pierre-Marie AUBERT, *Reconnaissance des pratiques locales et participation : l'administration forestière face à l'Agdal*, 2012, pp. 3 et 4.

Développement rural et des Eaux et forêts[1]. Il avait compétence sur l'ensemble du territoire du Royaume pour ce qui concerne le domaine forestier et tous les terrains, privés ou collectifs, soumis au régime forestier. Cependant, les structures gouvernementales peuvent avoir des formes plus souples, chose qui est nécessaire vu l'importance des tâches à accomplir. Il en résulte un partage d'attributions environnementales entre les administrations décentralisées et déconcentrées.

Depuis la création de l'administration forestière, l'accès aux ressources naturelles des populations vivant à l'intérieur ou à la périphérie des formations forestières, a été une préoccupation majeure de l'ensemble des responsables forestiers. La gestion de cette question, et du domaine forestier en général n'a pas été laissée au hasard, mais elle s'appuie sur un cadre juridique officiel qui fera par la suite l'objet davantage de développement.

Grâce au Dahir du 10 octobre 1917 sur la conservation et l'exploitation des forêts, dans son titre premier *sur la soumission au régime forestier*, l'Administration forestière exerce le droit et a l'obligation de gérer et de contrôler les espaces forestiers, soit directement, soit avec la collaboration de l'administration de tutelle pour les terrains collectifs, des populations usagères ainsi que des instances élues qui les représentent pour le domaine forestier proprement dit.

Après la promulgation du Dahir du 20 septembre 1976 sur la participation des populations à l'économie forestière, qui constitue un arrangement institutionnel particulièrement important, plusieurs problèmes ont été imposés, et diverses questions posées, à savoir l'apurement de la situation sociale et juridique de la propriété forestière, l'identification des principes indicateurs et critères d'identification et de recensement des populations usagères du domaine forestier, la précision de la nature des droits d'usage et de l'exercice de ces droits sur les plans spatial et temporel, ainsi que l'utilisation des recettes forestières qui sont versées au compte de perception des communes[2].

---

[1] L'autorité gouvernementale chargée des eaux et forêts depuis fin 2021.

[2] Mohammed MOUFADDAL, *Les tendances en matière de propriété forestière, de mode de faire-valoir des ressources forestières et d'arrangements institutionnels (cas du Maroc)*, janvier 2007, pp. 1 et 2 (Introduction).

II— Les missions de l'Administration forestière marocaine :

Le département des Eaux et forêts (DEF) de l'administration forestière a pour mission de mettre en œuvre la politique choisie par le gouvernement en ce qui concerne la conservation et le développement durable des ressources forestières du Royaume (alfatières et sylvopastorales) dans les terrains soumis au régime forestier. Il se charge également du développement cynégétique, piscicole continental et des parcs et réserves naturelles[1].

Il existe au sein des directions régionales des forêts des services techniques d'aménagement dont la mission consiste à réaliser des études d'aménagement de forêts, à contrôler les bureaux de conseils adjudicataires de marchés d'études, et à veiller à l'application de plans de gestion sur le terrain, après approbation du comité consultatif des aménagements au niveau central.

Il est vrai que les délits commis par des communautés qui revendiquent des espaces forestiers sont nombreux et créent des désordres considérables. Certaines réactions de la part de la population forestière peuvent nous inciter à mettre en doute l'efficacité du système répressif exercé par l'administration. Il serait peut-être plus judicieux que cette dernière procède à une mise en œuvre souple de la réglementation, sans verbalisation excessive[2]. Néanmoins, l'Administration forestière ne se charge pas uniquement des infractions commises par la population, mais elle a également une mission de conservation des ressources de la forêt.

Dans le but de prémunir la subéraie nationale contre la dégradation, et de reconstituer les superficies perdues, l'Administration forestière a entamé, depuis les années 1970, différents programmes et plans de régénération et a essayé plusieurs procédés techniques qui lui ont permis de réussir de nouvelles plantations.

Depuis le début des années 90, la reconstitution des forêts de chêne-liège figure parmi les priorités du département des Eaux et forêts. Cela dit, l'aménagement de la Maâmora de 1992 traduit l'intérêt que ce département administratif porte à la préservation et à la reconstitution de la subéraie[3].

---

[1] www.eauxetforets.gov.ma, « Les missions du département des Eaux et Forêts (DEF) ».

[2] Cristian FRUHAUF, *Administration forestière et populations dans les Pyrénées : de la compréhension au mépris (XVIII. XIX siècle),* Revue géographique des Pyrénées et du Sud-Ouest. Sud-Ouest européen, p. 430.

[3] Rapport annuel de la Cour des comptes au titre de l'année 2018, p. 354.

Bien entendu, l'Administration, comme le cas de l'autre gestionnaire de la forêt qui est la population, peut manquer à certaines tâches qui lui sont attribuées. Par exemple, l'Administration forestière n'a pas entrepris les mesures nécessaires pour adopter les procédés de conservation des glands expérimentés par le Centre de Recherche Forestière (CRF), qui ont été recommandés par l'atelier de chêne-liège tenu à Kénitra en 2012[1]. Toutefois, cela ne veut pas dire qu'elle n'a fait que de mauvais pas en ce qui concerne la gestion forestière. Elle a déjà adopté des stratégies dans le but de se concilier avec les usagers de la forêt.

III— L'agence nationale des eaux et forêts :

Dans le cadre de la nouvelle stratégie nationale *Forêts du Maroc 2020-2030*, lancée par Sa Majesté le Roi Mohammed VI le 13 février 2020, *la loi n° 52.20 portant création de l'Agence Nationale des Eaux et forêts* a été promulguée.

Cette agence est une institution publique dotée de la personnalité morale et de l'autonomie financière et est sous la tutelle (contrôle financier) de l'État (**article 1**). L'ANEF est venu remplacer aussi bien le Haut-commissariat aux eaux et forêts et à la lutte contre la désertification que l'administration des eaux et forêts, mentionnée dans les textes législatifs et réglementaires en vigueur. En plus, elle remplace le HCEFLD dans toutes les organisations dans lesquelles ce dernier en était membre (**article 25**).

Cette agence est chargée de mettre en œuvre les orientations stratégiques de la politique de l'État, en ce qui concerne la protection du patrimoine forestier national et ses ressources, ainsi que la lutte contre la désertification. Elle est également chargée de la gestion des zones protégées, y compris les parcs nationaux, des ressources destinées à la chasse, des ressources cynégétiques, de la pêche et de l'aquaculture continentales et de conservation, de la flore et de la faune sauvages et des espèces menacées d'extinction (**article 3**).

À cet effet, elle veille à l'application des textes législatifs et réglementaires relatifs à la propriété forestière avec toutes les composantes susmentionnées, conformément à l'article 3 de la *loi n° 52.20*.

Elle se charge également de délivrer des autorisations au niveau central et national le cas échéant, loue le droit à la chasse dans les eaux

[1] Rapport annuel de la Cour des comptes, op. cit, p. 344-346.

forestières, accorde des accréditations ou tout autre document, et prend toute mesure pour mettre fin aux éventuelles violations pouvant avoir lieu à cet égard (**article 5**).

L'agence est membre de la commission nationale de l'évaluation environnementale mentionnée dans l'article 20 de la *loi n° 49.17 relative à l'évaluation environnementale*, lorsque l'étude d'impact concerne des projets à réaliser en tout ou en partie sur des espaces du patrimoine national forestier, ou sur les aires protégées ou sur leurs espaces limitrophes (**article 8**).

L'agence joue également le rôle de coordinateur avec les autorités compétentes et les organismes concernés, et s'engage à la veille, la surveillance et la protection des forêts contre les incendies et les menaces sanitaires et phytosanitaires.

En coordination avec les administrations et organismes concernés, elle contribue à l'effort des pouvoirs publics en matière d'éducation, de sensibilisation et de diffusion des valeurs et des principes relatifs à la préservation du patrimoine naturel et de l'environnement (**article 5**).

La loi 52.20 favorise le partenariat public-privé à travers la conclusion de contrats et de conventions avec l'État, les collectivités territoriales ou avec toute personne publique ou privée, nationale ou internationale. De ce fait, elle prend des participations dans des entreprises publiques ou privées exerçant des activités en lien avec ses missions (**article** 7)[1].

IV— L'organisation en coopératives en tant que nouvelle stratégie forestière :

L'administration forestière a adopté depuis plus de 10 ans, une stratégie ayant pour but d'améliorer l'image du forestier, pour qu'il devienne un *développeur* au lieu de rester un simple *verbalisateur*. En réalité, le changement n'a commencé qu'après l'établissement des contrats de partenariat entre le HCEFLCD et les organisations locales, à savoir les coopératives et les associations sylvopastorales.

Les coopératives cèdent les produits forestiers et réalisent des prestations de services moyennant une bonne partie de la valeur des produits, tandis que les associations sylvopastorales créent des partenariats avec les associations de territoire pour la gestion des périmètres de régénération et de reboisement des forêts.

---

[1] Loi n° 52.20 portant création d'une agence nationale des eaux et forêts, publiée au bulletin officiel n° 7006 du 22 juillet 2021.

Les contrats sont de type bilatéral avec les organisations locales ou avec les entreprises privées, dans le cadre de marchés relatifs aux différents travaux forestiers. Il s'agit :

- Des contrats bilatéraux entre le HCEFLCD et AGS (mise en défens) ;
- Des contrats bilatéraux entre le HCEFLCD et les coopératives (cession de produits forestiers, prestation de service) ;
- Des contrats bilatéraux entre le HCEFLCD et les entreprises de travaux forestiers (reboisement, pistes, etc.) ;
- Des contrats bilatéraux entre le HCEFLCD et les exploitants forestiers (bois, liège, etc[1].).

Cela n'empêche que, pour une gestion efficiente des ressources naturelles relevant du domaine forestier, l'État marocain doit opter pour une décentralisation de la gestion de la forêt, en permettant aux collectivités territoriales (dans ce cas, les communes en particulier) de gérer le domaine forestier sous le contrôle du pouvoir central.

V— La décentralisation de la gestion forestière au Maroc :

La décentralisation est un système d'administration qui permet à une collectivité humaine (décentralisation territoriale) ou à un service (décentralisation technique) de s'administrer sous la supervision de l'État. Ce système leur accorde la personnalité juridique, des autorités autonomes et des ressources propres[2].

Avant que le protectorat n'impose de nouvelles mesures, l'administration traditionnelle locale se caractérisait par une forte tendance libérale. Les collectivités rurales représentées par la *Jmaâ*[3] jouissaient d'une large autonomie, et fonctionnaient selon des procédés démocratiques qui rappellent, par de nombreux aspects, la décentralisation actuellement en vigueur[4].

Compte tenu de la responsabilisation accrue des élus communaux et de la décentralisation des affaires de gestion, le Dahir du 20 septembre 1976 relatif à l'organisation de la participation des populations au

---

[1] Pr. Mohamed QARRO, *Guide pratique pour la mise en œuvre d'une gestion participative et durable des espaces boisés à travers des contrats gagnant-gagnant dans la forêt de la Maâmora, exemple d'une gestion participative de la subéraie en forêt de la Maâmora – Maroc*, FAO, 2016, pp. 18 et 19.

[2] Lexique des termes juridiques, op. cit, p. 224.

[3] Jmaâ signifie communauté.

[4] Mohammed MOUFADDAL, *Décentralisation, territorialité et durabilité dans la gouvernance des ressources naturelles au Maroc*, 2008, p. 5.

développement de l'économie forestière avait pour objectif de contribuer à une transformation profonde des mentalités et des comportements, aussi bien du personnel de l'Administration forestière que des usagers de la forêt.

L'objectif était de concilier les deux afin de collaborer étroitement en vue de développer et de préserver le patrimoine forestier national pour les générations présentes et futures. Actuellement, l'État marocain œuvre à un processus de décentralisation plus avancé dans la gestion du patrimoine forestier.

La commune rurale, par exemple, est le plus petit échelon de décentralisation existant au Maroc ; avec la région et la province, elle constitue l'une des trois collectivités territoriales existant au Maroc qui peinent encore à exister réellement face à l'appareil d'État du ministère de l'Intérieur.

Dans bien des situations, la commune rurale n'exerce pas une grande influence sur les populations. Ceci revient, en grande partie, à l'échelle territoriale trop grande de la commune rurale qui l'empêche d'exister concrètement, là où l'habitat est dispersé et les déplacements peu fréquents, d'autant plus qu'il existe des divergences entre découpages tribaux et découpages communaux, qui découpent une tribu en deux communes différentes ou associent dans la même commune des tribus différentes[1].

Depuis la publication du Dahir de 1976 mentionné ci-dessus, précédant le peu de textes d'application qui sont venus après, les innovations législatives en matière forestière sont restées limitées, voire même inexistantes.

La forêt de la Maâmora est gérée par deux directions régionales :

- La Direction régionale des Eaux et forêts et de la Lutte contre la Désertification du nord-ouest à Kénitra, dans sa partie nord ;
- La Direction régionale des Eaux et forêts et de la Lutte contre la Désertification de Rabat-Salé-Zemmour-Zear à Khémisset, dans sa partie sud[2].

Elle est également dirigée par :

---

[1] Le découpage territorial des communes a été décidé par le Décret du 2 décembre 1959.

[2] Royaume du Maroc — Haut-commissariat aux eaux et forêts et à la lutte contre la Désertification, Direction régionale des Eaux et Forêts et de la Lutte contre la Désertification du Nord-Ouest, Étude d'aménagement de la forêt de Maâmora, étude socio-économique, 2011, p. 11.

- Trois (03) Directions provinciales des Eaux et forêts et de Lutte contre la Désertification : DPEFLCD de Kénitra, de Khémisset et de Rabat ;
- Sept (7) Centres de Conservation et de Développement des Ressources Forestières : de Kenitra, Sidi Yahya, Sidi Slimane, Salé, Sidi Allal Bahraoui, Tiflet, et Khémisset.

Ce découpage a entraîné des conflits entre les tribus usagères, ainsi qu'entre les communes bénéficiaires des revenus forestiers. De plus, des tensions ont surgi entre les représentants de l'administration forestière, légalement responsables du domaine forestier, et les populations usagères. Ces conflits ont principalement porté sur l'appropriation des ressources naturelles, notamment la terre, à travers le défrichement et la mise en culture[1].

Mais il est important de souligner qu'actuellement, malgré la dévolution des pouvoirs de l'État, il n'est pas envisageable de penser le développement politique, économique et social, sans l'échelon local[2]. Le processus de renouvellement territorial se poursuit jusqu'à présent et se traduit par la mise en œuvre de politiques de décentralisation progressives, en essayant de concilier le plus possible tradition et modernité[3].

Section 3 : Les limites des droits d'usage et la propriété de la forêt

La forêt est une partie du territoire étatique, mais elle peut être considérée comme un territoire à part entière abritant une réalité socio-économique différente de celle du domaine urbain. Il s'agit principalement des forêts des collectivités territoriales, des établissements publics, des établissements d'utilité publique et de certaines forêts privées.

Ainsi, sous l'effet des transformations dans l'organisation sociale, les territoires sont en constante mutation. C'est le cas de la Maâmora qui témoigne de réalités sociales particulières que connaissent les communautés qui y vivent[4].

---

[1] Mohammed MOUFADDAL. *La question forestière dans le Haut Atlas Central, nature et ampleur du problème*, 1985.

[2] Nicolas BUYSE, *La gestion décentralisée des ressources forestières en Indonésie : la biodiversité localement négociée*, Écologie & politique 2005/1, n° 30, p. 71.

[3] Mohammed MOUFADDAL, op. cit, p. 4.

[4] Magalie QUINTAL et Catherine TRUDELLE, *Maroc : Les associations locales dans la vallée du ZIZ. Une nouvelle gouvernance territoriale*, Économie rurale, n° 334, 2013, p. 40.

I— Les droits d'usage et d'habitation :

La forêt englobe des intérêts divers et parfois contradictoires tels que les intérêts des forestiers, des promeneurs, des chasseurs, des sportifs, etc. Le régime forestier résout ce problème en faisant de la fonction forestière un privilège réglementé. En outre, toute activité non prévue par la loi est considérée par celle-ci comme secondaire. Certaines activités sont interdites, car catégoriquement incompatibles (défrichement, feu…), mais d'autres (comme la chasse) sont parfaitement compatibles[1].

La lutte contre les usages traditionnels, dont la nature n'est pas juridique, fut déclenchée par le service forestier installé en 1914 au Maroc sous le protectorat. Considérée comme le premier maillon de la chaine de valeur forestière, ce n'est qu'en 1976 qu'une grande partie de la valorisation de la forêt et de ses produits a été attribuée à la population rurale[2].

En fonction du principe d'appartenance à la Jmaâ, les usagers de la forêt, à condition de résider dans le territoire appartenant à ladite Jmaâ, obéissaient aux règles coutumières, pour exercer les droits d'usage qui leur sont conférés par l'État[3].

Ces droits sont reconnus aux usagers marocains, à l'exclusion de tous autres. C'est ce qui ressort de l'article premier du Dahir du 10 octobre 1917 sur la conservation et l'exploitation des forêts, selon lequel :

> « Les usagers marocains au profit desquels peut être reconnu le droit de parcours dans une forêt domaniale sont uniquement ceux qui font partie d'une tribu ou fraction riveraine de la forêt ou ayant, de temps immémorial, l'habitude d'y venir transhumer ».

La population forestière a ainsi considéré ces droits comme un droit de propriété, et la forêt comme un bien collectif appartenant aux tribus qui la composent.

En effet, à travers l'histoire, la forêt a toujours été un espace ouvert par excellence et non susceptible d'appropriation individuelle, où des droits collectifs sont élus au bénéfice de la multitude. La législation sur les droits d'usage forestiers est venue pour le rappeler. Par contre, certaines activités nouvelles telles que la cueillette, qui est interdite par

---

[1] Michel LAGARDE, *Le régime forestier : un modèle de législation de protection de l'environnement*, op. cit, p. 183.

[2] Kamal MENZOU et Omar BOUSLIHIM, *Forêts marocaines et usages : quelle formation pour l'économie sociale et solidaire ?* Étude, p. 9.

[3] Arrêté Viziriel du 5 janvier 1921 sur les infractions au *Dahir du 8 avril 1914* (12 joumada I 188) réglementant le régime de l'absinthe.

la loi, montrent la survie d'une pensée collective selon laquelle la forêt est un espace sans droits, ouvert à tous[1].

Le principe de l'interdiction concerne plus l'exercice de certains droits d'usage que leur existence. Le droit d'usage ne peut donc s'exercer que conformément à la législation spéciale qui le régit. Donc en principe, toute activité est interdite, sauf autorisation accordée par l'administration.

Or, la loi se veut claire en énumérant avec précision les droits d'usage, et en démontrant que la forêt, en dépit de son exploitation par ses habitants, demeure la propriété inaliénable[2] du Makhzen[3]. Il est même possible d'assimiler la population forestière à un usufruitier, et l'État à un nu-propriétaire[4].

À la différence du droit de propriété qui est perpétuel et se transmet entre héritiers, l'usufruit a un caractère viager, c'est-à-dire qu'il s'achève nécessairement suite à la mort de l'usufruitier[5]. Il y a usufruit dans la mesure où la population forestière a le droit de se servir des ressources de la forêt et d'en percevoir des revenus, sans toutefois s'en dessaisir. Et il y a nue-propriété, vu que l'État est propriétaire de la forêt (qui est un immeuble non bâti), mais sans en avoir la jouissance.

Ainsi, l'usufruit permet à leurs titulaires[6] de bénéficier de quelques prérogatives, mais qui sont assez limitées. Ainsi, celui qui a l'usage des fruits d'un fonds ne peut prétendre qu'aux fruits correspondant à ses propres besoins et à ceux de sa famille.

Semblablement, le droit d'habitation se trouve limité à ce qui est strictement nécessaire pour l'habitation de son titulaire et de sa famille[7]. Autrement dit, le droit de propriété ne conserve que l'abusus et le

---

[1] Michel LAGARDE, *Le régime forestier : un modèle de législation de protection de l'environnement*, op. cit.

[2] L'aliénation d'une forêt ou d'une portion de forêt conduirait à une cessation du régime, et à une dangereuse diminution du territoire soumis. C'est pour cette raison qu'elle est soumise à l'intervention d'une loi.

[3] Dahir du 7 juillet 1914 portant réglementation de la justice civile indigène et de la transmission de la propriété immobilière.

[5] Mohammed JALAL ESSAID, op. cit, p. 477.

[6] La personnalité juridique est généralement présentée comme l'aptitude à être titulaire de droits, au sens de prérogatives, de pouvoirs et d'obligations. Le titulaire du bien peut l'utiliser, l'exploiter et, en même temps, exiger le respect de ce pouvoir par les autres. Cependant, ces prérogatives ne s'étendent pas aux biens d'autrui, ce qui implique que ce titulaire de biens ait l'obligation de respecter le pouvoir que les autres détiennent sur un bien donné.

[7] Articles 81 et 83 du Dahir du 2 juin 1915 fixant la législation applicable aux immeubles immatriculés.

fructus, vu que l'usus est pratiquement réservé à l'administration, tant en ce qui concerne la propriété du sol et du sous-sol, que de la superficie. L'exemple le plus emblématique est celui de l'administration qui délivre des autorisations telles que le permis d'exploiter à l'acheteur de coupe qui ne peut exercer son droit d'exploitation que sous réserve de cet aval administratif.

Dans une circulaire destinée aux gouverneurs, caïds et cadis (juges) le 1er novembre 1912, le Grand Vizir a énuméré les biens constituant le domaine public de droit inaliénable. Il s'agit « … des forêts qui, dans toute l'étendue de l'empire, appartiennent au Makhzen sous réserve des droits d'usage (pâturage de troupeaux, ramassage du bois) que pourraient avoir les tribus voisines ».

Contrairement au Dahir du 7 juillet 1914 portant réglementation de la justice civile indigène qui sanctionnait la domanialité des forêts, le Dahir du 10 octobre 1917 portant loi forestière a envisagé une domanialité des forêts en s'appuyant sur le principe de présomption domaniale. Celle-ci repose essentiellement sur la possession qui n'est, selon le doyen *Carbonnier*, que l'ombre de la propriété.

II— La propriété du domaine forestier :

Le droit de propriété est garanti par la constitution et est défini par l'article 9 du Dahir du 2 juin 1915 fixant la législation applicable aux immeubles immatriculés comme étant « le droit de jouir et de disposer d'un immeuble par nature ou par destination de la manière la plus absolue… ». Cet article accorde au propriétaire de larges prérogatives qui sont l'usage, la jouissance et la disposition[1].

Au Maroc, il est difficile de citer plusieurs types de propriété puisqu'il n'y a ni forêts communautaires ni forêts communales. Seulement, il existe quelques formations forestières particulières dont le statut juridique n'est pas assez clair, comme c'est le cas de la Maâmora. Dans cette dernière, il y a un domaine forestier et des terrains collectifs. En d'autres termes, il s'agit de forêts collectives.

En vertu de l'article premier du Dahir du 10 octobre 1917, il existe trois formes de propriété forestière : la propriété publique, la propriété collective et la propriété privée.

Contrairement à la propriété foncière appliquée dans les zones rurales où un propriétaire détient des biens donnés, la propriété au sein de la forêt est divisée, comme susmentionné, et ce, en fonction du statut des

[1] C'est la signification donnée aux termes latins, usus, fructus, et abusus.

parties concernées. La forêt de la Maâmora est donc à la fois la propriété privée de l'État puisque celui-ci en assure la gestion et le contrôle, et la propriété commune des habitants sous réserve des droits d'usage qui leur sont conférés par l'entremise dudit État[1].

La forêt est un bien immobilier particulier. En raison de sa nature et de ses fonctions, elle ne peut être considérée comme un objet de propriété identique à tout autre immeuble non bâti.

La forêt se compose de deux éléments. D'une part, elle comprend le fonds qui ne présente aucune différence avec les autres propriétés rurales, et par-là la forêt peut être soumise au régime de droit commun de la propriété. D'autre part, elle est formée par la superficie qui est elle-même composée de l'ensemble des bois de tous les âges et de toute nature qui garnissent le sol. Ce deuxième élément possède en vérité une valeur bien supérieure à celle du fonds, d'où la particularité de la forêt par rapport aux autres biens immobiliers[2].

La propriété est le droit d'exclure autrui de la jouissance de ses biens[3]. D'ailleurs, c'est ce que l'État fait pour transcender la propriété privée lorsque l'utilité publique ou collective prime. Dans ce cas, l'État n'est plus un simple nu-propriétaire puisqu'il permet à l'intérêt général de jouir des ressources de la forêt au même titre que la population usufruitière. L'État peut même autoriser la distraction et le remembrement par voie d'échange immobilier, voire même procéder à des expropriations.

Par le biais du même Dahir susmentionné, l'État a confié à l'administration des eaux et forêts la gestion et le contrôle[4] par lesquels elle peut intervenir, au nom des intérêts du domaine forestier, dans les procédures de délimitation et d'immatriculation, ainsi que pour ester en justice. Cependant, il s'est avéré à maintes reprises que l'intervention de l'État dans la forêt ne plait pas beaucoup aux habitants de la Maâmora. Cette intervention serait la cause de conflits d'usage qui menacent l'état de ses ressources.

---

[1] Judith ROCHFELD, *Penser autrement la propriété : la propriété s'oppose-t-elle aux « communs »*, Revue internationale de droit économique, T. 28, 2014, pp. 351, 352.

[2] Cour de cassation, civ. 3e, 8 décembre 1981, Bull. civ. III, no 208.

[3] Article 544 du Code civil français.

[4] Mohammed MOUFADDAL, *Les tendances en matière de propriété forestière, de mode de faire-valoir des ressources forestières et d'arrangements institutionnels, cas du Maroc,* Organisation des Nations unies pour l'alimentation et l'agriculture (FAO), p. 4.

Section 4 : Les conflits d'usage au sein de la Maâmora

La forêt de la Maâmora est connue pour la richesse de son patrimoine biologique, et sa biodiversité fait l'objet de toutes les convoitises. Ainsi, c'est cette richesse considérable qui donne naissance à nombre de pratiques forestières légales comme illégales.

Au Maroc, bien avant le protectorat, comme dans d'autres pays, les populations locales ont souvent été vues par les politiques forestières comme des destructeurs potentiels du domaine forestier[1]. Même les organisations non gouvernementales (ONG) n'ont pas pris en considération les connaissances et les capacités de ces communautés à gérer leur patrimoine. Or, il n'y a pas mieux qu'elles pour gérer les écosystèmes forestiers. Il est logique que ces communautés mêmes soient les premières à vouloir aménager durablement leurs forêts dans la mesure où le terrain leur est familier, tout comme elles constituent leur moyen d'approvisionnement[2].

Afin de mettre en relief les différentes pratiques qui mettent en péril la forêt de la Maâmora, il est important d'étudier le problème du point de vue de la population locale ainsi que du point de vue de l'autorité forestière, dans la mesure où tous les deux sont responsables de la gestion de la forêt.

I— Les conflits d'usage du fait des usagers de la forêt :

La mise en œuvre des lois relatives à l'environnement fait face à plusieurs défis. Les uns sont causés par la population occupant la Maâmora, tandis que les autres sont causés par les abus et la négligence de l'administration forestière qui permet à d'autres particuliers d'en exploiter les ressources.

Depuis la promulgation de la loi forestière en 1917, le parcours en forêt est devenu un droit d'usage reconnu au profit des populations riveraines. Bien entendu, ce droit est exercé selon les règles administratives d'exploitation. En 1976, le Dahir relatif à l'organisation de la participation des populations au développement de l'économie forestière est venu responsabiliser le conseil communal de

---

[1] Darrell POSEY, *Indigenous People and Traditional Resource Rights: a basic for equitable relationships?,* 1995, Green College for Environmental Policy and Understanding. Oxford University Press, New York.

[2] Gami. Étude ethnozoologique dans et autour de la réserve de Conkouati (village N'tié-tié de Cotovindou), N. 1997, Rapport final UICN, PROGECAP/GEF, Congo Brazzaville.

l'organisation du parcours, afin d'inciter la commune à la promotion et à l'investissement en sylvo-pastoralisme[1].

Cependant, l'application de ces textes sur le terrain s'est heurtée (et continue de se heurter) à de nombreux obstacles, notamment : l'ampleur des parcs pastoraux, la perception par les éleveurs du droit de parcours comme un droit acquis, l'absence de mesures d'accompagnement et le bas niveau des revenus de la population de la forêt.

Dans la Maâmora, nombre de pratiques non organisées mettent en péril ce massif de chêne-liège. Il s'agit plus particulièrement de l'élevage et de la vente des glands exercés par la population locale.

Tout d'abord, l'élevage a pris de l'ampleur et continue de plus en plus de se répandre[2]. Cette activité est l'une des causes qui mettent une grande pression sur les ressources naturelles de la forêt. Mais il est vrai que, d'un point de vue économique, l'élevage constitue une sorte de précaution utile en cas de besoin ou d'imprévus[xxi], ou encore en cas de spéculation lorsque les prix sur le marché montent en flèche.

Ensuite, l'alimentation et la conduite des troupeaux exercent une grande pression sur les subéraies, plus que sur les espaces artificiels. Cette pression s'accroit aussi à cause du ramassage des glands par les populations locales dont l'activité évince toute possibilité de régénération naturelle[3].

En effet, une grande partie des ménages procède au ramassage des glands destinés à la vente pour la consommation humaine ou qui servent à nourrir le bétail. La vente de ces glands s'effectue généralement soit en ville (Rabat, Salé, Kenitra, Khemisset), le long des axes routiers ou bien sur les Souks. Ceci revient également au caractère non marchand des biens et des services forestiers[4].

La forêt étant essentiellement la propriété de l'État, la population bénéficie des droits d'usage pour une utilisation domestique et non commerciale. Ceci qui n'est toutefois pas toujours le cas. La vente anarchique des glands met en péril la forêt de la Maâmora en changeant

---

[1] Said LAARIBYA, *Contribution à l'évaluation de la pression pastorale dans la forêt de la Maâmora. Parcours forestiers et surpâturage*, Laboratoire de Biodiversité et des Ressources Naturelles, Faculté des Sciences, Université Ibn Tofail, Nature & Technologie. C — Sciences de l'Environnement, n° 10/janvier 2014, p. 40.

[2] Rapport technique : *Forêt de la Maâmora, Améliorer la gouvernance des espaces boisés méditerranéens à travers la mise en œuvre de démarches participatives*, avril 2016, p. 10.

[4] Abdelmohssin EL MOKADDEM, *Estimation de la valeur économique et sociale des services rendus par les écosystèmes forestiers méditerranéens, Forêt de la Maâmora — Maroc*, fiche 3, p. 1.

complètement son paysage, et compromet sa régénération future. En outre, la majorité des glands ramassés sont destinés à la commercialisation, soit à l'intérieur du royaume (30 %), soit à l'international via exportation (60 %). Autrement dit, la population locale de la Maâmora ne consomme que 10 % des glands ramassés[1].

À cet effet, les usagers de la forêt continuent d'être incriminés pour l'exercice abusif de leurs droits d'usage. Cela est principalement dû à des comportements purement individualistes, qui contrastent fortement avec la solidarité communautaire d'autrefois.

Ce comportement irresponsable met en péril la forêt et viole la mise en défens établie par l'administration. Les riverains de la forêt ont une tendance naturelle à ignorer (ou à refuser) la loi (sur la conservation et l'exploitation des forêts) et à revendiquer un contrôle coutumier de l'espace forestier et collectif.

Ce genre de conflit n'est que la traduction pure et simple d'une mauvaise compréhension de la loi de la part de la population locale. Il existe alors un véritable antagonisme entre la loi telle qu'elle est formulée par le législateur et le droit tel qu'il est pratiqué par les usagers[2]. Néanmoins, l'administration forestière partage la responsabilité avec les usagers de la Maâmora et procède également à des dépassements qui nuisent indirectement aussi bien à la forêt qu'à la population locale.

II— Les conflits d'usage du fait de l'administration forestière :

La forêt de la Maâmora est connue pour son étendue riche en chêne-liège. Aujourd'hui, cet arbre est soumis à une lourde charge, causant ainsi des disproportions réelles entre sa disponibilité et la demande. La dégradation de la Maâmora est un fait réel et la dégradation de son paysage en témoigne fortement. Dans ce cas, il est impératif que les pouvoirs publics interviennent afin de sauver cette importante ressource naturelle du Royaume.

Les conflits d'usage impliquent deux dimensions, matérielle et institutionnelle[3], qui peuvent sembler distinctes à première vue, mais qui sont en réalité étroitement liées.

---

[1] Said LAARIBYA, op.cit. p. 47.

[2] Mohammed MOUFADDAL, *Décentralisation, territorialité et durabilité dans la gouvernance des ressources naturelles au Maroc*, Workshop on forest governance and decentralization in Africa, April 2008, p. 10.

[3] Philippe JEANNEAUX et Philippe PERRIER-CORNET, op. cit, p. 41.

Dans ce paragraphe, l'accent sera mis uniquement sur la dimension institutionnelle, car la Maâmora souffre davantage des problèmes institutionnels et politiques, qui conduisent parfois à des problèmes matériels (comme la pollution), plutôt que de ces derniers seuls.

L'administration forestière est responsable des conflits d'usage pouvant survenir, dans la mesure où certains droits d'usage souffrent de difficultés à cause de l'exploitation des ressources nécessaires à la subsistance de la population forestière. Bien entendu, cette exploitation se fait par une tierce partie qui bénéficie d'une autorisation accordée par l'administration.

Pour cette raison, il n'est pas anodin de souligner que les entreprises comme les collectivités locales paraissent contrôler les ressources et ignorer les autres usagers pour des motifs bien déterminés. Tout d'abord, ces entreprises sont considérées comme productrices de richesses et d'emplois grâce à leurs activités économiques. Cette position leur donne un pouvoir sur l'usage des biens environnementaux, ce qui explique le fait que la population forestière, sans intérêts économiques apparents, soit incapable d'exercer certaines activités, dont les entreprises monopolisent l'exercice.

Ensuite, les collectivités locales, investies d'une mission de service public, négligent les intérêts de cette population sous prétexte qu'elles agissent pour l'intérêt général, ce qui provoque davantage de conflits[1]. Or, l'administration forestière ne peut être perçue ni comme victime ni comme responsable du dommage subi par la population locale, mais elle est susceptible d'être sollicitée dans les conflits, vu qu'elle est indirectement impliquée[2].

Ainsi, la tierce personne qui est généralement une entreprise nuit à la population soit par ses activités — chose qui peut survenir même après avoir présenté une étude d'impact pro-environnement ou signé une convention interdisant toute atteinte à l'environnement — soit par une exploitation des ressources naturelles via l'exercice par les usagers de leurs droits d'usage, et ce, avec l'autorisation et la bénédiction de l'administration forestière. C'est ce qu'on appelle le transfert

---

[1] Philippe JEANNEAUX, *Les conflits d'usage dans les espaces périurbains et ruraux français — une approche par l'analyse économique de la décision publique*, thèse, Université de Bourgogne, UFR des sciences économiques, 2006, p. 252.

[2] P.-E. GUILLAIN, 2001, *Les conflits d'usage dans les campagnes à travers la presse quotidienne régionale*, Rapport de stage deuxième année — INA-PG —, ENESAD — Dijon, p. 19.

d'externalité qui consiste à faire subir des dommages sans compensation[1].

Par conséquent, l'administration forestière produit des victimes qui considèrent que l'autorisation accordée à l'entreprise exploitante est à l'origine d'une éventuelle détérioration de leur cadre de vie. Ainsi, la responsabilité des autorités publiques locales est directement mise en cause, lorsqu'elles fournissent un bien public local à une tierce personne qui ne figure pas parmi les bénéficiaires des droits d'usage, énumérés dans le Dahir relatif à la conservation et à l'exploitation des forêts[2].

Parfois, les usagers revendiquent des droits d'usage sans qu'ils disposent d'un droit de propriété quelconque sur les biens, ou de droit en responsabilité civile. En outre, il ressort de cela que même dans les situations pour lesquelles les autorités publiques ne sont pas directement responsables du dommage dont l'origine est le fait d'un agent privé, c'est sur elles que porte prioritairement la contestation.

Toutefois, malgré ces manquements, l'administration forestière essaie de renouer ses liens avec la population de la forêt à travers l'organisation en coopératives, pour essayer de l'impliquer dans la gestion de l'espace forestier.

La destruction massive des ressources naturelles, à travers l'organisation de coupe et de commercialisation illicites, découle de la domanialité et de l'affaiblissement de la Jmaâ qui, à son tour, a favorisé l'émergence de l'intérêt personnel chez les individus. Il s'agit d'un problème majeur, d'autant plus que ces phénomènes se sont multipliés dans les zones difficiles d'accès, où l'effectif des agents forestiers est loin d'être suffisant, et où personne n'est conscient de la portée des textes de loi en vigueur.

Cette situation a par conséquent donné lieu à une complication encore plus épineuse, dénommée par *Hardin*[xxii] *la tragédie des communs* selon laquelle chaque individu estime, en dehors de toute loi ou morale, d'exploiter, voire même de surexploiter ce qui n'appartient à personne[3].

L'application des lois promulguées a, par conséquent, connu une forte résistance, empêchant le service forestier de contrôler

---

[1] Jackman RICHARD, *The problem of Externalities in a Spacial Economy*. In CRIPPS E, -L. (Dir). Regional Science — New Concepts and Old Problems, Pion Publication, 1975, p 18-30.

[2] Philippe JEANNEAUX et Philippe PERRIER-CORNET, op. cit, pp. 47 et 48.

[3] Garrett HARDIN, *La tragédie des communs*, Éditions Puf, Science, 13 décembre 1968, vol. 162, p. 30.

efficacement les droits d'usage. Cependant, les assemblées villageoises imprégnées de l'influence spirituelle et de la légitimité religieuse ont, petit à petit, perdu leur ascendant, notamment sur la gestion forestière. C'est de cette manière que ces assemblées se sont retrouvées sous l'autorité de l'administration forestière depuis sa création en 1913, perdant leur autonomie et leur pouvoir de décision avec.

Bien entendu, n'importe quel conflit de quelque nature que ce soit, entre des personnes physiques ou entre personnes physiques et morales — ici le cas des usagers contre l'État — peut se solder par un procès judiciaire. Que fait l'État en cas de poursuite en justice lorsque le domaine forestier est en jeu ?

III— L'action judiciaire à l'encontre de l'État relative au domaine forestier :

En principe, le Chef du Gouvernement est le représentant légal de l'État, sauf lorsqu'un texte particulier en décide autrement. De cette façon, toute action judiciaire visant l'État doit être dirigée contre lui. Néanmoins, ce principe général comporte de nombreuses exceptions édictées par des textes particuliers[1].

Les actions judiciaires portant sur le domaine forestier sont dirigées contre le ministère de l'agriculture. En effet, l'article 2 (d) du Dahir portant sur la conservation et l 'exploitation des forêts dispose que : « Le ministre de l'agriculture a, seul, qualité pour intervenir, au nom des intérêts du domaine forestier, dans la procédure de délimitation et d'immatriculation, ainsi que pour ester en justice[2] ».

Pour se défendre, l'État ou un de ses démembrements peut suivre l'une des trois modalités suivantes lorsqu'il est attaqué en justice :

- L'administration concernée — dans ce cas l'autorité gouvernementale chargée de l'agriculture — peut mandater un de ses fonctionnaires pour assurer sa défense, puisque les administrations publiques sont dispensées de l'obligation de recourir à un avocat pour ester en justice, contrairement aux autres justiciables, et ce, conformément à l'article 31 de la loi n° 28-08 régissant la profession d'avocat, à l'article 354 du code de procédure civile et à l'article 529 du code de procédure pénale ;
- Elle peut également recourir aux services d'un avocat ;

---

[1] L'agent judiciaire du royaume, un acteur important dans la défense des deniers publics et dans la consécration de la gouvernance juridique, Guide, p. 12.

[2] Dahir du 10 octobre 1917 sur la conservation et l 'exploitation des forêts, op. cit.

- Parfois, il peut choisir de négocier ou de recourir à la médiation avec les parties plaignantes pour trouver une solution amiable, avant d'aller au procès.
- Ou bien recourir aux services de l'agence judiciaire du royaume (AJR) qui peut agir en tant qu'avocat chargé de défendre les intérêts de l'administration devant le tribunal[1].

En prenant de telles mesures, l'État cherche à protéger ses intérêts, à respecter les lois en vigueur et à trouver des solutions qui concilient les différents enjeux liés au domaine forestier.

Section 5 : L'organisation en coopératives et son insuffisance

Le renouvellement du rapport entre l'administration forestière et la population locale est la cause de l'émergence d'une forme de gestion communautaire. Cette forme d'organisation populaire s'inspire essentiellement de l'organisation traditionnelle de la Jmaâ. Il s'agit de ce que l'on appelle les coopératives pastorales[2] qui se chargent de la gestion de l'espace pastoral aussi bien en forêt qu'aux parcours collectifs[3].

En décembre 2019, le Maroc a mis en conformité réglementaire les anciennes coopératives créées avant l'entrée en vigueur de la loi n° 112.12 relative aux coopératives, selon laquelle il existe trois types de coopératives :

> « Celles auxquelles les membres fournissent des services ou des produits en vue de leur revente après transformation, celles qui produisent elles-mêmes des biens ou fournissent des services, et enfin celles qui offrent une activité salariée à leurs membres ».

Une coopérative est créée avec l'objectif de renforcer l'économie sociale et solidaire en permettant aux salariés de posséder une partie du capital social[4].

---

[1] Cette agence peut intervenir dans l'instance avec une double casquette : en tant qu'appelé en cause et en tant qu'avocat de l'administration concernée par le litige.

[2] À ne pas confondre avec une association, puisque cette dernière a un caractère non lucratif, alors que la coopérative peut avoir un but purement commercial en réalisant des profits à l'image d'une entreprise, tout comme elle peut prendre la forme d'une société civile.

[3] Laurent AUCLAIR, *Un patrimoine socioécologique à l'épreuve des transformations du monde rural, institut de recherche pour le développement (IRD),* 2012, p. 54.

[4] generali.fr, *Association et coopérative : quelles différences ?* Publié le 30 octobre 2018.

Parmi les nouveautés de cette loi, il n'est exigé qu'un capital minimum de 1 000 DH par coopérative, pour que l'*affectio associatif*[1] des membres coopérateurs soit prouvée. Elle a par contre fixé le nombre minimum des membres adhérents à cinq pour constituer une coopérative. Ce nouveau cadre législatif permet également aux coopératives de participer aux marchés publics, ce qui veut dire qu'elles peuvent entrer légalement en concurrence avec les entreprises[2].

L'organisation en coopératives s'est révélée être une solution appropriée aux abus perpétrés par la population de la forêt. Conformément au décret n° 2.99.626 du 30 juin 1999, la population locale peut désormais s'organiser en coopératives ou en associations pastorales. Cela leur permet de recevoir une rémunération et de les inciter à respecter les mises en défens[xxiii]. D'un point de vue juridique, il s'agit d'une servitude administrative puisqu'il y a abstention de faire quelque chose afin de servir l'intérêt général[3].

Il s'agit de la manière idoine qui permettrait à l'administration forestière de réassembler les groupes habitant la forêt à travers des travaux communs et des rémunérations égalitaires, ou dont le montant est plus ou moins distinct. Ainsi, à la place d'une organisation tribale archaïque, la population deviendra une entité organisée en formant une association ou une coopérative[4].

L'organisation en coopératives permet à la population de la forêt d'être payée pour services écologiques rendus. D'autre part, elle permet à l'administration d'être proche de la population locale et de travailler avec elle. Sauf que cela ne veut en aucun cas montrer une volonté implicite de l'administration de lui accorder les moyens de recouvrer sa capacité d'autogestion[5].

---

[1] L'affectio associatif désigne la volonté commune de plusieurs personnes physiques ou morales de vouloir s'associer.

[2] Fellah-trade.com, C*oopératives : Mise en conformité et nouvelles dispositions de la loi 112.12*, publié le 20/03/2019.

[3] Lexique des termes juridiques, 2010, Éditions Dalloz, p. 663.

[4] Pierre-Marie AUBERT, op. cit. p. 334.

[5] Sarah VANUXEM, *Des paiements pour services environnementaux en faveur des populations locales ? Regards de l'administration forestière sur le mécanisme de compensations pour mise en défens marocain*, in La revue électronique en sciences de l'environnement, vol. 16, mai 2016, p. 8.

Chapitre 4 : La domanialite de la foret de Maamora

Il est important de rappeler un principe universel fortement inspiré des principes relatifs aux droits de l'homme. Il s'agit du principe qui définit l'environnement comme le patrimoine commun des êtres humains. L'appropriation privative ou *propriété*, reconnue comme étant le roi des droits, limite cruellement ce principe, dans la mesure où l'idée d'un patrimoine commun s'oppose au libéralisme économique et, de surcroit, à l'idée de réaliser des profits[1].

Le Maroc dispose d'un patrimoine naturel composé de forêts diversifiées. La forêt de la Maâmora est son domaine forestier le plus vaste. Ainsi, elle a toujours fait l'objet d'une attention particulière ayant pour but de garantir son exploitation dans des conditions optimales[2].

La forêt est le domaine privé de l'État. Dès lors, elle constitue le patrimoine commun des usagers. Cependant, le régime juridique des forêts marocaines datant du 10 octobre 1917 a mis une limite à son exploitation afin d'éviter tout accaparement privatif. Le Dahir relatif à la conservation et à l'exploitation des forêts a, par conséquent, consacré le principe de la domanialité des forêts, afin de protéger lesdites forêts de toute atteinte à leur intégrité.

Il y a lieu de commencer par un bref historique de la domanialité des forêts au Maroc (**section 1**), avant de traiter de la domanialité en tant qu'instrument juridique contre les accaparements privatifs des forêts (**section 2**).

Section 1 : Historique de la domanialité des forêts au Maroc

À travers l'histoire, la forêt a toujours constitué un terrain où il y a concours des droits collectifs. Il s'agit d'un espace ouvert, grevé de droits au bénéfice de la multitude, et qui ne peut faire l'objet d'appropriation individuelle. Les activités de cueillette du chêne au sein de la forêt de la Maâmora témoignent de la persistance de cette pensée

---

[1] Jacqueline MORAND-DEVILLER, op. cit, p. 10.

[2] Pascal PLANCHET, *Droit de l'environnement*, Éditions Dalloz, 2015, p. 106.

collective selon laquelle la forêt est un espace de non-droit, ouvert à tous[1].

La gestion des forêts marocaines a, depuis l'arrivée du protectorat, été confiée à l'Administration des eaux et des forêts (AEF). En 1912, l'État central s'était approprié l'intégralité du territoire et avait gagné le droit d'intervenir au niveau des forêts du royaume. Ainsi, la domanialité avait commencé à prendre de l'ampleur, et les populations qui y vivaient n'avaient que deux droits d'usages[2] ; à savoir le ramassage du bois mort gisant et le parcours du troupeau familial.

Ni l'intervention étatique dans le domaine forestier ni sa gestion par l'AEF n'ont été remises en question par l'État marocain, même après avoir pris son indépendance en 1956. Ses procédés d'intervention ont par la suite évolué, mais il est resté confronté à une population rurale homogène, organisée et acclimatée à gérer ses affaires collectives, à savoir ses ressources naturelles[3].

Section 2 : La domanialité, un instrument juridique contre les accaparements privatifs des forêts

La domanialité est une protection juridique dédiée au domaine forestier. La plupart de ses règles sont exorbitantes, et ceci s'explique par la volonté du législateur de protéger l'intégrité du domaine forestier. La proclamation de la domanialité des forêts a pour finalité de garantir l'affectation d'un bien à un usage conforme à l'intérêt général[4].

En toute vraisemblance, et l'histoire le confirme, « le groupe voit dans le territoire un patrimoine collectif et non la propriété des chefs[5] ». Comment pourrait-on alors expliquer le fait qu'une forêt fasse l'objet

---

[1] Michel LAGARDE, *Le régime forestier : un modèle de législation de protection de l'environnement, Revue juridique de l'environnement*, vol 2, 1985, p. 180.

[2] Ce qui n'est pas le cas des forêts d'arganier du Sud-Ouest marocain qui sont soumises à sept droits d'usage. Les populations rurales pouvaient en plus du ramassage du bois mort gisant et du parcours du troupeau familial, cueillir les noix d'argan, utiliser le sol, couper le bois de chauffage, de charbonnage et de service, couper le branchage pour les clôtures, enlever la terre, le sable et les pierres.

[3] Pierre-Marie AUBERT, *Action publique et société rurale dans la gestion des forêts marocaines : changement social et efficacité environnementale*, thèse de doctorat en sciences sociales de l'environnement, sous la direction de Maya Leroy, Paris, Agroparistech, 2010, p. 14.

[4] Bouchra NADIR, *Domanialité et environnement : cas des eaux et forêts*, éditions Idgle, 2008, p. 36.

[5] Georges BURDEAU, *l'État*, Éditions du Seuil, 2009, p. 31.

d'une propriété étatique privée et non d'un élément environnemental dédié à la communauté ?

Le principe de domanialité se trouve à la lisière entre le droit public et le droit privé. Au Maroc, le domaine forestier est régi aussi bien par le Dahir du 3 janvier 1916 portant règlement spécial sur la délimitation du domaine de l'État que par le Dahir du 10 octobre 1917 susmentionné, qui demeure une législation spéciale tenant compte du caractère particulier des forêts. Cette dualité de législation, l'une générale (l'État) et l'autre spéciale (la forêt qui est une composante du territoire de l'État), limite l'aliénation du domaine forestier.

Le domaine privé de l'État, constitué par l'ensemble des biens mobiliers et immobiliers dont ce dernier est propriétaire[1], comprend deux catégories : le domaine qualifié d'ordinaire géré par la direction des domaines du Ministère de l'Économie et des Finances, et le domaine forestier géré depuis longtemps par le Haut-commissariat aux Eaux et Forêts[2] et actuellement par l'Agence Nationale des Eaux et Forêts.

Le domaine privé est, par principe, soumis aux règles du droit commun dans la mesure où il peut être aliéné. Il peut donc être affecté, vendu et loué, tout comme il peut faire l'objet d'un échange. C'est la direction des domaines du ministère des Finances et de l'Économie qui se charge de la constitution du domaine privé de l'État marocain, soit par confiscation, expropriation ou acquisition, soit grâce aux donations ou des préhensions des biens vacants, c'est-à-dire des biens dépourvus de maitre ou de successeur[3].

En temps normal, l'État est libre d'aliéner tout ce qui entre dans son domaine privé, mais la loi spéciale limite ces prérogatives et permet uniquement une aliénation partielle ou relative du domaine forestier. La limitation de l'aliénation de ce domaine a pour rôle d'éviter la diminution du territoire soumis, une diminution qui risque de conduire à une cessation du régime. C'est pour cette raison qu'en matière domaniale, l'aliénation est subordonnée à l'intervention d'une loi spéciale entrant dans le droit du domaine de l'État[4].

---

[1] L'État est l'un des plus grands propriétaires, vu que son domaine privé se mesure à plus de 500 milliards de dirhams.

[2] www.aujourdhui.ma, Mohamed BADRANE, *Le domaine privé de l'État : une loi pour combler le vide*, publié en août 2017.

[3] www.finances.gov.ma

[4] C.E. 9 novembre 1979, ministre de l'agriculture et société d'aménagement de la côte de Monts c/ Association pour la défense de l'environnement en Vendée, A.J.D.A.,

I— La forêt de la Maâmora en tant que domaine privé de l'État :

La forêt de la Maâmora fait partie du domaine privé des personnes publiques, que ce soit l'État, les collectivités territoriales (communes, régions) ou les établissements publics.

Le domaine privé des personnes publiques diffère de leur domaine public. Ce dernier est destiné soit à l'usage du public, soit à un service public[1], sauf lorsqu'il s'agit d'une copropriété réunissant une personne publique et une personne privée[2]. En plus, le domaine public ne peut être la propriété de personnes privées, tout comme leurs biens personnels ne peuvent en aucun cas faire partie du domaine public.

Les biens mis à la disposition du public ou dont les personnes publiques se servent pour la réalisation de leurs prestations de service public sont essentiels à l'administration et bénéficient d'une protection efficace en vertu d'un régime juridique qui leur est spécialement dédié. Ces biens relèvent du juge administratif[3].

Cependant, l'affectation d'un bien au domaine public n'est pas systématique, il faut qu'il ait au moins subi un aménagement qui se traduit par un ensemble de travaux mis en place, en vue de l'adapter au public et au service public.

L'exigence du critère d'aménagement du milieu naturel via l'intervention de l'homme, a pour but d'éviter que n'importe quel bien, quel qu'il soit et quelle que soit sa valeur, se place sous le régime de la domanialité publique, et par conséquent qu'il y ait une extension plus large du domaine public.

Quant à la forêt, elle relève du domaine privé des personnes publiques comme mentionné ci-dessus, et de ce fait elle est soumise à un régime spécial nommé *le régime forestier*.

La gestion des forêts au Maroc est confiée à l'ANEF. Toutefois, la probabilité qu'une forêt soit rattachée au domaine public n'est pas à exclure. Cela peut avoir lieu à condition qu'elle fasse l'objet d'aménagements importants sur une partie substantielle de sa superficie, propres à la destiner au public. C'est le cas des parcs nationaux par exemple. En revanche, l'aménagement doit être lourd,

---

20 juin 1980, p. 363 ; Cf. M. Lagarde, *De l'inaliénabilité des forêts domaniales, commentaire de l'article L.62 du code du domaine de l'État*, R.F.F., 1984, n° 2, p. 155 à 163.

[1] Article L. 2111-1 du code général de la propriété des personnes publiques (CGPPP).

[2] Article L. 1 du code précité.

[3] Annexe n° 300 : circulaire relative aux actes non transmissibles au contrôle de légitimité, France.

c'est-à-dire qu'il ne doit pas se limiter à quelques installations éparses ou à un simple sentier traversant la forêt.

Pourtant, l'inaliénabilité des forêts ainsi que leur appartenance au domaine privé de l'État, ne signifie pas que l'État marocain agit arbitrairement au détriment des droits des usagers. En effet, le Maroc dispose de ces droits en vertu de textes de loi codifiés et non codifiés[1]. Les premiers sont les textes législatifs qu'on a déjà mentionnés, tandis que les deuxièmes relèvent du droit musulman issu du Coran et de la Sunna.

II— Le domaine immobilier de l'État selon le droit musulman :

Avant l'introduction du protectorat au Maroc et avant qu'il n'y ait une loi relative à la forêt, le régime forestier se fondait sur des principes religieux issus de l'islam. D'ailleurs, seuls les principes religieux prévalaient et accordaient aussi bien à l'État qu'au souverain les pleins pouvoirs.

Grâce à ces pouvoirs, l'État procédait à la division de son territoire en se basant sur des versets coraniques vieux de 14 siècles. Qu'il s'agisse d'un texte ancien n'empêche pas le fait qu'il contienne de nombreux versets de portée terrestre, dont certains donnent une idée relativement précise sur l'univers[2].

Cependant, concernant le statut juridique des forêts, le Coran en tant que livre saint n'en fait aucune mention. En revanche, il proclame que « la terre appartient à Dieu et qu'elle est un don de Dieu aux hommes qui peuvent en jouir pour en tirer profit et avantages ». C'est donc l'islam qui accorde la permission au sultan en sa qualité de chef temporel et de chef religieux, le droit de disposer de tous les territoires qu'il a conquis, et de gérer l'ensemble des terres de la communauté musulmane, tout en les répartissant entre ses membres. Autrement dit, les immeubles non immatriculés sont soumis au droit musulman, même si ses règles ne sont pas codifiées.

En ce faisant, le sultan devient représentant de Dieu sur Terre. Ainsi, le souverain dispose d'une prééminence sur l'ensemble des biens immobiliers, composés des immeubles sans maitre, des fleuves, des terres guichs et enfin des terres mortes. Ces biens ne doivent toutefois

---

[1] Il s'agit des lois qui comprennent ou ne comprennent pas toutes les modifications qui leur ont été apportées depuis leur première publication.

[2] Mohamed Ali MEKOUAR, *Études en droit de l'environnement*, Éditions Okad, p. 34.

pas être confondus avec les biens privés du souverain, qui sont sa propriété personnelle[1].

Concernant les forêts, la sunna les classifie parmi les terres mortes. Ces dernières peuvent être définies comme des terres ne disposant pas de propriétaire, où ni pâturage ni approvisionnement en bois ne peuvent avoir lieu, et qui sont éloignées des constructions[2]. Selon *Mohammad Pâruq Akkâm*, *Ibn Hazm* définit les forêts comme « des terres sans propriétaire et qui n'ont pas été mises en valeur à l'époque musulmane[3] ».

Pourtant, même morte, une terre peut être vivifiée. Les juristes et les jurisconsultes considèrent la vivification de la terre par le travail comme l'un des fondements de la propriété[4]. Ce qui revient à dire que l'intervention de l'homme est nécessaire pour la revitalisation de la forêt.

D'après le prophète Mohamed que la paix soit sur lui, la vivification de la terre est un moyen légitime d'acquisition de la propriété. Mais ceci peut porter à confusion puisque, en pratique, la forêt qui est une terre morte n'est la propriété de personne. Elle fait partie du domaine privé de l'État. Pourtant, la Sunna précise que celui qui vivifie une terre en est le propriétaire, sauf en ce qui concerne la forêt. Cette exception peut être justifiée par l'utilité générale de la forêt qui fournit le bois de chauffage et le pacage à tout le monde[5].

Il est vrai que, selon le Coran comme la Sunna qui sont les deux principales références religieuses au Maroc, la terre appartient à celui qui la vivifie, sauf lorsqu'il s'agit d'une forêt, et ce, pour les raisons qu'on a susmentionnées. Cependant, le droit coutumier en dit autrement, en considérant la forêt comme un bien collectif qui, au lieu de procurer des droits de propriété proprement dits, procurait un droit d'usage à grande ampleur.

---

[1] Raymond CHARLES, *Le droit musulman*, Éditions Que sais-je, 1972, p. 79.

[2] Article 1270 de la Magallat al-ahkâm al-aldiyya.

[3] Mohammad PÂRUQ AKKÂM, *Des fondements de la propriété dans la jurisprudence musulmane*, Revue des mondes musulmans et de la méditerranée n° 79-80, 1996, Biens communs, patrimoines collectifs et gestion communautaire dans les sociétés musulmanes, p. 33.

[4] Ahmed DAOUDI, *La régulation foncière au Maroc*, CIHEAM Options méditerranéennes, n° 66, 2011, p. 65

[5] Pascal BOULHOL, *Législation forestière marocaine*, Revue forestière française, F 92.2 (64), p. 232.

Pour les chercheurs du début du protectorat tels que *Milliot*[1], il existait deux conceptions théoriques qui expliquaient l'origine de l'expression *propriété collective* :

- La première consiste à transformer la notion de propriété et à l'acheminer vers une forme privative, en passant par des stades intermédiaires tels que le communisme agraire et la propriété collective. Cette évolution serait donc le résultat d'un développement naturel de la société.

- La deuxième, qui est la conception positiviste du droit et qui domine le débat, met fin aux pratiques du Makhzen précolonial, qui prônait un droit fiscal sur les campagnes. Cette conception prend comme point de départ non pas le groupe humain, mais le territoire. Avec l'avènement du protectorat, la propriété collective a émergé, devenant une nouvelle catégorie juridique. Bien qu'abstraite, elle constitue un régime foncier distinct, attaché au sol.

Le Maroc est entré par la suite dans une nouvelle ère durant laquelle les frontières du pays – comme d'ailleurs c'est le cas de n'importe quel État dans le monde – sont ouvertes devant l'étranger qui souhaite venir investir sur le sol national.

Ceci implique forcément l'exploitation d'une parcelle de terre située sur le territoire marocain par un non-Marocain ou par un Marocain qui réside à l'étranger. Cet investissement peut avoir pour objet ou lieu la forêt. C'est le cas de l'entreprise qui s'installe au milieu de la forêt pour démarrer ses activités. Bien entendu, cette volonté d'investir nécessite de se conformer aux lois du pays d'accueil, y compris aux lois relatives à la protection de l'environnement.

Cependant, l'entreprise - surtout celle dont l'activité est particulièrement polluante - se trouve coincée entre la réalisation de son chiffre d'affaires et la contribution à la protection de l'environnement qui, dans ce cas, consiste à préserver la forêt. Cette dualité a pour origine le développement durable dont la finalité semble difficile à atteindre.

[1] Louis MILLIOT, professeur de droit français et spécialiste du droit musulman.

CHAPITRE 5 : L'INCOMPATIBILITE ENTRE CROISSANCE ECONOMIQUE ET RESPECT DE L'ENVIRONNEMENT

L'établissement d'une loi relative à l'environnement s'inscrit au cœur du développement durable. Cette loi intègre les exigences environnementales aux éléments essentiels de la règle de droit et constitue la base de l'amélioration de la gouvernance environnementale. Elle met également en évidence la durabilité environnementale en l'associant aux obligations et droits fondamentaux.

Il s'agit d'un ensemble de valeurs morales universelles et de normes éthiques de comportement, qui posent les bases des droits et des obligations en matière d'environnement. En l'absence d'une telle loi, la gouvernance environnementale serait arbitraire et artificielle, c'est-à-dire discrétionnaire, subjective et imprévisible.

La gouvernance environnementale ainsi que l'établissement d'une loi *écologique* comptent en grande partie sur la réaction imprévisible des entreprises, qui peuvent soit s'aligner avec les principes du développement durable, soit continuer à chercher la croissance au détriment de l'environnement.

L'avènement de la mondialisation a procuré aux Hommes beaucoup d'avantages, mais il a également apporté son lot de problèmes. Les crises financières, les nouvelles craintes écologiques, l'épuisement des ressources naturelles sont autant de complications qui justifient la nécessité de dépasser les approches traditionnelles de l'économie, qui se limitent aux problèmes de croissance. À cause de cet égocentrisme économique, les inégalités entre pays riches et pays pauvres sont devenues de plus en plus flagrantes[1].

Les entreprises, en plein essor, exerçaient leurs activités sans accorder trop d'importance à l'environnement, considérant que ce dernier consistait en des ressources naturelles illimitées et infiniment renouvelables. Même l'opinion publique ne s'intéressait pas encore aux incidences des activités polluantes des entreprises sur la santé des populations environnantes. Les deux chocs pétroliers ainsi que la

---

[1] Violeta BAJENARU-DECLERK, *La diffusion du concept de développement durable*, Géoéconomie, n° 49, 2009, p. 77.

manifestation d'une crise économique importante ont conduit, pendant longtemps, au déclin de l'attention publique et politique vis-à-vis des questions environnementales[1].

Comment faut-il alors réagir lorsqu'il existe une opposition apparente entre les objectifs économiques et les soucis écologiques ?

Il existe un antagonisme clair entre la logique économique et la logique environnementale qu'il faut traiter en deux grands points : l'opposition entre logique économique et logique environnementale (**Section 1**) et le dilemme cornélien des entreprises qui se trouvent bloquées entre intérêts économiques et protection de l'environnement (**Section 2**).

Section 1 : Logique économique vs logique environnementale

La solution à l'opposition entre logique économique et logique environnementale ou écologique a été traitée par différents pays à travers le *développement durable* (**II**). Il s'agit d'un concept qui prône l'économie verte et l'élimination de la pauvreté (**II**) qui sont deux facteurs essentiels pour préserver le futur des générations à venir.

I— Le développement durable et les générations futures :

Grâce au développement durable, une nouvelle voie s'est dessinée en faveur du bien-être de l'humanité, et ce, depuis la conférence des Nations Unies sur l'environnement et le développement (*sommet de la planète Terre*) tenue à Rio de Janeiro (*Brésil*) en 1992.

Le concept de développement durable est apparu au début des années 80 au sein de l'Union Internationale pour la Conservation de la Nature (UICN). Par la suite, il a été popularisé par le rapport *Brundtland* en 1987[2]. Ce dernier a servi à donner une vision plus claire et plus complète que celle proposée par le rapport *Meadows*[xxiv3].

Le développement durable pris individuellement consiste à éliminer certaines certitudes relatives à la croissance à tout prix. Selon le rapport Brundtland, le développement durable est « un développement qui

[1] Franck AGGERI, *Développement durable et gouvernement de l'environnement : la formation d'un nouvel espace d'action collective*, Communication « séminaire Condor », 13 décembre 2001.

[2] CMED, *Notre avenir à tous*, 1989, Éditions du Fleuve, Montréal.

[3] Bertrand DE JUVENEL, *Le thème de l'environnement. Analyse et prévisions*, 1970, pp. 517-533.

œuvre à satisfaire les besoins de la génération présente sans priver les générations futures à satisfaire les leurs ».

Une autre définition en termes d'objet est également déclinée, et dont la substance réside dans les inévitables tensions entre les trois dimensions de l'économique, de l'environnemental et du social[1].

Au Maroc, le développement durable a été défini dans l'article 3 de la loi n° 11.03 relative à la protection et à la mise en valeur de l'environnement comme suit :

> « La préservation et l'amélioration des constituants de l'environnement, la prévention de leur dégradation, de leur pollution ou la réduction de cette pollution ».

Le développement durable a pour but la reprise de la croissance et la modification de sa qualité, améliorer les conditions d'emploi, maitriser la consommation de l'énergie et des ressources naturelles telle que l'eau, la maitrise de la démographie ainsi que l'intégration des considérations relatives à l'environnement dans la prise de décisions.

Les questions d'environnement et de développement sont intimement connectées : d'une part, parce que les processus de développement touchent parfois négativement à l'environnement (*prélèvement de ressources, rejets de polluants, etc..*) ; d'autre part, parce que la qualité de l'environnement a une incidence directe sur la capacité de développement (effets de la pollution sur la santé humaine)[2].

Le rapport Brundtland renchérit sur le fait que tous ces soucis sont universels, requérant des solutions globales qui comptent impérativement sur la capacité des gouvernements à maitriser l'économie de leur pays[3].

Ce concept préconise l'adoption d'une économie solidaire même si, en réalité, elle trouve sa légitimité uniquement dans la relation intergénérationnelle de satisfaction des besoins, d'où la nécessité de ne pas compromettre la capacité des générations futures à satisfaire leurs propres besoins.

---

[1] CMED (La Commission mondiale sur l'environnement et le développement), Notre avenir à tous, op. cit.

[2] Audrey AKNIN, Vincent GERONIMI, Patrick SCHEMBRI, Géldine FROGER, Philippe MERAL, *Environnement et développement. Quelques réflexions autour du concept de « développement durable »,* IRD Éditions, p. 56.

[3] Violeta BAJENARU-DECLERK, *La diffusion du concept de développement durable*, op. cit, p. 78 ; rapport Brundtland (les buts du développement durable).

Cette nécessité absolue s'explique par l'urgence et la dangerosité de la situation, c'est-à-dire que si les ressources naturelles s'épuisent, l'appareil de production s'abîmera, le système sanitaire et éducatif sera malmené, le tissu social se déchirera en raison, notamment, de politiques douteuses ou de catastrophes imprévisibles. Il serait extrêmement difficile de satisfaire les besoins futurs, tant qu'il est encore possible de le faire. Cela a bien évidemment pour cause le mode de consommation et de production des générations présentes qui, qu'on le veuille ou pas, conditionne le bien-être économique et social des générations futures.

Le développement durable a été employé aussi par d'autres conventions internationales telles que celle de Rio (*principe 3*) et a été retenu au Maroc par la Charte nationale de l'environnement et du développement durable (loi-cadre n° 99.12). Par ce concept, les pays comptent mettre fin à un certain nombre de tendances, comme celles qui croient que tout peut être résolu à l'aide du progrès scientifique, et que les ressources naturelles peuvent indéfiniment se renouveler.

En outre, les économistes essaient de concilier la poursuite de l'objectif de croissance économique tout en préservant l'environnement. Cependant, ce concept s'est banalisé avec le temps, vu que les responsables politiques n'ont jamais été à la hauteur de leurs proclamations[1]. Le développement durable est donc un simple concept encore loin de la réalité économique, sociale et environnementale.

En France, le développement durable a également intégré le droit de la commande publique dans le but de passer des marchés publics dans le respect de l'environnement. Seulement, la Commission européenne a constaté par la suite que la plupart des marchés publics sont attribués sur la base du prix uniquement[2].

Ceci démontre à quel point il est improbable de rendre obligatoire, l'attribution des marchés à l'offre économiquement la plus avantageuse, notamment en respectant les critères environnementaux. Il s'agit de normes décidées au niveau international, et il incombe à chaque État membre de les appliquer au niveau national, ce qui n'est bien entendu pas évident. C'est la raison pour laquelle plusieurs pays ont commencé par la diffusion des guides de bonnes pratiques[3] à travers

---

[1] Jacqueline MORAND-DEVILLER, op. cit, p. 18.

[2] Isabelle DOUSSAN et Pascale STEICHEN, *Droit privé et droit économique de l'environnement*, RJ — E 2/2018, p. 349.

[3] François LLORENS et Pierre SOLER-COUTEAUX, *La commande publique, instrument stratégique au service des politiques publiques*, Contrats et Marchés

des chartes relatives à l'environnement, avant d'opter pour une codification à caractère obligatoire.

D'ailleurs, afin d'établir un équilibre entre recherche des intérêts et protection de l'environnement, le développement durable recommande la mise en œuvre d'une économie verte ainsi que l'élimination de la pauvreté, qui sont deux facteurs essentiels intimement liés.

II— L'économie verte et l'élimination de la pauvreté :

Le terme *économie verte* est récent dans le contexte du développement durable. Il ne fait pas partie des composantes de la Déclaration de Rio de 1992 ni de celles de la Déclaration de Johannesburg[xxv]. Par contre, il a déjà été utilisé par la doctrine et mentionné par des organisations internationales et plusieurs États.

En effet, lors du sommet de Rio, les États ont opté pour le concept d'économie verte, car ils y avaient vu une alternative susceptible de permettre aux nations d'accéder à un niveau de développement économique satisfaisant et à un épanouissement humain et culturel, sans passer par un usage déraisonnable des ressources naturelles.

De ce fait, ils avaient jugé que le facteur humain serait un élément décisif pour changer les pratiques. Ceci passe par l'éducation et l'implication de la population qui doit s'adapter et arriver à maturité[1]. Autrement dit, l'adaptation au changement climatique doit s'effectuer tout d'abord à l'échelle des territoires des communautés, pour qu'ensuite elle soit prise en charge par les acteurs locaux, et puis par les populations[2].

Toutefois, malgré maints efforts déployés, des mouvements antagonistes tels que *Growth first* et *Clean later* ont vu le jour et ont conduit à voir en l'économie verte un retard infligé aux pays émergents[3].

---

publics n° 11, novembre 2017, repère 10 ; A. Fourmon, *Les clauses environnementales dans les marchés publics*, Énergie - Environnement — Infrastructures n° 7, juillet 2017, prat. 2 ; A. Emorine, *Nouvelle commande publique et environnement, L'éco-responsabilité gagne du terrain*, JCP (E) novembre 2016, Dossier 48.

[1] Bulletin d'information de l'académie Hassan II des sciences et techniques, Économie verte, Gestion des déchets et des eaux urbaines, n° 14, décembre 2013, pp. 15 et 16.

[2] Bulletin d'information de l'académie Hassan II des sciences et techniques, Territoires et développement durable, n° 9, juin 2011, p. 23.

[3] Bulletin d'information de l'académie Hassan II des sciences et techniques, Économie verte, Gestion des déchets et des eaux urbaines, op. cit.

La question de la responsabilité de l'usage déraisonnable des ressources naturelles ne peut être simplement attribuée à la population seule. Les multinationales jouent un rôle crucial en raison de leurs investissements massifs et de leurs capacités financières et techniques considérables. Elles influencent significativement les politiques de production et de consommation à travers le monde, souvent au détriment de l'environnement. Leur quête de profits peut conduire à des pratiques non durables et à une exploitation excessive des ressources naturelles. Ainsi, elles doivent aussi être tenues responsables de leurs impacts environnementaux, tout en reconnaissant que la sensibilisation et les choix individuels des consommateurs jouent également un rôle dans la durabilité globale[xxvi].

Les conditions pour la mise en œuvre de l'économie verte sont en revanche bien connues. Il s'agit de la promotion des énergies renouvelables et des transports moins polluants, du transfert de technologie ainsi que du besoin de financement.

Ces conditions doivent être conformes aux principes de Rio et faire référence aussi bien à l'agenda 21, au plan de mise en œuvre de Johannesburg qu'au droit international. Cependant, ce besoin de conformité laisse les États en développement indécis et incertains, vu qu'ils voient en ce respect de normes *des outils qui servent en premier lieu les intérêts des pays développés* dont le véritable but serait de créer des barrières au commerce, voire une volonté de ne pas prendre en considération la responsabilité commune[1].

Mais pour que la mise en œuvre de l'économie verte puisse aboutir, il est primordial de combler certaines lacunes d'ordre politique et juridique. Les politiques, d'une part, doivent prendre en compte la valeur de la nature ainsi que la manière avec laquelle les financements doivent respecter des critères d'ordre social et environnemental. D'autre part, le droit doit préciser la frontière entre les compensations des dommages causés à l'environnement et ceux causés aux populations vulnérables[2]. C'est pour cette raison que l'élimination de la pauvreté semble être une étape indispensable à l'émergence d'une économie verte.

---

[1] Carina COSTA DE OLIVEIRA, *L'économie verte dans le contexte du développement durable et de l'élimination de la pauvreté*, Revue juridique de l'environnement, n° 4, 2012, pp. 627-630.

[2] Edward BARBIER, *The policy challenges for green economy and sustainable development*, Natural Resources Forum 35, 2011, p. 236.

D'ailleurs, la seule dimension sociale abordée lors des sommets internationaux est l'élimination de la pauvreté[1]. Pourtant, afin de protéger l'environnement, certaines politiques décident parfois de réduire aussi bien les revenus que les opportunités d'emploi, surtout lorsque ceux-ci se rapportent à l'exploitation des ressources non renouvelables, telles que la cueillette de bois, par exemple.

En outre, à cause du souci de préservation de ces ressources, les populations locales risquent d'être exclues sans pouvoir tirer profit de leur environnement. Un accroissement inquiétant de ces inégalités pourrait avoir pour conséquence la naissance de tensions sociales, une prolifération de la violence ainsi que de sérieux déséquilibres sociaux majeurs[2].

Procéder à une élimination définitive de la pauvreté pour donner naissance à une économie verte semble être une tâche invraisemblable, surtout lorsque les fonds affectés à la lutte contre la pauvreté ne cessent de reculer, de telle manière que les pays en développement finissent par se demander si la santé de la planète ne préoccupe pas plus les Occidentaux que celle de l'humanité[3].

Section 2 : L'entreprise entre intérêts économiques et protection de l'environnement

L'augmentation de la productivité du travail était l'objectif principal de la révolution industrielle au cours du siècle dernier, même si cela se faisait souvent au prix d'une utilisation excessive des ressources naturelles. Aujourd'hui, après la prise de conscience quant à la rareté de ces ressources, le progrès technique s'est développé rapidement en faveur d'un usage efficient des ressources naturelles.

Cette prise de conscience a amené les entreprises à choisir entre deux options : soit concilier croissance économique et respect de l'environnement sous pression sociale et réglementaire, soit ne pas respecter les législations nationales relatives à l'environnement pour

---

[1] Si l'attention se tourne vers la justice sociale, via un accès équitable aux différents biens sociaux, l'économie connaitra un dynamisme qui lui permettra de favoriser la conscience écologique (Leyens et de Heering), 2010, p. 15.

[2] Jean-Luc DUBOIS et François-Régis MAHIEU, *La dimension sociale du développement durable : réduction de la pauvreté ou durabilité sociale ?,* Développement durable ? Doctrines, pratiques, évaluations, Éditions IRD, Paris, 2002, pp. 73-77.

[3] Sylvie BRUNEL, *Le développement durable, une ambition,* Développement durable (2010), p. 41.

maintenir sa capacité concurrentielle. Dans ce cas, est-il envisageable que les entreprises respectent l'environnement tout en poursuivant leur croissance économique ?

I— L'intégration du développement durable dans la politique des entreprises :

Depuis la signature de l'agenda 21 par 173 pays lors du sommet de la Terre de Rio en 1992, le monde des affaires s'est étroitement associé au développement durable, qui est depuis devenu une stratégie à part entière.

Cette stratégie concernait en premier lieu les grandes entreprises, compte tenu de leurs activités polluantes ainsi que de leur impact environnemental qui est assez conséquent. Bien que leur degré d'implication ne soit pas égal à celui des grandes entreprises, aujourd'hui, même les petites et moyennes entreprises sont devenues concernées, et placent la dimension durable au cœur de leur stratégie[1].

Dans le cadre des entreprises, le développement durable s'apparente à la responsabilité sociale de l'entreprise (RSE). Il s'agit d'un terme utilisé en France pour inciter les dirigeants à prendre en considération dans leurs actions, les dimensions économique, sociale et environnementale.

Du point de vue de la communauté européenne via son livre vert, « être socialement responsable signifie (...) investir davantage dans le capital humain, l'environnement et les relations avec les parties prenantes[2] ».

La RSE renvoie donc à la fois à l'intégration des dimensions marchandes et non marchandes dans la gestion, et à la prise en compte des effets externes, positifs et négatifs des entreprises sur la société[3]. En d'autres termes, l'entreprise doit mettre les dimensions économique et sociale au service de l'écologie[4].

---

[1] Anas HATTABOU et Abdenbi LOUITRI, *Développement durable management des PME : une analyse en termes de proximité. Illustration par un cas du secteur textile*, Habillement, Management et Avenir, 2011/3, n° 43, pp. 122 et 123.

[2] Agnès PARADAS, *Développement durable en petites entreprises « De la sensibilisation à l'engagement »*, La Revue des Sciences de Gestion 2011/1-2, n° 247-248, p. 129.

[3] Jean-Pascal GOND et Jacques IGALENS, *La responsabilité sociale de l'entreprise*, P.U.F, p. 3.

[4] Philippe HAMMAN, *Sociologie urbaine et développement durable*, Ouvertures sociologiques, Éditions de boeck, 2012, p. 31

Le développement durable offre aux entreprises l'opportunité de bénéficier de plusieurs avantages, tels que la réduction des coûts, l'amélioration de leur image et de leur crédibilité, étant donné que les consommateurs sont de plus en plus sensibles aux aspects environnementaux. En conséquence, elles peuvent se démarquer de la concurrence, renforcer leur originalité et faire preuve d'innovation[1].

Néanmoins, dans la pratique, certaines entreprises n'arrivent pas à concilier entre la dimension économique et la dimension écologique, abandonnant l'idée d'intégrer le développement durable au cœur de leur stratégie. En réalité, ce sont plutôt les grandes entreprises qui sont plus concernées, dans la mesure où les approches de développement durable dans le cadre des petites entreprises sont peu traitées.

Certains écologistes dénoncent la course effrénée des entreprises à la production (la nécessité de toujours produire davantage ou productivisme). *Nicholas Goergescuroegen*, l'initiateur de la décroissance, déclare que la production des biens et services ainsi que le respect de l'environnement sont incompatibles, et que la seule façon qui permettrait de résoudre les problèmes écologiques est la réduction de la production des richesses.

Cette déclaration implique que les entreprises doivent parfois sacrifier une partie de leurs intérêts économiques pour adopter une approche plus protectrice de l'environnement.

En protégeant l'environnement à travers ses actions, l'entreprise, qu'importe sa taille, parviendra-t-elle à maintenir sa compétitivité ?

II— De la difficulté pour l'entreprise de respecter le développement durable :

En souhaitant poursuivre sa stratégie relative au développement durable, l'entreprise se trouve prise à partie entre deux feux d'une importance égale : respecter la loi nationale du pays dans lequel elle a son établissement, notamment celle relative à l'environnement, ou bien maintenir sa compétitivité concurrentielle sur le marché. De ces deux facteurs dépend la survie de l'entreprise.

Cependant, respecter l'environnement limite le taux de croissance de l'entreprise qui, par conséquent, subit des pertes pouvant aller jusqu'à sa liquidation judiciaire. Par contre, si le contraire se produit, l'entreprise aura failli à appliquer l'une de ses stratégies phares, tout en

---

[1] www.iseadd.eu, *Les entreprises au cœur du développement durable.*

maintenant sa compétitivité concurrentielle au détriment de l'environnement[1].

Il faut dire que dans la plupart des cas, la logique économique et financière prend le dessus sur la logique environnementale. En temps de crise, ce sont le développement économique et la protection sociale qui deviennent primordiaux. Le désir de protéger l'environnement subit, par voie de conséquence, une collision avec le désir de réaliser des profits. D'ailleurs, c'est la raison pour laquelle, même en doctrine, il existe une opposition apparente entre l'environnement et l'économie.

Pour remédier à ce paradoxe et proposer une solution aux entreprises, les économistes ont avancé le concept de *développement durable*. Cependant, son application parfaite semble plus fantaisiste que réaliste, surtout pour les PME.

Des entreprises de toutes tailles installées dans les pays émergents n'ont aucun engagement en la matière, et ne semblent pas enclines à évoluer en l'absence de contraintes réglementaires. En plus, quand les circonstances deviennent défavorables et que le climat des affaires se durcit, les engagements *durables* ne durent pas.

La responsabilité sociale et environnementale s'appuie sur des valeurs inspirées de textes émanant de grandes institutions internationales et dont la valeur est universelle. Toutefois, la RSE comme le développement durable sont jugés inadaptés à certaines régions (Afrique, Amérique du Sud, Asie), car ces valeurs émanent d'une partie du monde qui, non seulement est avancée dans ce domaine, mais elle édicte elle-même la marche à suivre (l'Amérique du Nord, l'Europe).

Cette inadaptation risque de créer de sérieux déséquilibres entre les pays du nord et les pays du sud, et est susceptible de heurter économiquement ou culturellement les habitants de la partie du monde la plus désavantagée[2].

Comme le souligne *David Reed* :

> « Le défaut majeur de cette stratégie mondiale pour la conservation (de l'environnement), pour autant convaincante qu'elle soit sur le plan de ses fondements éthiques, réside dans son insensibilité aux réalités politiques du partage entre le nord et le Sud[3] ».

---

[1] Jean-Pascal GOND et Jacques IGALENS, *La responsabilité sociale de l'entreprise*, op. cit, pp. 121 et 122.

[2] Idem, p. 108.

[3] David REED, Ajustement structurel, environnement et développement durable, Édition l'Harmattan, Paris,1999.

Par ailleurs, les rapports de force entre les pays en développement et les pays développés n'ont pas vraiment changé, malgré la prétendue volonté de ces derniers de contribuer à la réduction des disparités économiques entre les deux[1].

Le développement durable est un concept fort intéressant qui propose une vision saine d'une économie coexistant avec un environnement en bonne santé. Toutefois, comme on l'a traité plus haut, son application n'est pas adaptée aux PME qui constituent la majorité au sein du tissu entrepreneurial.

Si par exemple une entreprise vient s'implanter à côté ou dans un domaine forestier (la forêt étant le point de mire de ce travail), elle devra choisir entre deux options : soit respecter l'environnement comme édicté dans le cahier de charge en risquant de subir un impact négatif sur ses intérêts économiques, surtout si son activité est industrielle ; soit ne pas respecter ces mesures et polluer l'environnement, ce qui aura un impact considérable non seulement sur la faune et la flore, mais également sur l'air.

L'État dans ce cas est en droit de fermer les portes de l'entreprise, sous prétexte qu'elle n'a pas respecté son obligation de respect de l'environnement, comme convenu dans le cahier de charge, et d'avoir causé un préjudice environnemental. Sa responsabilisation pour préjudice environnemental impliquera une réparation pécuniaire, que ce soit au profit d'une personne ou bien au profit de l'État.

Dans les deux cas, l'entreprise risque de fermer la porte. Le développement durable devient plus un danger pour l'entreprise qu'une opportunité d'évolution. Néanmoins, une troisième option peut s'offrir à l'entreprise par le biais de moyens condamnables pouvant lui permettre, malgré tout, de continuer ses activités polluantes.

[1] Laurence TUBIANA, *Environnement et développement. L'enjeu pour la France*, rapport au Premier ministre, Paris.

CONCLUSION DE LA PARTIE II

La forêt constitue un patrimoine irremplaçable aussi bien pour les générations présentes que pour les générations futures. Abritant en son sein des ressources naturelles d'une valeur inestimable, la forêt fait l'objet de toutes les convoitises. Malgré son utilité économique, sociale et écologique, elle souffre de l'action de l'homme et des changements climatiques.

En effet, la dégradation du climat a des effets néfastes sur tous les écosystèmes, y compris la forêt, dont l'origine est incontestablement la surexploitation et la mauvaise gestion entreprise par l'homme.

Le domaine forestier marocain est régi par un régime juridique un peu particulier. Avant le protectorat, aucun texte ne régissait ce domaine, vu que la population était habituée à y respecter des coutumes issues des préceptes de l'islam. Même si la forêt est gérée au niveau local, elle est soumise à des textes d'envergure nationale.

Les principaux textes qui régissent le domaine forestier sont le *Dahir du 10 octobre 1917* qui est venu reconnaitre certains droits aux usagers et le *Dahir de 1976* qui a été instauré pour permettre à la population de participer au développement de l'économie forestière.

Sur le plan juridique, la mise en œuvre des lois relatives à l'environnement se heurte à un problème qui dépasse la capacité de l'homme. Dans ce cas, la bonne volonté du législateur ne suffit pas, car il existe un décalage entre les lois votées et la dégradation de la forêt. Même en voulant respecter la loi, le dommage infligé à la forêt est une blessure qui demande énormément de temps pour se régénérer. Parfois, il arrive même que cette blessure ait des conséquences irréversibles, impossibles à réparer.

À cet effet, l'administration enrôle la population locale par le transfert de gestion des ressources forestières, pour qu'elle puisse en tirer ses moyens de subsistance, mais aussi pour participer à l'accélération du processus de régénération de la forêt.

Il s'agit d'une initiative qui sert non seulement à offrir de l'emploi à une catégorie exclue de personnes, mais également d'alternative permettant de régénérer la forêt et de la protéger contre les accaparements illégaux. Toutefois, la conduite répressive de l'administration peut créer parfois des conflits d'usage entre celle-ci et la population, freinant par conséquent ce processus.

Le programme REDD n'est pas reconnu en vertu du protocole de Kyoto, mais il fait l'objet d'initiatives entreprises par différents pays pour remédier à la déforestation qui menace leurs forêts. Malheureusement, l'administration forestière viole le droit à l'information qu'elle doit à la population locale en vertu de la Déclaration de Rio. D'abord, elle justifie le manque d'information par le fait que le programme REDD n'est qu'une expérimentation qui doit encore prouver son efficacité. Ensuite, les Nations Unies ne peuvent sanctionner le Maroc quant à ce manquement, dans la mesure où la déclaration de Rio n'est pas un accord ou bien une convention à force contraignante, mais uniquement une position politique prise par les États.

Pour protéger leurs forêts, les États obligent les entreprises souhaitant s'implanter sur leur territoire de prévoir dans leur politique de gestion une stratégie relative au développement durable. De cette manière, ces entreprises se heurtent à un dilemme : pour respecter leurs obligations en matière d'environnement, elles doivent minimiser le profit. Or, cela se contredit avec l'objet social de n'importe quelle entreprise dont le principal objectif est de réaliser des profits.

Lorsqu'il s'agit de l'environnement, le droit semble montrer, *in fine,* ses limites puisqu'il devient, en pratique, inutile une fois le mal fait. Toutefois, il peut se montrer utile s'il s'agit de lois préventives qui brident les actions égoïstes de l'homme, permettant par conséquent d'éviter que la forêt, ou tout écosystème subissent un dommage quelconque.

CONCLUSION GENERALE

Il est indéniable que les États ainsi que les ONG luttent pour la protection de l'environnement. Cependant, le problème réside dans la mise en œuvre des traités et le respect des résolutions votées. Malgré tous les efforts déployés à travers des sommets, des rencontres et des conférences qui semblent aboutir, en apparence, à des solutions durables, l'état de l'environnement reste, néanmoins, préoccupant.

En dépit de la crise écologique qui ébranle le monde, le droit de l'environnement a continué d'évoluer, notamment suite à la pandémie de la Covid-19. Cette évolution lui a permis de gagner plus de terrain, en implémentant en son sein l'importance de se protéger contre les pandémies, faisant de celles-ci non seulement une question purement sanitaire, mais également environnementale.

À cet effet, l'OMS[1], via son assemblée, a proposé, fin mai 2021, d'élaborer une convention universelle sur la santé et l'environnement en lien avec la Covid-19, dans le but de mettre en place une procédure d'urgence pour que les États s'engagent à notifier urgemment toute menace de pandémie, en s'inspirant de la convention de Genève de 1986 concernant l'annonce des accidents nucléaires suite à la catastrophe de Tchernobyl[2].

Les débats au niveau international ont une grande influence sur les droits nationaux, incitant les États à se conformer à des normes qu'ils ne sont peut-être pas encore prêts à adopter. Mais il faut avouer que la mondialisation ne concerne pas uniquement l'économie. Le droit est soumis à la même influence qui force son évolution, même si elle est inadaptée au contexte économique et social du pays. Même avec la multiplication des textes juridiques en ce sens, à force contraignante ou pas, et des discussions au niveau international à propos de l'environnement, apportant avec elles une vague médiatique remarquable, l'état de l'environnement semble pourtant reculer en donnant des signes inquiétants.

Le droit de l'environnement ne diffère pas des autres disciplines juridiques lorsqu'il s'agit d'appliquer et de mettre en œuvre les

---

[1] L'Organisation mondiale de la santé.

[2] www.cidce.org, Centre international de droit comparé de l'environnement, *Une seule planète, une seule santé : pour une convention sur les pandémies*.

engagements pris en matière environnementale, et donc souffre lui aussi du détachement de la théorie, qui reste limitée à des expressions de bonne volonté et de fausses promesses, exprimées par des représentants (du peuple) dépassés par les évènements, et de la pratique dénuée de toute action allant dans le sens d'une protection réelle de l'environnement.

Ce qui nous amène à poser cette question qui peut s'apparenter à une conclusion hâtive, mais qui est loin d'être fantaisiste. Le droit de l'environnement constitue-t-il un outil de pouvoir, destiné à rendre plus forts les acteurs internationaux, notamment les États et les ONG, et à créer de nouvelles contraintes pour asservir les peuples ?

Vu ses engagements au niveau international, le Maroc est en train de gagner du terrain en matière d'environnement, notamment en ce qui concerne le volet juridique y afférent. L'exemple le plus récent est la reconnaissance du Maroc, le 28 juillet 2022, de l'accès à un environnement sain et durable comme un droit humain universel, aux côtés de la Slovénie, du Costa Rica, des Maldives et de la Suisse, et ce, afin de lutter contre le changement climatique, la perte de biodiversité et la pollution.

Cette reconnaissance entre dans le cadre d'une résolution adoptée par les Nations Unies, soutenue par 161 États contre 8 membres qui se sont abstenus. Le Secrétaire général des Nations Unies, *Antonio Guterres*, a déclaré, dans un communiqué publié par le bureau de son porte-parole, que :

> « La résolution contribuera à réduire les injustices environnementales, à combler les lacunes en matière de protection et à donner des moyens d'action aux personnes, en particulier celles qui se trouvent dans des situations vulnérables, notamment les défenseurs des droits de l'Homme en matière d'environnement, les enfants, les jeunes, les femmes et les peuples autochtones[1] ».

Le droit de l'environnement possède en lui le potentiel de grandir probablement plus que les autres disciplines juridiques. La possibilité que d'autres aspects de la vie entrent dans ses considérations n'est pas à écarter non plus.

Mais même s'il continue d'évoluer, la question de sa mise en œuvre sera toujours remise sur la table, et sa bonne exécution sera

---

[1] Telquel.ma, ONU : *Le Maroc et quatre autres pays font adopter une résolution sur le droit d'accès à un environnement sain*, 29 juillet 2022.

déterminante pour qu'il soit considéré comme un atout, dont la vocation est de réconcilier l'homme avec la nature.

– Conclusions et recommandations :

L'analyse juridique de ce travail, mettant en lumière les problèmes juridiques, économiques et sociaux auxquels est confrontée la forêt de la Maâmora, a abouti aux conclusions et recommandations suivantes, dont le Maroc pourrait tirer des enseignements pour renforcer son système environnemental.

La mise en œuvre du droit de l'environnement toute seule étant insuffisante pour protéger l'environnement, le Maroc devrait :

— Repenser, dans le but d'accroître les efforts dans ce domaine, la stratégie d'aménagement urbain. Celle-ci devrait intégrer une vision écologique en incluant des modifications sensibles, mais nécessaires pour la protection et la préservation de l'environnement dans les plans d'aménagement futurs. Cela implique principalement la séparation des zones industrielles (telles que les tôleries et les mécaniciens) des zones résidentielles, en les situant en dehors des villes où leurs activités polluantes n'auraient aucun impact sur la santé de la population ;

— Prévoir l'intervention d'inspecteurs de l'environnement qui feraient des visites inopinées aux entreprises afin de vérifier si elles endommagent l'environnement par quelques activités que ce soit ou si, le cas échéant, le seuil de pollution tolérable a été atteint ou pas. Ces inspecteurs devraient avoir reçu une formation en droit de l'environnement qui leur permettrait d'être conscients des effets néfastes de la pollution ou de toute infraction sur l'environnement, afin d'agir en bons citoyens et d'éviter toute tentative de corruption.

— Prévoir des matières dédiées à l'environnement dans les programmes scolaires et universitaires des élèves et des étudiants. Il est également idoine de prévoir des activités parascolaires pour que l'élève et l'étudiant puissent, depuis leur tendre enfance, interagir positivement avec leur environnement en le préservant plutôt qu'en le détruisant ;

— Lier l'entrée en vigueur de toute loi relative à l'environnement à la sortie des textes d'application y afférents afin d'éviter une éventuelle confusion chez les citoyens. Une loi ne devient totalement opérationnelle qu'avec ses textes d'application, ce qui implique en même temps que certaines de ses dispositions entrent en vigueur dès sa publication au Bulletin officiel. Cette complexité de la procédure réside dans le fait qu'il existe des dispositions qui entrent dans le domaine législatif, alors que d'autres relèvent du domaine réglementaire.

Cependant, il se peut que ces textes d'application ne voient jamais le jour, ou bien prennent des années avant d'être publiés, ce qui risque de bloquer le texte de loi de base et l'empêcher de produire ses effets. Dans ce cas, la sortie des textes d'application comme condition d'entrée en vigueur de la loi pourrait faire plus de mal que de bien. Néanmoins, le citoyen normal qui ne possède pas de connaissances en droit ignore qu'il existe des textes d'application. Pour lui, la publication de la loi au bulletin officiel est l'étape finale pour que ladite loi produise pleinement ses effets ;

— Alimenter le droit de l'environnement marocain par des textes juridiques qui prennent en compte le respect des droits des générations futures, dans la mesure où il constitue un principe constitutionnel. Pour ce faire, le législateur devrait s'aligner avec l'esprit de la constitution qui dispose dans l'alinéa 3 de son article 35 que « l'Etat œuvre à la réalisation [...] d'un développement durable à même de permettre [...] la préservation des ressources naturelles nationales et des droits des générations futures » ;

— Réunir l'ensemble des textes législatifs et réglementaires relatifs à l'environnement dans un code, pour former dans cette branche un système de législation complet et homogène ;

— Former des magistrats en droit de l'environnement pour que les juridictions marocaines puissent produire une jurisprudence qui accompagne la vision du législateur, et remédier aux carences détectées dans la loi ;

— Donner une définition à chaque infraction environnementale pour qu'elle soit punissable et prévoir des sanctions. Il faudrait quand même laisser le champ ouvert devant toute infraction nouvelle pouvant voir le jour dans l'avenir en fonction des mutations sociales, afin de ne pas limiter l'intervention du législateur ;

La justice pénale intervient pour infliger des peines aux comportements nuisibles à la société et dont la gravité est d'ailleurs très variable. Donc, son intervention nécessite l'existence d'un conflit entre l'intérêt de la société et l'intérêt de l'individu poursuivi[1]. La mise en œuvre du droit pénal suppose la contrainte de l'Etat, ce qui implique aussi le fait que le citoyen soit sceptique quant à la légitimité des peines[2] ;

---

[1] Yvon DESDEVISES et Raymond LE GUIDEC, *Introduction en droit de l'entreprise*, Éditions Vuibert, 1990, p. 43.

[2] Cecile BARBERGER, *Droit pénal*, 1997, p. 3.

Étant un droit de la punition, le droit pénal prévoit des sanctions pour tout comportement que la loi désigne comme punissable en les qualifiant d'infractions. Ces dernières sont regroupées, selon leur gravité, en trois catégories : les crimes, les délits et les contraventions.

Les sanctions prévues dans le Code pénal sont soit privatives de liberté ou de droit, soit elles ont une prise sur les biens[xxvii]. Il serait judicieux que l'Etat procède à la classification des infractions relatives à l'environnement de la même manière que les infractions déjà prévues dans le Code pénal ;

— Renforcer le cadre juridique sur le changement climatique qui constitue un phénomène d'envergure mondiale et qui nécessite la coopération de tous les gouvernements, via des traités et conventions qui servent à réduire le plus possible les émissions de CO_2, surtout celles émises par les grandes usines[1]. Le Maroc ne peut accomplir cet objectif qu'après avoir défini un cadre de coopération (gouvernance, procédures, mécanismes de suivi...) clair pour adresser l'ensemble des problématiques relatives au développement durable afin de maximiser les opportunités offertes par la coopération multilatérale et bilatérale ;

— Favoriser le recours aux énergies renouvelables comme prévu dans le préambule ainsi que l'article 25 du projet de loi-cadre n° 03.22 formant Charte de l'investissement, afin de réduire le plus possible les émissions susceptibles de porter atteinte à l'environnement ;

— Actualiser le Dahir du 10 octobre 1917 relatif à l'exploitation et à la conservation des forêts, afin de répondre au mieux aux impératifs de la conservation et de la protection de la biodiversité, ainsi que le Dahir de 1976 relatif à l'organisation de la participation des populations au développement de l'économie forestière ;

— Mettre fin au système répressif établi par l'administration en permettant aux usagers de mettre à profit leur savoir et leur connaissance du milieu, afin de l'autogérer sous la surveillance de gardes forestiers qui veilleraient à ce que la population locale exploite les ressources de la forêt, conformément à la loi en vigueur ;

— Prévoir l'intervention de forestiers spécialistes afin de faire le suivi pour la préservation et la protection de la forêt ;

— Assurer l'adaptation des forêts au changement climatique en scindant la stratégie *Forêts du Maroc 2020-2030* en plusieurs stratégies sectorielles, en fonction de la spécificité de chaque forêt du Royaume ;

[1] La Chine et les États-Unis sont les pays les plus pollueurs du monde, et pourtant tous les deux refusent de respecter leurs engagements pour la sauvegarde du climat.

— Prôner une gestion durable des forêts relevant du domaine public, en prenant en compte les espèces ordinaires et remarquables et en créant des réserves biologiques ;
— Mener des actions de préservation et de renforcement de la biodiversité en interrompant tous les travaux durant les périodes de nidification d'oiseaux, comme la cigogne blanche ou bien le faucon hobereau ; en conservant les arbres morts et d'arbres à cavités qui sont extrêmement essentiels au maintien de la biodiversité et pour de nombreux insectes ou oiseaux; en préservant les sols forestiers et des cours d'eau grâce à un cahier des charges mis en œuvre par les intervenants en forêt ; en abandonnant l'utilisation de tout produit chimique susceptible de porter atteinte à la forêt ; et en restaurant l'équilibre forêt-gibier.

Bibliographie

Ouvrages

– Abderrahman AAFI, Ahmed Achhal EL KADMIRI, Abdelmalek BENABID et Mohamed, ROCHDI, *Richesse et diversité floristique de la subéraie de la Maâmora (Maroc)*, Málaga, 2005.
– Aubertin, C, *Représenter la Nature ? ONG et Biodiversité*, 2005, Éditions IRD, Paris.
– Bertrand DE JUVENEL, *Le thème de l'environnement* : *Analyse et prévisions*, 1970.
– Bouchra NADIR, *Domanialité et environnement : cas des eaux et forêts*, Éditions Idgle, 2008.
– Cecile BARBERGER, *Droit pénal*, 1997.
– Charles Guyot, *Droit forestier*, Éditions Lucien laveur, Paris, 1908, tome 1.
– CMED, *Notre avenir à tous*, 1989, Éditions du Fleuve, Montréal.
– David REED, *Ajustement structurel, environnement et développement durable*, Éditions l'Harmattan, Paris, 1999,
– Emmanuel KANT, *Fondements de la métaphysique des mœurs*, in Œuvres philosophiques, Paris, Gallimard, coll. Bibliothèque de la Pléiade, 1985, t. II, sect. II.
– François EWALD, *Le droit de l'environnement : un droit de riches*, Éditions le Seuil.
– François ROELANTS DU VIVIER et Jean-Pierre HANNEQUART, *Une nouvelle stratégie européenne pour l'environnement dans le cadre de l'acte unique*, RMC, n° 316, avril 1988.
– Georges BURDEAU, *L'Etat*, Éditions du Seuil, 2009.
– Grand dictionnaire de terminologie, *Compensation carbone.*
– Jacqueline MORAND-DEVILLER, *Le droit de l'environnement*, Éditions Que sais-je.
– Jacques ASTOR, *Dictionnaire des noms de famille et noms de lieux du midi de la France*, Éditions du Beffroi, 2002.
– Jacques-Henri ROBERT et Rémond-Guilloud MARTINE, *Droit pénal de l'environnement*, Paris, Éditions Masson, 1983.
– Jean CARBONNIER, *Les biens*, PUF, 1978, n° 59.
– Jean CARBONNIER, *Sociologie juridique*, P.U.F, 1978.
– Jean UNTERMAIER, *Droit de l'Homme à l'environnement, droit individuel ou collectif. Droit pour l'individu ou obligation pour l'Etat*, RJE, 1978.
– Jean-François LE COQ, Philippe MERAL, Géraldine FROGER et Colas CHERVIER, *Les paiements pour services environnementaux ou écosystémiques*, Éditions Quae, 2016.
– Jean-Luc DUBOIS et François-Régis MAHIEU, *La dimension sociale du développement durable : Réduction de la pauvreté ou durabilité sociale ?*

Développement durable ? Doctrines, pratiques, évaluations, Éditions IRD, Paris, 2002.
– Jean-Pascal GOND et Jacques IGALENS, *La responsabilité sociale de l'entreprise*, P.U.F.
– Joseph CORNELL, *Vivre la nature avec les enfants* et *Les joies de la nature*, Éditions Jouvence (SUISSE) 1992.
– Laurent AUCLAIR, *Un patrimoine socio-écologique à l'épreuve des transformations du monde rural*, institut de recherche pour le développement (IRD), 2012.
– Le Robert, Dictionnaire français, Édition 2018.
– Lexique des termes juridiques 2010, Dalloz, 17e édition.
– Ludwig KRAMER et Kromarek, Chr. *Droit communautaire de l'environnement*, RJE, 1994.2.3.
– M. HAUTEREAU-BOUTONNET, *Le contrat et l'environnement*, PUAM, 2014.
– Manon-Nour TANNOUS et Xavier PACREAU, *Les relations internationales, Découverte de la vie publique*, Éditions La documentation française, 2020.
– Maurice KAMTO, *Droit de l'environnement en Afrique*, Éditions Edicef, 1996.
– Michel PRIEUR et G. SOZZO (dir.), *La non-régression en droit de l'environnement*, Bruxelles, Éditions Bruylant, 2012 ; M. PRIEUR, *La reconnaissance progressive du principe de non-régression*, in Droit constitutionnel de l'environnement.
– Michel PRIEUR, *Droit de l'environnement*, Dalloz, 4e édition.
– Michel PRIEUR, *Les indicateurs juridiques : outils d'évaluation de l'effectivité du droit de l'environnement*, IFDD, IUCN, UN Environnement, CEDEAO, CIDCE, 2018.
– Mohamed Ali MEKOUAR, *Études en droit de l'environnement*, Éditions Okad.
– Mohammed JALAL ESSAID, *Introduction à l'étude du droit*, 4e édition, 2010.
– MONTESQUIEU, *De l'esprit des lois*, livre XI, chapitre 6, Éditions GF Flammarion, 2011.
– Nicolas DE SADELEER, *Les principes du pollueur-payeur, de prévention et de précaution, Essai sur la genèse et la portée juridique de quelques principes du droit de l'environnement*, Éditions Bruylat/AUF.
– Pascal PLANCHET, *Droit de l'environnement*, Éditions Dalloz, 2015.
– Patrick GIROD, *La réparation du dommage écologique*, Université Côte d'Azur, École doctorale en droit et sciences politiques, économiques et de gestion, 1974.
– Pellegrino ROSSI, *Traité de droit pénal*, Paris, Guillaumin, 1863.
– Philippe HAMMAN, *Sociologie urbaine et développement durable*, Ouvertures sociologiques, Éditions de Boeck, 2012.
– Pierre GIOLITTO et Maryse CLARY (2001), *Éducation à l'environnement*, Paris, Hachette Éducation.

– Pierre LASCOUMES, *Action publique et environnement*, Paris, PUF, coll. Que sais-je ? 2012.
– Pierre-Marie DUPUY, *La responsabilité internationale des Etats pour les dommages d'origine technologique et industrielle*, Éditions A. Pedone, Paris, 1977.
– R. ROMI, *Europe et environnement*, Litec, 3e édition.
– Raymond CHARLES, *Le droit musulman*, Éditions Que sais-je, 1972.
– René CHAPUS, *Responsabilité publique et responsabilité privée*, L.G.D.J.
– Saad MOUMMI, *Droit civil, droit des obligations*, Édition EL BADH.
– Simon CHARBONNEAU, *L'Etat et le droit de l'environnement*, Éditions Esprit, n° 461, octobre 1976.
– Souleiman ABDELMOUMIN, *Théorie générale du droit des sanctions*, Éditions Dar ljamiaa li nachr, 2000.
– Suzanne GALAND-CAVAL, *causalité*, in *les responsabilités environnementales dans l'espace européen*, sous la direction de Geneviève VINEY et Bernard DUBUISSON, Schlthess-Bruylant - LGDG, Bruxelles, 2006.
– Yvon DESDEVISES et Raymond LE GUIDEC, *Introduction en droit de l'entreprise*, Éditions Vuibert, 1990.

DISCOURS ROYAL

– Discours adressé par sa Majesté le Roi à la Nation à l'occasion de la fête du trône 2012.

CHARTES ET CONVENTIONS

– Charte Nationale de l'Environnement et du Développement Durable (Maroc).
– La Charte de Belgrade (1976).
– La Convention américaine relative aux droits de l'homme adoptée à San Salvador le 17 novembre 1988.

TEXTES LEGISLATIFS ET REGLEMENTAIRES

– Code civil français
– Code de l'environnement français.
– Code forestier français.
– Code général de la propriété des personnes publiques (CGPPP).
– Loi n° 11.03 relative à la protection et à la mise en valeur de l'environnement.
– Loi 12.03 relative à l'étude d'impact sur l'environnement.
– Loi n° 52.20 portant création d'une agence nationale des eaux et forêts.
– Loi (canadienne) sur la prévention de la pollution des eaux arctiques.
– Loi (canadienne) sur les contaminants de l'environnement.
– Loi (canadienne) sur la qualité de l'environnement.
– Dahir du 7 juillet 1914 portant réglementation de la justice civile indigène et de la transmission de la propriété immobilière.

– Dahir du 2 juin 1915 fixant la législation applicable aux immeubles immatriculés.
– Dahir du 10 octobre 1917 sur la conservation et l'exploitation des forêts.
– Dahir du 27 octobre 1939 sur la conservation et l'exploitation des forêts.
– Dahir n° 1.14.09 du 4 joumada I 1435 (6 mars 2014) portant promulgation de la loi-cadre n° 99.12 portant Charte Nationale de l'Environnement et du Développement Durable.
– Arrêté Viziriel du 5 janvier 1921 sur les infractions au Dahir du 8 avril 1914 (12 joumada I 1882) réglementant le régime de l'absinthe.
– Règlement sur la qualité de l'atmosphère (Canada).

JURISPRUDENCES

– Arrêt Franck, Cour de cassation, Chambres réunies, du 2 décembre 1941.
– Sur la démolition des constructions illégales, CA. poitiers, 23 Janvier 1996, note B. Drobenko et R. Léost, RJE, 1996-4.
– Sur la responsabilité du propriétaire de l'arbre, CA. Paris, 19 févr. 1931, Gaz. trib. 1931.2.305.
– C. Cass., Civ. 3e, 8 décembre 1981, Bull. civ. III, n° 208.
– Arrêt n° 270, rendu le 18/02/2009, Dossier pénal n° 3020/6/4/2007.
– Arrêt n° 721, en date du 18/07/2007, Dossier administratif n° 1188/4/2/2006 (Mme Fatna Bent Lbachir ben Lmâlam ATTAHER / Office chérifien des Phosphates).
– Arrêt n°229, rendu le 28 février 2013, Dossier criminel n° 1244 du 6/8/2013.
– Arrêt n° 164/2, en date du 26/02/2015, Dossier administratif (deuxième) n°2134 du 4/2/2014 (Office Chérifien des Phosphates/ Héritiers de SBIÏ Saleh).
– Arrêt n° 75/8, daté du 22/01/2015, Dossier pénal n°10306 du 6/8/2014.

THESES ET MEMOIRES

– Abdelkader IBRAHIMI, *Les coopératives forestières au Maroc : leur passé et leur avenir, Institut supérieur de commerce et d'administration des entreprises*, mémoire, Casablanca.
– IBRAHIMA LY, *Problématique du droit de l'environnement dans le processus de développement économique et social d'un pays africain : L'exemple du Sénégal*, thèse de doctorat d'Etat en droit, 1994.
– Isabelle DE LOS RIOS, *La remise en état du milieu en droit français*, thèse, 3e cycle, Strasbourg, 1983.
– Jean Paul RAKOTONIRINA, *Le transfert de gestion de la forêt à une communauté de base*, mémoire, Université d'Antananarivo, 2012.
– Jean-Marie BRETON, *Gestion des aires protégées au Tchad : contraintes et perspectives pour une gestion participative*, mémoire de DESS, Université de Kinshasa, 2005.
– Marc BOUTET, *Analyse du contenu réflexif de discussions d'étudiantes en formation initiale à l'enseignement dans le contexte de séminaires de formation à la didactique de l'éducation relative à l'environnement*, thèse, 2000, Université Laval (Canada).

– Mohammed ELLATIFI, *L'économie de la forêt et des produits forestiers au Maroc : bilan et perspectives*, thèse, Université Montesquieu, 2012.
– Nicolas SHUKU ONEMBA, Mémoire, *Les avantages sur le plan environnemental et socio-économique d'une forêt plantée : cas du projet de reboisement de 8 000 hectares sur le plateau de BATEKE, KINSHASA*, Association Nationale pour l'Évaluation Environnementale (RD Congo).
– Patrick GIROD, *La réparation du dommage écologique,* thèse L.G.D.J, 1974.
– Philippe JEANNEAUX, *Les conflits d'usage dans les espaces périurbains et ruraux français – une approche par l'analyse économique de la décision publique*, thèse, Université de Bourgogne, UFR des sciences économiques, 2006.
– Pierre-Marie AUBERT, *Action publique et société rurale dans la gestion des forêts marocaines : changement social et efficacité environnementale*, thèse de doctorat en sciences sociales de l'environnement, sous la direction de Maya Leroy, Paris, Agroparistech, 2010.
– Said MARGHADI, *Intégration des méthodes d'aide à la décision dans l'aménagement multifonctionnel des forêts au Maroc*, thèse, 2009, Université catholique de Louvain, Bruxelles, Belgique, UCL.
– Saka CASTRO, *Économie informelle forestière marocaine : diagnostic et évaluation*, mémoire, 2016.

REVUES

– Abdallah HARSI, *L'organisation administrative*, REMALD n° 69, publication de la revue marocaine d'administration locale et de développement.
– Adeline MEYNIER, *La notion de mouvement en droit de l'environnement*, revue juridique de l'environnement 2016/3, vol. 41.
– Agnès PARADAS, *Développement durable en petites entreprises, De la sensibilisation à l'engagement*, La Revue des Sciences de Gestion, 2011/1-2, n° 247-248.
– Ahmed Daoudi, *La régulation foncière au Maroc*, CIHEAM Options méditerranéennes, n° 66, 2011.
– Alain FRAVAL et Claire VILLEMANT, *La Maâmora et ses ennemis*, Courrier de l'Environnement de l'INRA, n° 15, 1997.
– Alain KARSENTY, *De la nature des paiements pour services environnementaux*, Revue du MAUSS, 2013, 2, n° 42.
– Alain PAVE, *Environnement et développement : approches scientifiques, structuration du domaine et coévolution des recherches*, Nature Sciences Sociétés, 1997, vol. 5, n° 1.
– Anas HATTABOU et Abdenbi LOUITRI, *Développement durable management des PME : une analyse en termes de proximité. Illustration par un cas du secteur textile*, Habillement, Management et Avenir, 2011/3, n°43.
– André BRUN, *La forêt dans l'économie rurale*. In : Économie rurale, n° 154, 1983.

– Anny ROUSSO, *Le principe de solidarité écologique ou l'irruption de la science dans le droit*, Revue juridique de l'environnement 2019/3, vol. 44.
– Blandine LEPOUTRE, *la Maâmora, Caractérisation des agents et causes la déforestation et de la dégradation forestière dans le site de la Maâmora au Maroc*, 1970. Cahier de recherche agronomique, n° 27, chapitre VII.
– Carina COSTA DE OLIVEIRA, *L'économie verte dans le contexte du développement durable et de l'élimination de la pauvreté*, Revue juridique de l'environnement, n° 4, 2012.
– Catherine Larrère, *La question de l'écologie ou la querelle des naturalismes*, Cahiers philosophiques 2011/4, n° 127.
– Cécile RENOUARD et Hervé LADO, *Les multinationales et l'impasse du développement par la croissance*, Éthique publique [en ligne], vol. 15, n° 2.
– Centre national de documentation, *La forêt marocaine*, nature et forêt, n° 2, Maroc.
—Christopher STONE, *Les arbres doivent-ils pouvoir plaider*, Toward legal Rights for Natural Objects, vol. 45, n° 2.
- Claude IMPERIALI, *L'effectivité du droit international de l'environnement. Contrôle de la mise en œuvre des conventions internationales*, Paris, Economica, 1998 ; P. H. SAND, *The effectiveness of International Agreements. A Survey of Existing Legal Instruments*, Cambridge, Grotius Publications, 1992.
– Cristian FRUHAUF, *Administration forestière et populations dans les Pyrénées : de la compréhension au mépris* (XVIII. XIX siècle), Revue géographique des Pyrénées et du Sud-ouest. Sud-ouest européen.
– Denis DUCLOS, *Pour une critique de l'œuvre de Beck, Puissance et faiblesse, concept de risque*, L'année sociologique, 1996, vol. 46.
—Edward BARBIER, *The policy challenges for green economy and sustainable development*, Natural resources, Forum 35, 2011.
– Emmanuel DU PONTAVICE, *La protection juridique du voisinage et de l'environnement en droit civil comparé*, Revue juridique de l'environnement, n° 2, 1978.
– François LLORENS et Pierre SOLER COUTEAUX, *La commande publique, instrument stratégique au service des politiques publiques*, Contrats et Marchés publics n° 11, novembre 2017, repère 10.
– Fréderic OGE, *Introduction aux concepts et principes du droit de l'environnement*, 2014, Hal « science ouverte ».
– Garrett HARDIN, *La tragédie des communs*, Éditions P.U.F, Science, 13 décembre 1968, vol. 162.
– Gérard MADON, *Le bois, énergie de première nécessité en Afrique, Une ressource trop souvent négligée*, Afrique contemporaine 2017/1-2, n° 261-262.
– Gilles MARTIN, *La responsabilité civile du fait des déchets en droit français*, Revue internationale de droit comparé. vol. 44, n°1, janvier-mars 1992.
– Isabelle DOUSSAN et Pascale STEICHEN, *Droit privé et droit économique de l'environnement*, RJ — E 2/2018.

– Jackman RICHARD, *The problem of Externalities in a Spacial Economy.* In CRIPPS E, -L. (Dir). Regional Science — New Concepts and Old Problems, Pion Publication, 1975.
– Jacques LANVERSIN, *Contribution du juge au développement du droit de l'environnement*, Mélanges offerts à Marcel WALINE, Le juge et le droit public, Tome II, 1974.
– Jean CARBONNIER, *La sociologie juridique et son emploi en législation : communication de Jean Carbonnier à l'académie des sciences morales et politiques*, l'Année sociologique, 2007/2, vol. 57.
– Jean DE MALAFOSSE, *Usage concerté des ressources naturelles : le plan de chasse du grand gibier*, La forêt privée, 1981, n° 141.
– Jean DE MALAFOSSE, *Droit de la chasse et protection de la nature*, P.U.F, 1979 ; sous le même titre, *La forêt privée*, 1979, n° 129, p. 14 à 18 ; *La protection de la nature*, Revue du droit rural, 1981, n° 99.
– Jean-Charles ALLAIN, *Approche systémique et éducation relative à l'environnement*, Dijon, IUFM de Bourgogne, Revue Souffle d'ERE, n° 6.
– Jean-Claude DELWAULLE, *Le rôle de la forestière dans la lutte contre la désertification et sa contribution au développement*, Revue Bois et Forêts des tropiques, n° 174, juillet-août, 1977.
– Jean-Luc AUBERT, *Introduction au droit et thèmes fondamentaux du droit civil*, édition A. Colin, 1988, n° 63.
– Jean-Marc FEVRIER, *Remarques critiques sur le développement durable*, Environnement, 2007, Études n° 2.
– Jean-Pierre MARGUENAUD et Séverine NADAUD, *Chronique des arrêts de la Cour européenne des droits de l'Homme (2019-2020)*, RJE, n° 2/2021.
—John D. WILSON, *Re-thinking Penalties for Corporate Environmental Offenders: a view on the Law Reform Commission of Canada's Sentencing in Environment Cases*, 1986, McGill Law Journal, 31.
– Juan-Luis KLEIN, *L'espace local à l'heure de la globalisation, la part de la mobilisation sociale*, Cahiers de géographie du Québec, vol. 41, n° 114, 1997
– Judith ROCHFELD, *Penser autrement la propriété : la propriété s'oppose-t-elle aux « communs »*, Revue internationale de droit économique, T. 28, 2014.
– Julien DELLAUX, *Le cadre juridique international pour la REDD+*, l'observateur des Nations-Unies, 2014, 1, vol. 36.
– Kenneth F. RAFFA., Aukema B.H., Bentz B.J., Carroll A.L., Hicke J.A., Turner M.G., et Romme W. H., 2008. *Cross-scale drivers of natural disturbances prone to anthropogenic amplification: the dynamics of bark beetle eruptions*, Bioscience, vol. 58, n° 6.
– Khalid CHERKI et Najib GMIRA, *Répartition spatiale des incendies dans la forêt de la Maâmora (Maroc) en fonction des facteurs humains et physiques*, forêt méditerranéenne, t. XXXIII, n° 1, mars 2012.
– Kiss ALEXANDRE, *Peut-on définir le droit de l'homme à l'environnement ?* Revue juridique de l'environnement, n° 1, 1976.
– Pascale KROMAREK, *La charge de la preuve, un revirement de la jurisprudence en R.F.A*, Revue juridique de l'environnement, n° 4, 1985.

– Magalie QUINTAL et Catherine TRUDELLE, *Maroc : Les associations locales dans la vallée du ZIZ. Une nouvelle gouvernance territoriale*, Économie rurale, n° 334, 2013.
—Mateo J. MAGARINOS DE MELLO, *Les ressources naturelles et leurs rapports avec le droit de l'environnement et le droit international*, Environmental Policy and Law, n° 3, 1977.
– Marc GALOCHET, Jérôme LONGUEPEE, Valérie MOREL, Olivier PETIT, *L'environnement : approches disciplinaires ou regards interdisciplinaires ?* compte-rendu de séminaire (Arras, 17 mars 2005), laboratoires de géographie et d'économie de l'Université d'Artois, Réseau Développement durable et Territoires fragiles (IFRESI-CNRS, Lille) et du laboratoire de droit de l'Université d'Artois, Revue Natures Sciences Sociétés 2006/3, vol. 14.
– Marc-Antoine DE SEZE, *Pour une gestion durable de la forêt française*, Géoéconomie, 2013/2, n° 65.
– Marie-José Littlmann-Martin, *Le juge est mal armé pour prescrire des remises en état complexes*, art 22 de la loi sur l'eau, RJE, 1994, 2-3.
– Martine REMOND-GOUILLOUD, *La charte de la nature,* Revue juridique de l'environnement, n° 2, 1982.
– Maryse GRANDBOIS, *Le droit pénal de l'environnement : une garantie d'impunité ?* Criminologie, vol. 21, n° 1, 1988
– Maxime A. CRENER et Georges HENAULT, *Le rôle paradoxal des entreprises transnationales (E.T.) dans une ère de tensions protectionnistes*, Études internationales vol. 8, n° 4, 1977.
– Michael BOTHE, *La construction d'un droit de l'environnement*, Revue juridique du droit de l'environnement, 2000, n° 2.
– Michel Lagarde, *De l'inaliénabilité des forêts domaniales, commentaire de l'article L.62 du code du domaine de l'Etat*, R.F.F, 1984, n° 2.
– Michel LAGARDE, Le *régime forestier : un modèle de législation de protection de l'environnement*, Revue juridique de l'environnement, n° 2, 1985.
– Michel PRIEUR, *Les progrès du droit de l'environnement,* Lavoisier, Revue juridique de l'environnement, 2021/4, vol .46.
– Mohamed BENZYANE, *La gestion durable des ressources forestières : quelle stratégie ?* Communication, forêt méditerranée, t XXVIII, n° 1, mars 2007.
– Mohamed TOZY et Mohamed MAHDI, *Aspect communautaire dans l'Atlas marocain*, Droit et Société, n° 15, 1990.
– Mohammad PÂRUQ AKKÂM, *Des fondements de la propriété dans la jurisprudence musulmane*, Revue des mondes musulmans et de la Méditerranéenne n° 79-80, 1996, Biens communs, patrimoines collectifs et gestion communautaire dans les sociétés musulmanes.
– Nicolas BUYSE, *La gestion décentralisée des ressources forestières en Indonésie : la biodiversité localement négociée*, Écologie & politique 2005/1, n° 30.

– Olivier GODARD, Thierry HOMMEL, *Les multinationales, un enjeu stratégique pour l'environnement et le développement durable ?,* Revue internationale et stratégique 2005/4, n° 60.
– Pascal BOULHOL, *Législation forestière marocaine*, Revue forestière française, F 92.2 (64).
– Pascale KROMAREK, *La charge de la preuve, un revirement de la jurisprudence en R.F.A*, Revue juridique de l'environnement, n° 4, 1985.
– Philippe FAUCHER et Jorge NIOSI, *The state and multinational firms*, vol. 16, n° 2.
– Philippe JEANNEAUX et Philippe PERRIER-CORNET, *Les conflits d'usage du cadre de vie dans les espaces ruraux et la décision publique locale : éléments pour une analyse économique*, économie rurale, n° 308, Juillet-Août, 2008.
– Philippe LACOMBE, *Regards sur l'évolution de l'agriculture et du monde rural, un nouvel espace pour l'économie rurale ?* Économie rurale, n° 300, juillet/août 2007.
– Pierre LUNEL, Pierre BRAUN, Pierre FLANDIN-BLETY, Pascal TEXIER, *Pour une histoire du droit de l'environnement*, Revue juridique de l'environnement, 1986.
– Pierre-Marie Aubert, Projets de développement et changements dans l'action publique, Revue Tiers Monde 2014/4, n° 220.
– Pierre-Marie DUPUY, *Où en est le droit international de l'environnement à la fin du siècle ?* RGDIP, 1997-4.
– Quoc Chien NGO, Van Anh LY, *Le chalandage de traités à l'épreuve des accords d'investissement de nouvelle génération*, Revue internationale de droit économique 2017/3 (t. XXXI).
– Rémi BAZILLIER, Sophie HATTE et Julien VAUDRAY, *La RSE influence-t-elle le choix de localisation des firmes multinationales ? Le cas de l'environnement,* Revue d'économie industrielle, n° 148, 4e trimestre 2014.
– Said LAARBIYA, *Il faut sauver la forêt de la Maâmora (Maroc),* forêt méditerranéenne, t. XXVII, n° 1, mars 2006.
—Said LAARIBYA, *Contribution à l'évaluation de la pression pastorale dans la forêt de la Maâmora. Parcours forestiers et surpâturage*, Laboratoire de Biodiversité et des Ressources Naturelles, Faculté des Sciences, Université Ibn Tofail, Nature & Technologie. C — Sciences de l'Environnement, n° 10/janvier 2014.
– Saïd LAARIBYA, *Il faut sauver la forêt de la Maâmora (Maroc),* Revue forêt méditerranéenne, tome 23, n° 1, ars 2006.
– Said LAHSSINI et Sarah VANUXEM, *Les Paiements pour Services écologiques ou la reconquête de la Maâmora par ses habitants ? Enquête sur une forêt emblématique du littoral méditerranéen marocain*, Développement durable et territoires, vol. 7, n° 1.
– Samih HAMDAOUI, *Le droit à l'environnement et la participation des citoyennes et citoyens au Maroc*, revue juridique de l'environnement n° 3, 2018, vol. 43.

– Sarah VANUXEM, *Des paiements pour services environnementaux en faveur des populations locales ? Regards de l'administration forestière sur le mécanisme de compensations pour mise en défens marocain*, in La revue électronique en sciences de l'environnement, vol. 16, mai 2016.
– Sigrid AUBERT, Philippe KARPE, Georg JASTER, Saholy RAMBININTSAOTRA, Pierre Montagne, *Les communautés de base, partenaires privilégiés de l'administration forestière à Madagascar : le droit en question*, Revue Juridique de l'Océan Indien (20).
– Stephanie PELGER, *Le régime de la responsabilité environnementale et le secteur agricole en France, une portée limitée par le droit communautaire*, Revue géographique de l'est, vol. 53, 2013.
– Stephen DUVAL, *La notion de préjudice à l'environnement et le droit individuel à la santé*, Elsevier Masson, Droit, Déontologie & Soin, 2-16, 2009.
– Thierry DU PELOUX, *Synthèse d'article, Définition juridique de la forêt*, Revue de la forêt de France, n° 512, avril 2008.
– Véronique JAWORSKI, *L'état du droit pénal de l'environnement français : entre forces et faiblesses*, Les Cahiers de droit, vol. 50, n° 3-4, 2009.
– Vincent SIZAIRE, *Peut-il exister un droit pénal de l'environnement ?*, Délibérée, Éditions La Découverte, n° 3, 2019.
- Violeta BAJENARU-DECLERK, *La diffusion du concept de développement durable*, Géoéconomie, n° 49, 2009.

ÉTUDES

– Abdelmohssin EL MOKADDEM, *Estimation de la valeur économique et sociale des services rendus par les écosystèmes forestiers méditerranéens*, Forêt de la Maâmora — Maroc, fiche 3.
– Abderrahman AAFI, Ahmed ACHHAL EL KADMIRI, Abdelmalek BENABID et Mohamed ROCHDI, *Richesse et diversité floristique de la subéraie de la Maâmora (Maroc)*, Acta Botanica Malacitana, Malaga, 2005.
– Anne-Suze AMICY, *L'éducation relative à l'environnement dans le programme des deux premiers cycles du niveau fondamental en Haïti. Analyse comparative des programmes de sciences expérimentales de France*, Haïti et Ontario (Canada), Université Paris-Est, 2016.
- Audrey AKNIN, Vincent GERONIMI, Patrick SCHEMBRI, Géldine FROGER, Philippe MERAL, *Environnement et développement. Quelques réflexions autour du concept de « développement durable »*, IRD Editions.
– Conclusions d'une étude générale réalisée par Environnement Canada, *L'état de l'environnement au Canada*, Ottawa, 1986, Criminologie.
– Direction régionale des eaux et forêts et à la lutte contre la désertification du nord-ouest, *procès-verbal d'aménagement, révision de l'étude d'aménagement de la forêt de Maâmora*, 2011.
– Elzear de SABRAN-PONTEVES, *Les transcriptions juridiques du principe pollueur-payeur,* Presses universitaires d'Aix-Marseille, OpenEdition Books, 2007.

– HCEFLCD 2015. *Plan décennal 2015-2024*. Haut-Commissariat aux eaux et forêts et à la lutte contre la Désertification.
– Heriniaina ANDRIANANJA et Renaud LAPEYRE, *Décentralisation de gouvernance et gestion, et durabilité des ressources naturelles renouvelables : Une analyse comparative*.
– IREB (Institut royal des études stratégiques), programme d'études, *changement climatique : impacts sur le Maroc et options d'adaptation globales, les écosystèmes forestiers face au changement climatique : situation et perspectives d'adaptation au Maroc*, 2010.
– John SWAIGEN et Bunt GAIL, *la détermination de la peine de l'environnement*, un document d'étude préparé à l'intention de la Commission de réforme du droit du Canada, 1985.
– Kabran Djane ARISTIDE, Aïstan KONATE, Fabrice Constant KOUASSI, *Éducation environnementale à l'école primaire et adoption du comportement environnemental par l'élève*, UEMOA, Côte d'Ivoire.
– Kamal MENZOU et Omar BOUSLIHIM, *Forêts marocaines et usages : quelle formation pour l'économie sociale et solidaire ?*
– Khalid CHERKI, *Analyse de la répartition spatiale des incendies de forêt en fonction des facteurs anthropiques, écologiques et biophysiques. Le cas de la forêt de la Maâmora (Maroc septentrional),* Études caribéennes, décembre 2011, introduction.
—Mohammed MOUFADDAL, *Décentralisation, territorialité, et durabilité dans la gouvernance des ressources naturelles au Maroc, Workshop on forest governance and decentralization in Africa*, April 2008.
– Mohammed MOUFADDAL, *Les tendances en matière de propriété forestière, de mode de faire-valoir des ressources forestières et d'arrangements institutionnels, cas du Maroc, Organisation des Nations unies pour l'alimentation et l'agriculture* (FAO).
– Noah J. GOLDSTEIN, R.B CIALDINI et Vladas GRISKEVICIUS. (2008), *A room with a viewpoint : using social norms to motivate environmental conservation in hotels*, Journal of a consumer Research, 35, August.
– Omar M'HIRIT et Mohamed ET-TOBI, Institut royal des études stratégiques, *Les écosystèmes forestiers face au changement climatique : situation et perspectives d'adaptation au Maroc. Programme d'études, changement climatique : impacts sur le Maroc et options d'adaptation globales.*
– P. WESLEY Schultz, Expérimentation menée auprès de 120 foyers dans la ville de Laverne en Californie , (1998), *changing behavior with normative feedback interventions : A field experiment on curbside recycling,* Basic and applied social psychology.
– Pierre-Marie AUBERT, *Reconnaissance des pratiques locales et participation : l'administration forestière face à l'Agdal*, 2012.
– Royaume du Maroc — Haut-Commissariat aux eaux et forêts et de la lutte contre la Désertification, Direction Régionale des Eaux et Forêts et de la Lutte contre la Désertification du Nord-Ouest, *Etude d'aménagement de la forêt de Maâmora*, étude socio-économique, 2011.

– Sarah VANUXEM, *Les contrats de services écologiques ou la reféodalisation du lien contractuel, l'exemple du projet-pilote REDD+ et des compensations pour mises en défens dans la forêt de Maâmora.*
– Yafradou Adam TAIROU, *Préoccupations environnementales et droit de l'entreprise dans l'espace OHADA*, L'Harmattan, collection études africaines, 2013.

CONFERENCES ET SEMINAIRES
– Ahmed Fathi SOUROUR, intervention lors de la 6e conférence de l'association égyptienne de droit pénal.
– Conférence intergouvernementale sur l'éducation relative à l'environnement, Tbilissi, URSS, 14-26 octobre 1977.
– Franck AGGERI, Développement durable et gouvernement de l'environnement : la formation d'un nouvel espace d'action collective, Communication ay « séminaire Condor », 13 décembre 2001.
– LARRERE G.R, BRUN A., KALAORA B., NOUGAREDEO O., POUPARDIN D. (1978), Reboisement des montagnes en France depuis l'Empire ; colloque IUFRO, Nancy, Septembre 1978.
—Maeao J. Margarino DE MELLE, The role of law in the problems of environment and development : Necessary transformations in policy on environment and development Uruguay in the Rio World Conference, Editor: The author, Montevideo, 1992.
– Ministère de l'Agriculture et Ademe, Interactions entre agriculture et environnement ; quels outils de diagnostic ? ; actes du colloque du 2 avril 1997, Paris.
– Synthèse des débats, actes de séminaire, incitations comportementales et environnement, 2011.
– Yvette VEYVET : Quelle place pour la géographie dans les enjeux environnementaux ? Compte-rendu d'une intervention du 21 janvier 2003, dans laquelle la spécialiste des milieux et des risques revient sur son parcours de géographe.

RAPPORTS
– Abdellah Zakhia, Communiqué de Presse DH/268, Droits de l'Homme : le Comité des Nations-Unies entame l'examen du Rapport de la Mongolie, 22 mars 2000.
– Le public et l'Environnement. Etat de l'environnement, 1988, PNUE, résumé p. 3. (UNEP/GC.15/7/Add.1).
– 3e rapport sur l'état de l'environnement du Maroc (2015).
—Building a more sustainable world through education, United Nations, Decade of Education for Sustainable Development (DESD, 2005–2014) and The Inter-Agency Committee for the DESD.
– Deuxième rapport national sur l'état des ressources génétiques animales, 2014.

– Fao, rapport, Chapitre 7 : Les fonctions socio-économiques des ressources forestières.
– FAO, rapport, La contribution du secteur forestier aux économies nationales, Tendances et situation actuelle, programme de la FAO sur le financement de la gestion durable des forêts, FSFM/ACC/07.
Gami. Etude ethnozoologique dans et autour de la réserve de Conkouati (village N'tié-tié de Cotovindou), N. 1997, Rapport final UICN, PROGECAP/GEF, Congo Brazzaville.
– GUILLAIN P. – E., 2001, Les conflits d'usage dans les campagnes à travers la presse quotidienne régionale, Rapport de stage deuxième année — INA-PG — ENESAD — Dijon.
– HCEFLCD, caractérisation des agents et causes de déforestation et de la dégradation forestière dans le site de la Maâmora au Maroc, 2015.
– Initiatives climat, ministère chargé de l'Environnement/PNUD 2015.
– L'engagement du Maroc dans la lutte contre les effets du changement climatique, Août 2014.
– L'état de l'environnement mondial (avril 1987, PNUD ; UNEP/GC.14/6).
– La situation des forêts du monde, les forêts au service du monde, Organisation des Nations-Unies pour l'alimentation et l'agriculture.
– Lelia CROITORU et Maria SARRAF, le coût de la dégradation de l'environnement au Maroc, Rapport, Groupe de la banque mondiale, janvier 2017.
– Abdeladim LHAFI, Mohamed BADRAOUI, et Omar MHIRIT, 2006. Cadre naturel, environnement et territoire : une vision pour 2025. Contribution au Rapport sur le Développement humain au Maroc. Rabat.
– Omar MHIRIT et Faiçal BENCHEKROUN, Rapport : Les écosystèmes forestiers et périforestiers : situation, enjeux et perspectives pour 2025, 2006.
– Rapport annuel de la Cour des comptes au titre de l'année 2018.
– Rapport annuel de la Cour des comptes, Valorisation et régénération de la forêt du chêne-liège.
– Rapport de la FAO, Situation des forêts du monde, Forêts et agriculture : défis et possibilités concernant l'utilisation des terres.
– Rapport de synthèse de GRERCA, Benoit Grimonprez, la réparation du dommage écologique.
– Rapport sur la Maâmora, Direction du développement forestier-Rabat, 2000.
– Rapport technique : forêt de la Maâmora, Améliorer la gouvernance des espaces boisés méditerranéens à travers la mise en œuvre de démarches participatives, Avril 2016.
– Schmithüsen, Franz JOSEF, Yves KAZEMI, Klaus SEELAND, Perception et attitudes de la population envers la forêt et ses prestations sociales, analyse des enquêtes sélectionnées et des articles dans les principales revues forestières de l'Allemagne, l'Autriche et la Suisse entre 1960 et 1995.
—The Carbon Majors Database, CDP Carbon Majors Report, 2017.

ARTICLES

– Ahmed CHIHAB, *La Maâmora, forêt de toutes les convoitises*, Le matin, 2003.
– Antonio MANGANELLA et Olivier MAUREL, *De l'impunité des multinationales : Ceux qui jouent avec l'économie ne sont pas ceux qui paient les pots cassés*, le Monde.
—Fellah-trade, *Coopératives : Mise en conformité et nouvelles dispositions de la loi 112-12.*
– Generali, *Association et coopérative : quelles différences ?*
– Greenfacts, *Combien le secteur forestier emploie-t-il de personnes ?*
—Jim Erickson, *Can we get more social benefits from forests and have higher biodiversity ?*
– Karin THEOPHILE, FAO, *Forests and employment.*
- *Leçons d'un siècle de vie « ou cent ans de sollicitude »,* Le Monde, 8 juillet 2021.
– lematin.ma, *À cause de la sécheresse et de l'exploitation immodérée : la forêt Maâmora, patrimoine naturel de la région menacée de disparition*, 2005.
– Miya Slamti, *Délinquance écologique au Maroc : Diagnostic juridique*, Media 24.
– Mohamed Badrane, *Le domaine privé de l'Etat : une loi pour combler le vide*, aujourdhui.ma.
– Pauline, *Comment la forêt marocaine se meurt*, Telquel.
—Posey, D. 1995. *Indigenous People and Traditional Resource Rights : a basic for equitable relationships? Green College for Environmental Policy and Understanding.* Oxford University Press, New York.
– Reda ZAIREG, *Maroc : le cadre législatif sur l'environnement est-il suffisant ?* Huffspot Maroc.
– RTS (Radio Suisse), *Les études scientifiques prouvent que les ondes électromagnétiques ont une influence négative sur les insectes, selon l'entomologiste Daniel Cherix.*
– Telquel, *ONU : Le Maroc et quatre autres pays font adopter une résolution sur le droit d'accès à un environnement sain.*
– worldbank, *Forests generate jobs and incomes.*
– Yabiladi, *Des chênes-liège de la forêt de Maâmora attaqués par un insecte défoliateur*, mai 2020.
–, Abdlekarim ZAIDI, *Cadre politique, légal et institutionnel du secteur forestier Informations de base*, FAO, novembre 2007.

GUIDES

– L'agent judiciaire du royaume, un acteur important dans la défense des deniers publics et dans la consécration de la gouvernance juridique, Guide.
– LUCIE SAUVE, pour une éducation relative à l'environnement, guide de développement professionnel à l'intention des éducateurs.
– Pr. Mohamed Qarro, Guide pratique pour la mise en œuvre d'une gestion participative et durable des espaces boisés à travers des contrats gagnant-

gagnant dans la forêt de la Maâmora, exemple d'une gestion participative de la subéraie en forêt de la Maâmora – Maroc, FAO, 2016.

WEBOGRAPHIE

—ec.europa.eu/clima/documentation/roadmap/docs/com_2011
– www.amisdelaterre.org, thématique, Multinationales
– www.banquemondiale.org, Les forêts, une source d'emplois et de revenus.
—www.cei.org, Marlo Lewis, Jr, Study, A Citizen's Guide to Climate Change.
—www.chogausa.com, What is the importance of environmental law in the society?
– www.cidce.org, Centre international de droit comparé de l'environnement, Une seule planète, une seule santé : pour une convention sur les pandémies.
– www.commodafrica.com, Jean GECIT, la banque mondiale lève 75 millions face à la menace du criquet pèlerin en Afrique de l'Ouest, juin 2020.
– www.dictionnaire-juridique.com, définition de « Multinationale ».
– www.eauxetforets.gov.ma
– www.eauxetforets.gov.ma, Incendies des forêts.
– www.enviroboite.net, La qualité environnementale est-elle normalisable ?, Le petit guide VAD pour s'y retrouver dans la jungle des labels, référentiels, certifications.
– www.environnement.gov.ma
– www.fellah-trade.com, portail agricole du Crédit Agricole du Maroc, Normes environnementales nationales.
– www.finances.gov.ma
– www.futura-sciences.com, Prise de conscience environnementale et progrès scientifiques.
– www.ici.radio-canada.ca, Alain Deneault, Quand les multinationales deviennent plus puissantes que les Etats.
—www.iied.org, International Institute for Environment and Development, REDD: Protecting climate, forests and livelihoods.
– www.indh.ma
– www.iseadd.eu, Les entreprises au cœur du développement durable.
– www.journaldunet.com, Classement d'entreprises : les plus riches, les plus grandes, les plus profitables.
– www.juristes-environnement.com, M'Hamed BENNOUNA, Etat juridique de la délinquance écologique au Maroc.
—www.law.cornell.edu, Legal Information Institute, Comprehensive Environmental Response, Compensation and Liability Act (CERCLA)
– www.magazine-decideurs.com, Arnault Buisson-Fizzellier, la réparation du préjudice écologique.
– www.mamh.gouv.qc.ca, Milieu et cadre de vie d'une collectivité.
– www.massolia.com, Le droit de l'environnement au Maroc.
– www.mediaterre.org, Florent Breuil, Forêts : Les avantages sociaux et économiques qu'elles procurent sont essentiels.
– www.minforest.com, Psychologie environnementale : l'harmonie entre l'homme et son environnement.

– www.moged.ifdd.francophonie.org, Effectivité du droit national de l'environnement : considérations générales, Institut de la francophonie pour le développement durable.
– www.multinationales.org, Comment mettre les entreprises multinationales face à leurs responsabilités ? L'action de Sherpa.
– www.ompe.org, Julia Perez, causes et conséquences des incendies de forêt.
– www.prezi.com, Sociétés-écran et clauses de déni des avantages.
– www.rdee26.com, qu'est-ce que l'éducation à l'environnement ?
—www.redd-monitor.org, REDD : An introduction.
– www.sciencespo.fr, Chili 1973-1988 : Du coup d'Etat militaire à la fin de la dictature.
– www.senat.fr/Le contrôle de l'application des lois.
– www.vaticannews.va, Six ans après Laudato Si', l'appel du Pape à l'écologie intégrale reste urgent.
– www.vie-publique.fr, Qu'est-ce que le droit international de l'environnement ?
– www.youmatter.world, Écosystème : définition, exemple et importance – Tout savoir sur les écosystèmes.
—www.yourarticlelibrary.com, Dk Sinha, Importance of environmental legislation.

ANNEXES

I. JURISPRUDENCES

Arrêt n° 721

En date du 18/07/2007

Dossier administratif n° 1188/4/2/2006

(Mme Fatna Bent Lbachir ben Lmâlam ATTAHER / Office chérifien des

Phosphates)

Emission de fumée- Fait continu- Réparation du préjudice- Adaptation de l'indemnité

A fait une mauvaise application de l'article 106 du Dahir des obligations et contrats, la juridiction de fond qui a conclu, dans sa décision, à la réunion des deux conditions stipulées dans ledit article en raison de la proximité des terrains de l'appelante des installations de l'Office chérifien des phosphates, alors qu'aucun élément du dossier ne prouve cette prise de connaissance. De plus, dès lors que l'émission de la fumée par les constructions qui continuent d'exister sur le site est un fait continu, il n'y a pas lieu à considérer la prescription ; que par conséquent, c'est à tort que l'arrêt attaqué a prononcé l'indemnité uniquement pour les cinq années antérieures à l'action et qu'il échet donc de le réformer en ordonnant l'indemnité pour la totalité de la période demandée, soit de 1981 à 2004.

De même, dès lors que la Cour n'a pas motivé sa décision au sujet de la soustraction d'une partie de l'indemnité annuelle proposée par l'expert en réparation d'un préjudice environnemental, il convient de modifier l'indemnité dans ce sens et se conformer au résultat de l'expertise, lequel est adapté aux préjudices subi par les terrains de la demanderesse.

Arrêt n° 164/2

En date du 26/02/2015

Dossier administratif (deuxième) n° 2134 du 4/2/2014

(Office Chérifien des Phosphates/ Héritiers de SBIÏ Saleh)

Usage d'explosifs- Chute de poussières- Tarissement du puits- Répercussion sur l'exploitation de l'immeuble- Responsabilité d'un établissement industriel

Justifie légalement sa décision, pour avoir suffisamment relevé le lien de causalité entre l'exploitation de la mine et le préjudice subi par l'immeuble et déduit la responsabilité de l'office, la Cour qui a retenu l'expertise ordonnée, ayant conclu à l'existence d'une multitude de fissures et de fractures subies par la demeure du demandeur suite à l'usage d'explosifs par l'Office ainsi qu'une poussière blanche se dégageant du lieu d'extraction du phosphate, lesquelles affectent l'usage de son immeuble.

Arrêt n° 229

Rendu le 28 février 2013

Dossier criminel n° 1244/6/8/2013

Vol de produits forestiers - Outrage à un fonctionnaire public- Aveu-Procès-verbal de la police judiciaire

La condamnation de l'inculpé pour délit de vol de produits forestiers et outrage à fonctionnaire public dans l'exercice de sa fonction est fondée sur l'aveu de l'inculpé devant la police judiciaire, lequel constitue un moyen de preuve légalement admis, dès lors que le procès-verbal de la police judiciaire discuté contradictoirement par la Cour fait foi jusqu'à preuve du contraire conformément aux dispositions de l'article 290 du code de procédure pénale.

De même, la Cour a suffisamment relevé les éléments des infractions de vol de produits agricoles, d'outrage à fonctionnaire public dans l'exercice de sa fonction et de dégradation d'objets destinés à l'utilité publique, notamment l'intention criminelle, dès lors que la possession du charbon après transmutation s'est produite de manière illégale avec l'usage de la force, résistance, injures et violence à l'égard de l'agent de l'administration des eaux et forêts ainsi que la dégradation de la voiture de service qu'il conduisait dans cette poursuite.

Rejet de la demande

Arrêt n° 75/8

Daté du 22/01/2015

Dossier pénal n° 10306/6/8/2014

Délit de coupe- Port de bois mort - Moyens de preuve

Encourt la cassation la décision de la Cour qui a confirmé le jugement d'acquittement rendu en premier ressort, sans prendre en considération les dispositions de l'article 58 du dahir du 10/10/1917 qui stipulent que les délits et contraventions en matière forestière seront prouvés, soit par procès-verbaux, soit par témoins à défaut de procès-verbaux ou en cas d'insuffisance de ces actes, et sans discuter les dispositions de l'article 61 dudit dahir en vertu desquelles les agents de l'administration des eaux et forêts ont le droit de suivre les objets enlevés par les délinquants jusque dans les lieux où ils auront été transportés, sachant que le procès-verbal dressé par un seul agent fait foi jusqu'à preuve contraire au sens de l'article 66 de ladite loi.

Cassation et annulation

Arrêt n° 270

Rendu le 18/02/2009

Dossier pénal n° 3020/6/4/2007

Incendie de la forêt- Défaut d'intention criminelle- requalification par la Cour

A fait une bonne application de la loi, la Cour qui a requalifié l'acte en lui appliquant les dispositions de l'article 607 du code pénal au lieu de celles de l'article 581 pour défaut d'intention criminelle, dès lors que l'inculpé a nié, dans toutes les étapes, avoir mis volontairement le feu dans la forêt en avançant qu'il a juste oublié d'éteindre le feu après avoir préparé le thé.

Rejet de la demande

2. Dahir du 20 hija 1335 (10 Octobre 1917) sur la conservation et l'exploitation des forets

Dahir du 20 hija 1335 (10 Octobre 1917) sur la conservation et l'exploitation des forêts (B.O. 29 octobre 1917) (A compter du 1er janvier 1991, sont multipliés par dix les taux des amendes prévues aux articles 13, 14, 23, 27, 31, 32, 34, 35, 36, 38, 41, 48, 52, 53, 55 et 67 du dahir du 20 hija 1335 (10 octobre 1917) susvisé, tels que ces taux ont été majorés par le dahir du 17 chaoual 1372 (29 juin 1953) : L.fin. 1991 n° 56-90, D. N° 1-90-194, 31 décembre 1990 6 13 joumada II 14111, article 5).

Titre Premier

(Modifié comme suit, D. 17 avril 1959 - 8 chaoual 1378.) Du Régime Et Du Domaine Forestiers.

Article Premier - Sont soumis au régime forestier et administrés conformément aux dispositions du présent dahir :
1. Le domaine forestier ;
2. Les forêts des collectivités susceptibles d'aménagement ou d'exploitation régulière ;
3. Les forêts faisant l'objet d'un litige entre l'Etat et une collectivité, ou entre l'une de ces catégories de propriétaires et un particulier ;
4. Les terrains collectifs reboisés ou à reboiser et les terres de parcours collectives à améliorer par l'Etat après accord du conseil de tutelle des collectivités ;
5. Les terrains reboisés ou à reboiser et les terres de parcours appartenant à des particuliers, dont les propriétaires entendent confier à l'Etat, soit la surveillance, soit la surveillance et la gestion.

Les modalités de soumission au régime forestier de biens prévus aux paragraphes 2°, 4° et 5° ci-dessus, ainsi que les conditions de leur administration et de leur surveillance sont fixées par décret.

Les infractions aux dispositions dudit décret, à défaut de sanctions spéciales prévues par le présent dahir, seront passibles des peines portées au premier alinéa de l'article 55 ci-après, sans préjudice, le cas échéant, de la restitution des produits et des dommages-intérêts.

Article Premier (a) : Font partie du domaine forestier de l'Etat :
1. Les forêts domaniales ; 2. Les terrains couverts d'alfa, dits « nappes alfatières » ;

3. Les dunes terrestres et les dunes maritimes jusqu'à la limite du domaine public maritime, telle que cette limite est définie par la législation sur le domaine public à l'Empire chérifien ;
4. Les maisons forestières et leurs annexes, les chemins forestiers, les plantations et les pépinières, créés dans les forêts domaniales, les nappes alfatières ou les dunes, ainsi que les terrains dévolus au domaine forestier pour de telles créations par voie de donation, d'acquisition ou d'échange immobilier ;
5. Les terrains domaniaux reboisés ou à reboiser, les terrains acquis par le domaine forestier en vue de leur reboisement, ainsi que leurs annexes (maisons forestières, pépinières, etc).

Article Premier (b) : Les biens faisant partie du domaine forestier sont délimités dans les conditions prévues par le dahir susvisé du 26 safar 1334 (3 janvier 1916).
Tant que les opérations de délimitation n'ont pas été effectuées, ces biens sont présumés domaniaux (Complété par la disposition interprétative suivante, D. 21 juillet 1960 - 26 moharrem 1380) :
Pour l'application de cette présomption, doit être considéré comme forêt domaniale, tout terrain occupé par un peuplement végétal ligneux d'origine naturelle.
Si, lors de la délimitation de dunes, celles-ci empiètent sur des terrains particuliers ou collectifs immatriculés, les bornes du périmètre domanial sont placées à la limite desdits terrains, sauf application à ces terrains des dispositions prévues ci-après qui ont également effet dans le cas où, après délimitation, les dunes ont continué à progresser.

Article Premier (c) : Si, dans les deux cas prévus à l'article premier (b) ci-dessus, la fixation de ces dunes est déclarée d'utilité publique par décret, un arrêté du ministre de l'agriculture pourra ordonner l'exécution aux frais de l'Etat des travaux à entreprendre sur les propriétés particulières ou collectives envahies par les sables. L'Etat recevra et conservera la jouissance des dunes non domaniales ainsi fixées et en recueillera les fruits jusqu'à recouvrement des dépenses engagées pour l'exécution des travaux de fixation.
Ce recouvrement effectué, la pleine propriété desdites dunes reviendra aux propriétaires, mais les forêts qui y auront été créées resteront soumises au régime forestier et continueront à être gérées, au profit des propriétaires, par l'administration forestière, sans que cette gestion, justifiée par l'intérêt simultané du propriétaire et du pays, puisse être assimilée à une expropriation pour cause d'utilité publique.

Article 2 : Le domaine forestier est inaliénable. La distraction du régime forestier ne peut intervenir que dans un but d'utilité publique ; elle est prononcée par décret, après avis d'une commission dont la composition et le

mode de fonctionnement sont fixés par décret. Le gouverneur de la province, le ministre de l'intérieur, le vice-président du conseil, ministre de l'économie nationale et des finances, le ministre qui a demandé la distraction et le ministre de l'agriculture donnent également leur avis au vu du procès-verbal rédigé par la commission.
Toutefois, la distraction est de droit lorsqu'elle résulte d'une expropriation pour cause d'utilité publique prononcée en application du dahir susvisé du 26 joumada II 1370 (3 avril 1951) ou d'un échange immobilier dans les conditions prévues à l'article 2 (a) ci-après.
Les biens collectifs soumis au régime forestier ne peuvent être aliénés qu'avec l'autorisation préalable du ministre de l'agriculture.

Article 2 (a) : Il peut être procédé au remembrement du domaine forestier par voie d'échange immobilier, avec ou sans soulte en argent. L'échange immobilier est autorisé par décret.

Article 2 (b) : En cas d'aliénation du domaine forestier après distraction du régime forestier et, éventuellement, en cas d'échange immobilier, le produit de la cession ou le montant de la soulte est versé au fonds de remploi domanial, institué par le dahir du 5 rejeb 1348 (7 décembre 1929) réglementant les remplois domaniaux, pour être réemployés à l'acquisition de terres à reboiser.

Article 2 (c) : Sur les bois et forêts non soumis au régime forestier, les propriétaires exercent tous les droits résultant de la propriété, sauf les restrictions prévues par le présent dahir en matière de défrichement et d'exploitation.

Article 2 (d) : L'administration du domaine forestier ainsi que des autres biens soumis au régime forestier est confiée au ministre de l'agriculture ; la police en est exercée par l'administration des eaux et forêts, qui est également chargée du contrôle de l'application du présent dahir et notamment des restrictions que ce texte apporte aux droits des propriétaires de bois et forêts non soumis au régime forestier.
Le ministre de l'agriculture a seul qualité pour intervenir, au nom des intérêts du domaine forestier, dans la procédure de délimitation et d'immatriculation, ainsi que pour ester en justice. L'occupation temporaire du domaine forestier est autorisée par le ministre de l'agriculture.

Article 2 (e) : Les pouvoirs dévolus par les articles premier (c), 2 et 2 (d) ci-dessus au ministre de l'agriculture peuvent être exercés par l'autorité habilitée par lui à cet effet.

Titre II : Aliénation Des Produits

Article 3 : (Modifié, D. 21 novembre 1951 - 20 safar 1371) : Aucune aliénation de produits principaux ou divers ne pourra avoir lieu dans les bois de l'Etat que par voie d'adjudication publique, annoncée au moins quinze jours à l'avance par des affiches apposées dans le chef-lieu de la région et au siège de l'autorité locale de la situation des bois.
Toutefois, dans les peuplements, autres que ceux de chêne-liège, qui en raison de leur nature ou de leur situation géographique ne peuvent être mis en exploitation dans les conditions prévues à l'alinéa précédent, l'aliénation pourra être effectuée sur appel d'offres en vue de permettre la mise en valeur desdits peuplements.

Article 4 : (Modifié, D. 5 avril 1949 - 6 joumada II 1368) : Des cessions, par voie de marché de gré à gré, pourront toutefois être autorisées dans les cas suivants :
1. S'il s'agit de produits dont la valeur n'excède pas un million de francs ;
2. S'il y a lieu de pourvoir d'urgence à des besoins accidentels ou imprévus, ou à l'exécution de travaux pour le compte de l'Etat ;
3. Si les produits n'ont pu ou ne peuvent être vendus par voie d'adjudication publique. Ces diverses cessions sont autorisées par le chef de la division des eaux et forêts si la valeur des produits n'excède pas 1 million de francs. Au-dessus de ce chiffre, la cession est autorisée par arrêté du directeur de l'agriculture, du commerce et des forêts.

Article 5 : (Modifié, D. 21 novembre 1951 - 20 safar 1371) : Sera déclarée nulle toute vente qui, en dehors des cas visés ci-dessus, n'aura pas été faite par voie d'adjudication publique, ou n'aura pas été précédée de l'accomplissement des formalités prescrites par l'article 3, ou aura été effectuée dans d'autres lieux ou à un autre jour que ceux fixés par les affiches.

Article 6 : S'il s'élève des contestations pendant les opérations d'adjudication soit sur la validité desdites opérations, soit sur la solvabilité de ceux qui auront fait des offres, il y sera statué immédiatement par le fonctionnaire qui présidera la séance d'adjudication.

Article 7 : Ne pourront prendre part aux ventes, ni par eux-mêmes, ni par personnes interposées directement ou indirectement, soit comme associés, soit comme cautions :
1. Tous fonctionnaires et agents de l'Etat, des municipalités, tous concessionnaires de services publics exploités directement ou par concession, tous fonctionnaires et officiers de contrôle, tous commandants et agents de la force publique ;

2. Les parents ou alliés en ligne directe, les frères et beaux-frères, oncles et neveux des agents supérieurs et préposés des eaux et forêts, dans toute l'étendue du territoire pour lequel ces agents sont commissionnés. En cas de contravention, les personnes ci-dessus dénommées seront punies d'une amende qui ne pourra excéder le 1/4 ni être inférieure au 1/12e du montant de l'adjudication et seront passibles de l'emprisonnement et de l'interdiction prévus à l'article 175 du Code pénal français.
Toute adjudication qui sera faite en contravention aux dispositions qui précèdent sera déclarée nulle par le tribunal.

Article 8 : Toute association ou manœuvre secrète entre marchands de bois, liège, tanin ou autres produits forestiers principaux ou divers tendant à nuire aux enchères ou à obtenir les produits à plus bas prix, donnera lieu à l'application des peines portées à l'article 412 du Code pénal français, indépendamment de tous dommages-intérêts.
Si l'adjudication a été faite au profit de l'association ou des auteurs desdites manœuvres, elle sera déclarée nulle.
Sont d'ordre public les nullités prévues par le présent article et par les articles 5 et 7.
Dans les cas où les ventes et adjudications sont déclarées nulles pour causes de fraude ou de collusion, l'acquéreur ou adjudicataire, indépendamment des amendes ou dommages-intérêts prononcés contre lui, sera condamné à restituer les bois déjà exploités ou en payer la valeur sur le pied du prix d'adjudication ou de vente.

Article 9 : (Alinéa 1ermodifié, D. 18 janvier 1935 - 12 chaoual 1353) : Faute par l'adjudicataire de fournir le cautionnement exigé par le cahier des charges dans le délai prescrit, il sera déclaré déchu par le directeur des eaux et forêts et on procédera, dans les formes ci-dessus prescrites, à une adjudication des produits à la folle enchère.
L'adjudicataire déchu sera tenu de la différence entre son prix et celui de la revente, sans pouvoir réclamer l'excédent s'il y en a.

Article 10 : Tout procès-verbal d'adjudication apporte exécution parée contre les adjudicataires et leurs associés, tant pour le paiement du prix principal d'adjudication que pour les accessoires et frais.

Titre III : Des Exploitations Et Récolements

Section Première : Des exploitations

Article 11 : (Alinéa 1 ermodifié, D. 25 novembre 1942 - 17 kaada 1361) : Après l'adjudication ou la cession de gré à gré, il ne pourra être fait aucun changement à l'assiette des coupes. Aucun arbre, aucune portion de bois, aucun produit forestier ne pourra être ajouté à ceux qui font l'objet du marché, à peine, contre l'adjudicataire ou le bénéficiaire de la cession de gré à gré, d'une amende égale au double de la valeur de bois ou produits non compris dans le marché, sans préjudice de la restitution des produits ou de leur valeur. Les agents supérieurs ou préposés qui auront autorisé ou toléré les additions aux marchés seront passibles de la même amende, sans préjudice des poursuites en concussion ou malversation qui pourront être exercées à leur encontre.

Article 12 : (Modifié, D. 5 avril 1949 - 6 joumada II 1368) : Les adjudicataires ou bénéficiaires des marchés de gré à gré ne pourront commencer l'exploitation ou l'enlèvement des produits à eux vendus avant d'avoir obtenu, pour ce faire, l'autorisation écrite du chef de la 5 circonscription locale, à peine d'être poursuivis par application des articles 32 et suivants du présent dahir.

Article 13 : (Modifié, D. 25 mars 1939 - 3 safar 1358) : Les adjudicataires ou concessionnaires de gré à gré sont tenus de respecter tous les arbres réservés dans leurs ventes, sans qu'on puisse admettre en compensation d'autres arbres non réservés et qu'ils auraient laissés sur pied, sous peine d'une amende de 2 à 200 francs par pied d'arbre, sans préjudice des dommages-intérêts et de la restitution. L'amende ne pourra descendre au-dessous du double de la valeur de l'arbre et sera calculée d'après le prix de vente de la coupe.
Il pourra, en outre, être prononcé contre toutes personnes au service des adjudicataires ou concessionnaires de gré à gré, auteurs de coupes de réserves, un emprisonnement de trois à quinze jours. Au cas de condamnation, l'article 463 du Code pénal et la loi du 26 mars 1891 ne seront pas applicables.
Les réserves abattues qui pourront être représentées seront saisies et leur restitution sera opérée en nature si l'Administration le requiert.

Article 14 : (Modifié, D. 5 avril 1949 - 6 joumada II 1368) : Les procès-verbaux d'adjudication, les cahiers des charges générales et spéciales, les arrêtés de cession de gré à gré, fixeront toutes les clauses imposées aux adjudicataires et cessionnaires de produits principaux ou divers pour le mode d'abattage et d'écorcement des arbres, l'exploitation des lièges et écorces à tan, l'emploi des griffes et marteaux par les adjudicataires, les délais d'exploitation, de vidange et de nettoiement, l'installation des chantiers, abris, dépôts et charbonnières, l'emploi du feu, les chemins autorisés pour le transport des produits, la durée journalière des chantiers, l'enlèvement des produits divers et le passage des troupeaux, et, généralement, toutes conditions réglementant l'exécution des marchés.
Toute infraction à ces charges et conditions sera punie d'une amende de 2.000 à 24.000 francs, sans préjudice de dommages-intérêts qui ne pourront descendre au-dessous de l'amende simple. (D. 30 novembre 1951 - 29 safar 1371).

De plus, en cas d'enlèvement de produits ou de carbonisation de bois avant dénombrement, ou avant paiement, il sera fait application des peines prévues aux articles 32, 36 (3e alinéa) et 38 du présent dahir.
Les dispositions qui précèdent s'appliquent aux adjudicataires et bénéficiaires de marchés de gré à gré de produits divers. L'Administration pourra effectuer sur les produits des coupes sur pied, ou déposées en forêt, les saisies conservatoires qu'elle jugera nécessaires pour la garantie du paiement de l'amende et des dommages-intérêts.

Article 15 : Dans le cas d'inexécution de l'exploitation ou de la vidange dans les délais fixés par le marché ou régulièrement prorogés, le tribunal prononcera la confiscation des produits saisis, lesquels resteront propriété de l'Etat. Article 15 bis : (Ajouté, D. 25 novembre 1942 - 17 kaada 1361) : Indépendamment des sanctions prévues aux articles précédents, les infractions aux clauses et conditions ci-dessus rappelées pourront, dans les cas prévus par les cahiers des charges générales ou spéciales ou par les arrêtés de cession, entraîner la résiliation du contrat, qui sera prononcé par le chef du service des eaux et forêts ou par son délégué, ainsi que la confiscation du cautionnement définitif, constitué en exécution de ce contrat et, le cas échéant, la confiscation des produits sur pied ou gisants, existant sur le parterre du lot concédé.
Ces confiscations seront effectuées en vertu d'une contrainte rendue exécutoire par le chef du service des eaux et forêts. La contrainte sera notifiée à l'adjudicataire ou au concessionnaire à la diligence du chef de la circonscription forestière intéressée, qui établira un certificat indiquant la date à laquelle cette notification aura été faite.
Les intéressés pourront former opposition à l'exécution de cette contrainte. Cette opposition devra, à peine de forclusion, être formulée dans un délai de quinzaine à compter de la notification, devant le président du tribunal de première instance du lieu où l'infraction a été commise. Ce magistrat statuera au fond et d'extrême urgence dans la forme du référé. Cette ordonnance sera exécutoire par provision nonobstant appel. La taxe judiciaire applicable à l'opposition sera de 200 francs.

Article 16 : (Modifié, D. 18 janvier 1935 - 12 chaoual 1353) : A défaut par les adjudicataires ou bénéficiaires de marchés de gré à gré d'exécuter dans les délais prévus et suivant le mode qui est prescrit par le cahier des charges les travaux qui y sont énumérés, pour la protection contre les incendies pour relever et faire façonner les ramiers, pour nettoyer les coupes, d'épines, ronces et arbustes nuisibles, pour réparer les chemins de vidange, fossés ou clôtures, pour les fournitures de chauffage, ces travaux seront exécutés à leurs frais à la diligence du directeur des eaux et forêts, qui arrêtera le montant des frais et dressera l'état de liquidation, dont le recouvrement sera poursuivi conformément à la législation sur le recouvrement des créances de l'Etat.

Article 17 : Les adjudicataires ou concessionnaires de gré à gré, à dater du permis d'exploiter et jusqu'à leur libération définitive, sont pénalement responsables de tous délits prévus par le présent dahir commis dans leur vente. Ils pourront être déchargés de cette responsabilité s'ils ont signalé le délit avant sa constatation par les agents du service des eaux et forêts.

Ils restent également responsables, dans tous les cas, des amendes, restitutions, réparations civiles et frais, si ces délits ont été commis par leurs bûcherons, ouvriers, voituriers et généralement toutes personnes à leur service, employés à titre quelconque au travail des coupes.

Section II : Récolements

Article 18 : Il sera procédé au récolement de chaque vente dans les six mois qui suivront le jour de l'expiration des délais pour la vidange des coupes.

Les six mois écoulés, l'adjudicataire ou le bénéficiaire d'un marché de gré à gré demeurera libéré des charges de l'exploitation si l'administration n'a pas effectué le récolement.

Toutefois, celui qui aura terminé l'exploitation et la vidange de sa coupe avant l'expiration des délais fixés pourra mettre l'administration en demeure de procéder au récolement, par lettre recommandée adressée au chef de circonscription local, et se trouvera libéré s'il n'a pas été procédé à cette opération dans un délai de six mois à dater de la réception de la lettre recommandée.

Article 19 : L'adjudicataire ou le bénéficiaire d'un marché de gré à gré sera tenu d'assister au récolement ; il sera, à cet effet, prévenu par lettre recommandée au moins quinze jours avant le jour où se fera le récolement.

Faute par lui de se trouver sur les lieux ou de s'y faire représenter, le procès-verbal de récolement sera réputé contradictoire et deviendra définitif dans le délai de trente jours après sa clôture.

Article 20 : Au cours de ce délai de trente jours, l'administration et l'adjudicataire ou le bénéficiaire du marché de gré à gré pourront requérir l'annulation du procès-verbal devant les tribunaux pour défaut de forme ou fausse énonciation.

En cas d'annulation, l'administration pourra dans le mois qui suivra y faire suppléer par un nouveau procès-verbal.

A l'expiration des délais fixés par l'article précédent et si l'administration n'a élevé aucune contestation, l'adjudicataire demeurera libéré des charges de l'exploitation.

Titre IV : Droits D'usage

Article 21 : (Modifié, D. 18 janvier 1935 - 12 chaoual 1353) : Des arrêtés viziriels pris sur les propositions conformes du secrétaire général du protectorat et des directeurs des eaux et forêts et des affaires indigènes, régleront le mode d'exercice par les usagers marocains, à l'exclusion de tous autres, des divers droits d'usage qu'ils exercent dans les forêts domaniales en vertu de la tradition et qui leur ont été reconnus par les commissions de délimitation du domaine forestier.
Ces droits d'usage sont incessibles.

Article 22 : Les droits au parcours ne pourront s'exercer que dans les cantons reconnus défensables et au profit des seuls indigènes marocains.
Les troupeaux en cheptel ou en association avec des non-usagers sont exclus du bénéfice du droit de parcours.
Le service forestier fixera annuellement, d'après les conditions de défensabilité des bois, le nombre et l'espèce des animaux à admettre au parcours. (Dernier alinéa modifié, D. 15 avril 1946 - 13 joumada I 1365.)
Un arrêté viziriel indiquera les forêts dans lesquelles le parcours des chèvres sera autorisé ainsi que la durée de cette autorisation.

Article 23 : (Modifié, D. 5 avril 1949 - 6 joumada II 1368) : L'exercice du droit d'usage en contravention des dispositions de l'article précédent ou des arrêtés viziriels visés à l'article 21 donnera lieu à l'application des peines prévues à l'article 41 en ce qui concerne le parcours d'animaux en surnombre ou non autorisés ou trouvés dans les cantons non défendables, et aux articles 36 à 39 pour les coupes de bois ou l'enlèvement des produits principaux opérés sans délivrance préalable du service forestier.
Les contraventions aux autres dispositions des arrêtés viziriels susvisés donneront lieu à une amende de 100 à12 000 francs.
Le défaut de présentation, en forêt, par les usagers, de la carte d'inscription au parcours sera assimilé, en matière de peines, au défaut d'inscription.

Titre V (modifié comme suit, D. 7 décembre 1921 - 6 rebia II 1340)) Défrichements Et Reboisements

Article 24 : (Modifié, D. 12 février 1923 - 25 joumada II 1341 et D. 30 décembre 1957 - 7 joumada II 1377) : Aucun particulier ne peut user du droit d'arracher ou de défricher ses bois qu'après en avoir fait la déclaration à l'autorité locale de contrôle au moins douze mois à 8 l'avance, durant lesquels l'administration peut faire signifier son opposition au défrichement. Cette déclaration contient élection de domicile dans le contrôle civil de la situation des bois.

Un fonctionnaire du service des eaux et forêts procède ensuite à la reconnaissance de l'état et de la situation des bois et en dresse un procès-verbal détaillé.
Au vu de ce procès-verbal, le conservateur des eaux et forêts signifie, s'il y a lieu, à la partie son opposition provisoire au défrichement.
Dans ce cas, le procès-verbal est notifié à la partie, qui pourra présenter ses observations.
Le procès-verbal est également transmis, accompagné du rapport et des conclusions motivées du conservateur, à l'autorité supérieure ; l'opposition est alors, s'il y a lieu, maintenue par arrêté viziriel pris sur la proposition du directeur général de l'agriculture, du commerce et de la colonisation. Si, dans les six mois qui suivront la signification de l'opposition, l'arrêté viziriel n'est pas rendu et notifié au propriétaire des bois, le défrichement peut être effectué.

Article 25 : (Modifié, D. 27 octobre 1939 - 13 ramadan 1358 ; D. 30 novembre 1951 - 29 safar 1371) : L'opposition au défrichement ne peut être formée que pour les bois dont la conservation est reconnue nécessaire :
1. Au maintien des terres sur les montagnes ou sur les pentes ;
2. A la défense du sol contre l'érosion pluviale et contre son envahissement par les eaux courantes ; à la protection des réservoirs de barrage contre les atterrissements ;
3. A l'existence des sources et cours d'eau ;
4. A la défense du sol contre l'érosion éolienne et à sa protection contre l'envahissement des sables ;
5. A la salubrité publique ; 6. Au maintien de l'équilibre économique et social des populations.

Article 25 bis : (Ajouté, D. 30 novembre 1951 - 29 safar 1371) : Dans les cas prévus à l'article précédent, la décision de non-opposition au défrichement peut être subordonnée à l'engagement pris par le propriétaire des bois d'exécuter, sur les terrains défrichés, des travaux de défense et de restauration du sol.
La nature, la situation et l'importance de ces travaux, ainsi que le délai fixé pour leur exécution sont déterminés par les décisions de non opposition.
Faute par le propriétaire de procéder à ces travaux, il y est pourvu dans les conditions prévues aux deuxième et troisième alinéas de l'article 27 ci-après, à moins que, avant le commencement du défrichement, l'intéressé ait déclaré renoncer à celui-ci par lettre recommandée adressée au conservateur des eaux et forêts compétent.
La décision de non-opposition au défrichement peut, également, fixer certaines conditions propres à atténuer ou supprimer les effets nuisibles de celui-ci, notamment interdire l'arrachage de certaines espèces d'arbres ou imposer le maintien d'une certaine quantité d'arbres. Les infractions aux

conditions fixées dans la décision donnent lieu à l'application des peines prévues à l'article 27 ci-après. 9

Article 26 : Les collectivités indigènes et les établissements publics ne peuvent faire aucun défrichement de leurs bois, quelle que soit leur situation, sans une autorisation expresse et spéciale de l'autorité supérieure donnée par arrêté viziriel.
Ceux qui auront ordonné ces défrichements seront passibles des peines prévues à l'article 27 contre les particuliers pour les contraventions de même nature.

Article 27 : (Alinéa 1er modifié, D. 18 janvier 1935 - 12 chaoual 1353) : En cas de contravention à l'article 24, celui qui aura effectué ou fait effectuer le défrichement sera condamné à une amende de 100 francs au moins et 200 francs au plus par hectare de bois défriché. Il devra en outre, s'il en est ainsi ordonné par le directeur des eaux et forêts, rétablir les lieux défrichés en nature de bois, dans un délai qui ne peut excéder trois années.
Faute par le propriétaire d'effectuer le reboisement dans le délai prescrit, il y est pourvu à ses frais par l'administration des eaux et forêts.
Le mémoire des travaux faits est arrêté et rendu exécutoire dans les conditions prévues à l'article 16 du présent dahir. (Ajouté, D. 30 novembre 1951 - 29 safar 1371.)
Lorsque le défrichement a été effectué, en l'absence de la déclaration prévue à l'article 24 ci-dessus, par une personne autre que le propriétaire, cette personne est passible des peines prévues au premier alinéa du présent article et le propriétaire peut être déclaré pénalement responsable de l'infraction, à moins qu'il ne l'ait signalé à l'administration des eaux et forêts avant sa constatation par celle-ci.

Article 28 : (Modifié, D. 18 janvier 1935 - 12 chaoual 1353 ; D. 30 novembre 1951 - 29 safar 1371) : Peuvent être arrachés ou défrichés, sans déclaration ni autorisation :
1. Les jeunes bois pendant les vingt premières années après leur semis ou leur plantation, sauf s'ils ont été exécutés en remplacement de bois défrichés comme il est prescrit à l'article précédent ;
2. Les parcs et jardins clos ou attenant aux habitations ; 3. Les bois non clos, d'une étendue inférieure à 10 hectares, à la condition qu'ils ne dépendent pas, quoique isolés en tout ou partie, d'un autre bois qui compléterait une contenance de 10 hectares, ou qu'ils ne soient pas situés sur le sommet ou sur les pentes d'une montagne.
Toutefois, les bois entrant dans les catégories prévues aux paragraphes 1°, 2° et 3° du présent article demeurent soumis aux dispositions de l'article 24 s'ils ont été plantés avec l'aide du fonds forestier marocain, en exécution du dahir du 12 septembre 1949 (18 kaada 1368) instituant une taxe sur le prix principal

des cessions de produits principaux des forêts soumises au régime institué par le dahir du 10 octobre 1917 (20 hija 1335) et des nappes alfatières et créant un fonds forestier marocain.

Article 29 : Les exploitations abusives ou sur les terrains en pente, l'exercice du parcours après exploitation, recépage ou incendie, qui auraient pour conséquence d'entraîner la destruction de tout ou partie de la forêt dans laquelle ils sont pratiqués ou qui seraient dangereux pour le maintien des terres sur les pentes ou la défense du sol contre les érosions, seront assimilés à des défrichements et par conséquent, donneront lieu contre ceux qui les auront ordonnés aux peines prévues à l'article 27.
Les bois âgés de six ans et au-dessous sont absolument interdits au parcours, même des usagers. Les propriétaires d'animaux qui contreviendront à cette disposition seront punis des peines prévues à l'article 41.

Article 30 : (Modifié, D. 7 décembre 1921 - 6 rebia II 1340) : Il pourra être créé par arrêté viziriel des périmètres de protection comprenant des boisements de toutes catégories se trouvant dans les conditions prévues à l'article 25, dans lesquels aucun défrichement ou exploitation ne pourra avoir lieu sans l'autorisation du service des eaux et forêts et où l'exercice du pâturage sera soumis à la même réglementation que dans les forêts domaniales.
Les dispositions des titres VI, VII et VIII du présent dahir et des arrêtés pris en application seront applicables aux périmètres de protection.
La délimitation de ces périmètres s'opérera selon la procédure prévue pour les forêts domaniales.
Pourra être déclarée d'utilité publique, en vue de leur expropriation ultérieure, la création de périmètres de reboisement englobant des terrains dont le reboisement ou la restauration sera reconnue nécessaire, pour le maintien et la protection des terres ou la fixation des dunes, pour la régularisation du régime des eaux, pour la salubrité publique, pour assurer des besoins d'ordre économique.

Article 30 bis (Ajouté à compter du 1er janvier 1991, L.fin 1991 n° 56-90, D. n. 1-90-194, 31 décembre 1990 - 13 joumada II 1411, art 4 modifié, article 27 de la loi de finances n° 26-99 pour l'année budgétaire 1999-2000 promulguée par le dahir n° 1-99-184 du 30 juin 1999).
Toute opération de défrichement de boisements d'origine naturelle visée au présent titre est subordonnée au paiement d'une taxe égale à la valeur de 30 stères de bois d'eucalyptus par hectare défriché, calculée sur la base de la moyenne nationale des prix des adjudications effectuées par les services des eaux et forêts au cours de l'année précédant celle du défrichement projeté.
La taxe doit être acquittée avant le commencement des opérations de défrichement.

Toutefois, le montant de la taxe perçu est restitué à l'intéressé et sur sa demande lorsqu'il est constaté par procès-verbal dressé par les agents des services des eaux et forêts, que le terrain défriché a été reboisé ou planté dans un délai de trois mois courant à compter de la date où la taxe est devenue exigible.
A l'issue du délai de trois ans visé ci-dessus et au plus tard dans les six mois suivant la date du dépôt de la demande de l'intéressé attesté par récépissé, le procès-verbal constatant les opérations de reboisement ou de plantation doit être établi par les agents précités et notifié, par lettre recommandée avec accusé de réception, audit intéressé aux fins de restitution du montant de la taxe versée. La demande de restitution de la taxe n'est pas recevable au-delà d'une durée d'un an qui court à compter du délai prévu au 3e alinéa du présent article.

Titre VI : Police Et Conservation Des Forêts

Section Première : Dispositions relatives aux délits forestiers en général

Article 31 : Quiconque aura brisé, dégradé, détruit, déplacé ou fait disparaître les bornes, fossés, repères, murs, signes et clôtures quelconques servant à limiter les forêts ou cantons de forêt, sera puni d'une amende de 5 à 200 francs et pourra l'être d'un emprisonnement de 11 six jours à trois mois, sans préjudice de dommages-intérêts, qui ne pourront être inférieurs aux frais nécessités par la remise des lieux en état.

Article 32 : (Modifié, D. 5 avril 1949 - 6 joumada II 1368) : Toute extraction ou enlèvement non autorisé de matériaux, broussailles, produits quelconques des forêts, autres que le bois vif, le charbon, le liège et l'écorce à tan, sera puni d'une amende de 1 500 à 12 000 francs par véhicule automobile, 200 à 600 francs par bête attelée, 100 à 300 francs par charge de bête de somme, 50 à 120 francs par charge d'homme.
En cas de récidive, un emprisonnement de cinq à huit jours pourra être prononcé.
Ces dispositions sont applicables à l'enlèvement du bois mort en dehors de l'exercice du droit d'usage. La récolte ou l'enlèvement en forêt, ainsi que le colportage, la vente ou l'exportation des glands en contravention aux dispositions de l'arrêté viziriel pris en exécution de l'article 54 du présent dahir, seront punis d'une amende de 1 500 à 24 000 francs par véhicule automobile, 200 à 3 000 francs par bête attelée, 100 à 1 800 francs par charge de bête de somme, 50 à 1 200 francs par charge d'homme. En cas de récidive, ou si la récolte ou l'enlèvement ont eu lieu dans un canton en régénération, un emprisonnement de six à quinze jours pourra être prononcé.

Article 33 : Quand des extractions de matériaux ayant pour objet des travaux publics devront être pratiquées sur des terrains forestiers, la direction générale

des travaux publics désignera au service des eaux et forêts des lieux d'extraction. Les agents forestiers, de concert avec les agents des travaux publics, procéderont à la reconnaissance des lieux, détermineront les limites des terrains où l'extraction pourra être pratiquée, le nombre, l'espèce, les dimensions des arbres à abattre, et désigneront les chemins à suivre pour le transport des matériaux. Le chef du service des eaux et forêts fixera le montant des indemnités à payer à l'Etat tant pour l'occupation du sol que pour la valeur des matériaux extraits, ainsi que les clauses et conditions à imposer pour l'extraction des matériaux dans l'intérêt de la forêt. (Alinéa 3 modifié, D. 18 janvier 1935 - 12 chaoual 1353.)
Toute extraction de matériaux ou tout abattage d'arbres opéré sans l'accomplissement des formalités qui précèdent donnera lieu à l'application à l'entrepreneur des peines prévues par les articles 32 à 36.

Article 34 : (Modifié, D. 5 avril 1949 - 6 joumada II 1368) : Quiconque aura labouré, cultivé ou planté un terrain forestier sera condamné à une amende de 2 000 à 12 000 francs par hectare labouré, cultivé ou planté.
Quiconque aura défriché des terrains forestiers sera condamné à une amende de 5 000 à 24 000 francs par hectare défriché. Si le labour, la culture ou la plantation a suivi immédiatement le défrichement, l'amende pour défrichement sera seule appliquée.
S'il y a récidive, un emprisonnement de cinq à huit jours en cas de labour, culture ou plantation et de huit jours à deux mois en cas de défrichement, pourra être prononcé. De plus, la récolte sera confisquée.

Article 35 : Quiconque sera trouvé de nuit dans les bois et forêts en dehors de routes et chemins ordinaires porteur d'instruments ou outils propres à couper les bois, exploiter le liège ou l'écorce à tan, sera puni d'une amende de 1 à 10 francs. 12 (D. 7 décembre 1921 - 6 rebia II 1340.)
Quiconque sera trouvé de nuit ou de jour dans les terrains sur lesquels l'administration a entrepris des travaux de reboisement, de plantation ou de fixation de dunes, en dehors des routes et chemins ordinaires, sera puni des peines prévues au paragraphe précédent, sans préjudice des dommages-intérêts.

Article 36 : (Alinéas 1er et 2 modifiés, D. 27 octobre 1939 - 13 ramadan 1358) : La coupe ou l'enlèvement d'arbres ayant à 1 mètre du sol plus de 2 décimètres de tour, sera puni d'une amende de 0 fr. 50 au moins et de 50 francs au plus par pied d'arbre. Cette amende pourra être portée à la valeur de l'arbre, si celle-ci est supérieure au maximum.
Si les bois ont 2 décimètres de tour et au-dessous, l'amende sera de 25 à 100 francs par véhicule automobile ; de 3 à 10 francs par bête attelée ; de 2 à 5 francs par charge de bête de somme ; de 0 fr. 50 à 2 francs par charge d'homme. (D. 30 novembre 1951 - 29 safar 1371.) L'enlèvement en forêt de bois débités

ou façonnés, ou de produits en provenant, sera puni d'une amende de 600 à 6 000 francs par stère de bois façonné, mètre cube de bois d'œuvre ou quintal de charbon. Cette amende pourra être portée à la valeur du bois si celle-ci est supérieure au maximum, sans préjudice des condamnations qui pourront être prononcées, lorsqu'il y aura lieu, par application des dispositions de l'article 14 du présent dahir. Au cas de condamnation, l'article 463 du Code pénal et la loi du 26 mars 1891 ne seront pas applicables.
La coupe, l'arrachage, l'enlèvement, la destruction d'arbres plantés ou semés de main d'homme depuis moins de dix ans, seront punis d'une amende de 0,50 à 5 francs par pied, quelle qu'en soit la grosseur. (D. 11 juillet 1925.)
S'il s'agit de plants et semis naturels, les peines des paragraphes 1 et 2 du présent article seront appliquées.
Il pourra, en outre, dans les cas prévus aux paragraphes précédents, être prononcé un emprisonnement de six jours à deux mois.

Article 37 : Les mutilations graves, l'écorcement, la coupe des branches principales, l'enlèvement des Chablis ou bois de délits seront punies comme si les arbres avaient été abattus par le pied.

Article 38 : Ceux qui dans les forêts auront extrait ou enlevé du liège de reproduction ou de l'écorce à tan, ou qui en seront trouvés détenteurs en contravention aux arrêtés rendus en exécution de l'article 54 du présent dahir, seront punis d'une amende de 15 à 50 francs par quintal métrique.
Cette amende ne pourra descendre au-dessous du minimum fixé pour les quantités inférieures à un quintal. Il pourra, en outre, être prononcé un emprisonnement de huit jours à deux mois.
L'extraction du liège mâle sera punie d'une amende de 0 fr. 10 à 0 fr. 50 par pied d'arbre, et des peines prévues à l'article 37 si les arbres ont été blessés ou mutilés. L'enlèvement du liège mâle gisant sera puni d'une amende de 3 à 10 francs par quintal métrique, calculée comme il est prévu pour le liège de reproduction. Il pourra, en outre, être prononcé un emprisonnement de huit jours à deux mois.

Article 39 : (Modifié, D. 18 janvier 1935 - 12 chaoual 1353) : En cas de récidive, les amendes prévues par les articles 31 et 38 inclusivement seront toujours fixées au maximum.

Article 40 : Il y aura lieu dans tous les cas à la restitution des objets frauduleusement enlevés en forêts ou de leur valeur, et de plus, selon les circonstances, à des dommages-intérêts.
Seront confisqués les instruments dont les délinquants seront trouvés porteurs.

Article 41 : (Modifié, D. 5 avril 1949 - 6 joumada II 1368) : Les propriétaires usagers d'animaux trouvés de jour en délit dans les forêts seront condamnés à

une amende de : 10 à 48 francs pour un porc, un veau ou une bête à laine ; 20 à 120 francs pour un bœuf, une vache, une chèvre, un cheval, un mulet ou un âne, 100 à 360 francs pour un chameau. Il pourra, en outre, être prononcé contre le berger un emprisonnement de trois à quinze jours.
Si les animaux appartiennent à des non-usagers, les peines ci-dessus seront doublées. Seront assimilés à des non-usagers, les usagers propriétaires d'animaux trouvés en surnombre.
En cas de récidive, ou si le délit a été commis la nuit ou dans les bois non défendables, le maximum des amendes prévues aux deux alinéas précédents sera toujours appliqué. Le concours de deux des circonstances entraînera le doublement des maxima ci-dessus ; des trois, le triplement.
En cas de délit commis la nuit ou dans les bois non défendables, l'emprisonnement du berger, le cas échéant, est obligatoire.
Si les animaux sont trouvés abandonnés sans berger, de jour, dans un canton non défendable, l'amende sera portée au double du maximum ; si c'est la nuit, elle sera égale au triple de ce maximum.

Article 42 : (Alinéa 1ermodifié, D. 5 avril 1949 - 6 joumada II1368) : Les adjudicataires ou bénéficiaires de marchés de gré à gré, de pâturage ou de panage, etc., ne pourront introduire en forêt un plus grand nombre d'animaux que celui déterminé par le cahier des charges ou en introduire en dehors des cantons désignés, sous peine des sanctions prévues aux deuxième alinéa et suivants de l'article précédent. Ils devront également, si le cahier des charges le prescrit, faire marquer leurs animaux d'un signe spécial, sous peine de l'amende fixée par le même article, sauf si les animaux introduits en forêts sans marque avaient été déclarés au service des eaux et forêts.

Article 43 : (Modifié, D. 8 septembre 1936 - 20 joumada II 1355) : La contrefaçon des marteaux servant aux marques forestières, l'usage des marteaux contrefaits, l'usage frauduleux de vrais marteaux seront punis d'un emprisonnement de six mois à deux ans.
La destruction volontaire d'empreintes de marteaux sera punie d'un emprisonnement de trois mois à un an.
Le tout, sans préjudice de dommages-intérêts.

Article 44 : Il y a récidive quand, dans l'année grégorienne qui précède le jour où le délit a été commis, il a été rendu contre le délinquant ou le contrevenant un premier jugement devenu définitif pour contravention ou délit forestiers.

Article 45 : Dans tous les cas où il y aura lieu, en raison des énonciations du procès-verbal, à adjuger des dommages-intérêts, ces dommages ne pourront être inférieurs à l'amende simple énoncée par le jugement.

Section II : Mises à feu et incendies

Article 46 : Il est défendu de porter ou d'allumer du feu en dehors des habitations et des bâtiments d'exploitation, dans l'intérieur et à la distance de 200 mètres des bois et forêts.
Du 1er juillet au 31 octobre, cette interdiction est applicable même aux propriétaires des forêts et s'étend à la distillation du goudron et de la résine et généralement à toutes les industries exigeant l'emploi du feu.
L'emploi du feu dans les habitations, bâtiments d'exploitations, abris, camps, fours à minerai, chantiers ou ateliers, situés en forêt ou dans la zone de 200 mètres, pendant la période du 1er juillet au 31 octobre, sera soumis aux prescriptions des règlements et arrêtés à intervenir en exécution du présent dahir. (Dernier alinéa modifié, D. 22 janvier 1947 - 29 safar 1366.) Il en sera de même pour la fabrication du charbon et du goudron dans les forêts, quels qu'en soient les propriétaires, pendant la même période.

Article 47 : Les mises à feu ainsi que l'incinération des chaumes, broussailles et végétaux quelconques, motivées par des nécessités agricoles et pastorales, seront soumises aux prescriptions des règlements et arrêtés à intervenir en exécution du présent dahir.

Article 48 : Quiconque, valablement requis pour combattre un incendie de forêt, refusera son concours sans motifs légitimes, sera puni d'une amende de 10 à 100 francs et pourra l'être d'un emprisonnement de cinq jours à trois mois. La réquisition sera valable à l'égard des Européens quand elle aura été faite verbalement ou par écrit par un agent français de l'autorité. En ce qui concerne les populations indigènes, il suffira qu'elle soit adressée par tout agent de l'autorité et verbalement au chef de groupe ou de fraction.

Article 49 : Indépendamment des condamnations individuelles encourues par les auteurs ou complices des crimes, délits ou contraventions relatifs aux incendies de forêts, les tribus, douars ou fractions pourront être frappés d'amendes collectives.
Ces amendes seront prononcées par arrêté de Notre Grand Vizir, sur le vu des propositions de l'autorité administrative de contrôle et du service des eaux et forêts, les chefs de tribus et de douars préalablement entendus.
Le produit des amendes pourra être affecté en tout ou partie à la réparation du préjudice causé à la forêt par les incendies.

Article 50 : Tout parcours au profit des usagers est interdit pendant six ans au moins pour toute l'étendue des bois et forêts incendiés, sous les peines prévues à l'article 41.

Article 51 : Les mesures de précaution à imposer pour la période du 1er juin au 1er novembre aux compagnies, entrepreneurs ou autres intéressés pour la circulation, sur les sections de voie ferrée et de routes se développant à l'intérieur des forêts ou à moins de 200 mètres de leur périmètre, des chemins de fer, tramways, cylindres, véhicules et tracteurs quelconques, employant la vapeur comme force motrice, seront déterminées par les règlements et arrêtés à intervenir d'un commun accord entre la direction générale des travaux publics, l'administration des chemins de fer et le service des eaux et forêts en exécution du présent dahir.

Article 52 : Aucun établissement industriel se servant du feu, ou exigeant un dépôt de matières combustibles, ne pourra être établi à l'intérieur ou à moins de 500 mètres des forêts de l'Etat sans l'autorisation du service forestier, à peine d'une amende de 50 à 300 francs et de la démolition des établissements dans les trois mois à dater du jugement qui l'aura ordonnée, au besoin à la diligence de l'administration et aux frais des intéressés.

Article 53 : (Modifié, D. 30 novembre 1951 - 29 safar 1371) : En dehors des agglomérations actuellement existantes, aucune tente ou construction quelconque, bâtie ou recouverte avec des matériaux inflammables, ne pourra être édifiée dans l'intérieur et à moins de 100 mètres des forêts de l'Etat, à peine d'une amende de 600 à 6 000 francs et de la démolition dans le mois à dater du jour du jugement qui l'aura ordonnée.
Toutefois, lorsque des circonstances particulières le justifieront, des dérogations pourront être accordées par le chef de l'administration des eaux et forêts qui fixera les précautions à observer.

Article 54 : (Modifié, D. 7 décembre 1921 - 6 rebia II 1340 ; D. 5 avril 1949 - 6 joumada II 1368) : Un arrêté viziriel déterminera les conditions de l'exploitation, du colportage, de la vente et de l'exportation des lièges, produits tannants, glands, caroubes, charbon, bois, cendres de bois, produits résineux et lichens (V. A. V. 4 septembre 1918 - 27 kaada 1336).

Article 55 : (Modifié, D. 4 septembre 1918 - 27 kaada 1336) : Toute infraction aux dispositions des articles 46, 47, 51 et 54 du présent dahir ou des arrêtés rendus pour leur exécution sera punie d'une amende de 10 à 200 francs. Un emprisonnement de six jours à trois mois pourra en outre être prononcé. (Alinéa ajouté, D. 30 novembre 1951 - 29 safar 1371.) Lorsque l'exploitation d'un bois particulier aura été effectuée en violation des dispositions du présent dahir, par une personne autre que le propriétaire, cette personne sera passible des peines prévues à l'alinéa précédent et le propriétaire pourra être déclaré pénalement responsable de l'infraction, à moins qu'il ne l'ait signalée à l'administration des eaux et forêts avant sa constatation par celle-ci.

Ceux qui auront contrevenu aux dispositions des arrêtés d'application prévus à l'article 54 seront passibles de la confiscation des produits, sans préjudice de l'application des dispositions de l'article 61 du présent dahir.
Si par le fait de l'infraction, l'incendie s'est communiqué aux forêts, son auteur sera puni d'un emprisonnement de trois mois à deux ans, sans préjudice de dommages-intérêts. Dans ce cas, l'article 463 du Code pénal sera applicable.
Si, par le fait de mises à feu régulièrement autorisées et pratiquées, l'incendie se communique aux propriétés voisines, le promoteur de la mise à feu restera responsable de tous dommages-intérêts sauf si l'incendie résulte des mesures prises pour la défense d'un boisement contre le feu.

Article 56 : Quiconque aura volontairement mis le feu ou tenté de mettre le feu directement ou par communication aux forêts, sera puni des travaux forcés à temps.

Titre VII : Constatation Des Délits

Article 57 : L'administration des eaux et forêts est chargée, tant dans l'intérêt de l'Etat que dans celui des autres propriétaires de bois et forêts soumis au régime forestier, des poursuites en réparations des délits et contraventions prévus par le présent dahir ou les arrêtés pris en son application et commis par les justiciables des tribunaux français.
Les actions et poursuites seront exercées par les agents supérieurs des eaux et forêts au nom de l'administration, sans préjudice du droit qui appartient au ministère public. (3e alinéa modifié D. 30 novembre 1951 - 29 safar 1371).
Les actions et poursuites exercées contre les Marocains sont portées devant les juridictions chérifiennes, conformément aux règles normales de compétence et suivant les règles de procédure de droit commun.
A cet effet les procès-verbaux dressés par les préposés forestiers sont transmis par les agents supérieurs des eaux et forêts avec leurs propositions aux autorités locales de contrôle qui saisissent la juridiction compétente, assurent l'exécution des jugements et informent le service forestier de la suite donnée aux actions et poursuites.

Article 58 : Les délits et contraventions en matière forestière seront prouvés, soit par procès-verbaux, soit par témoins à défaut de procès-verbaux ou en cas d'insuffisance de ces actes.

Article 59 : Les agents supérieurs et préposés forestiers constateront les infractions dans toute l'étendue du territoire de la zone française de l'Empire chérifien. (2e alinéa modifié, D. 18 janvier 1935 - 12 chaoual 1353.)
L'empreinte des marteaux de l'Etat sera déposée au greffe de la Cour d'appel de Rabat et des tribunaux de première instance dans le ressort desquels il en

sera fait usage. L'empreinte des marteaux des officiers et préposés sera déposée au greffe du tribunal de première instance de leur résidence.

Article 60 : Les agents supérieurs et préposés écriront eux-mêmes leurs procès-verbaux et les signeront, le tout sous peine de nullité ; la date de l'acte sera celle de la clôture.
Les procès-verbaux sont dispensés de l'affirmation, du timbre et de l'enregistrement.

Article 61 : Les préposés sont autorisés à saisir les bestiaux trouvés en délit et les instruments, voitures, attelages et bêtes de somme des délinquants et à les mettre sous séquestre. Ils suivront les objets enlevés par les délinquants jusque dans les lieux où ils auront été transportés ou dans ceux où des indications ou témoignages sérieux leur permettront de présumer qu'ils l'ont été et les mettront également sous séquestre.
Ils ne pourront toutefois s'introduire dans les maisons, cours et enclos, qu'en présence soit du juge de paix ou de son suppléant, soit du commissaire de police, d'un membre des municipalités ou d'un officier de police judiciaire, s'il s'agit de justiciables des tribunaux français et, s'il s'agit de justiciables des tribunaux indigènes, qu'en présence d'un représentant de l'autorité marocaine, caïd, khalifa, cheik, chef de douar, assisté au besoin d'un représentant de l'autorité de contrôle.
Ces fonctionnaires ne pourront se refuser à accompagner sur-le-champ les préposés lorsqu'ils seront requis par eux pour assister à des perquisitions et devront signer le procès-verbal des opérations faites en leur présence.

Article 62 : Les agents supérieurs et les préposés ont le droit de requérir directement et par écrit la force publique pour la répression de toutes les infractions prévues par le présent dahir ainsi que pour la recherche et la saisie des produits forestiers enlevés en délit, vendus ou colportés en contravention des arrêtés prévus à l'article 54.
Ils pourront arrêter tout inconnu qu'ils auront surpris en flagrant délit ; ils le conduiront devant l'agent de contrôle, le juge de paix ou le commissaire de police, s'il s'agit d'un justiciable des tribunaux français, ou, s'il s'agit d'un indigène marocain, devant le représentant de l'autorité marocaine, caïd, khalifa, ou cheik, ou de l'autorité de contrôle.

Article 63 : En cas de saisie de bestiaux trouvés en délit ou de produits frauduleusement enlevés en forêt, ces bestiaux ou ces produits seront mis sous séquestre chez une personne de bonne moralité et solvable, domiciliée aussi près que possible des lieux du délit. (D. 4 septembre 1918 - 27 kaada 1336.)
Lorsqu'il résultera des énonciations du procès-verbal de saisie que les produits mis sous séquestre proviennent du domaine forestier de l'Etat, la vente aux enchères en sera ordonnée sur la demande de l'administration forestière et au

profit de l'Etat, dans les trois jours qui suivront la saisie et dans les conditions prévues au paragraphe 3 de l'article 64, à moins que l'administration ne préfère retenir les produits.
Si la saisie porte sur des bestiaux, véhicules, attelages, bêtes de somme ou sur des produits ne provenant pas du domaine forestier de l'Etat, il sera, aussitôt après la clôture du procès-verbal portant saisie, fait une expédition de ce procès-verbal, qui sera déposée dans les trois jours au greffe de la justice de paix ou, à défaut, dans les bureaux de l'autorité locale de contrôle s'il s'agit d'un justiciable des tribunaux français ou remis au caïd s'il s'agit d'un indigène marocain. Communication en sera donnée à ceux qui réclameront les objets saisis.
Au moment de la constitution du séquestre une copie sera délivrée à la personne qui en sera chargée.

Article 64 : (Modifié, D. 4 septembre 1918 - 27 kaada 1336 et D. 22 juillet 1922 - 26 kaada 1340) : Le juge de paix ou, à son défaut, l'autorité locale de contrôle, ou le caïd, pourra, sur la demande du propriétaire, donner mainlevée provisoire de la saisie, à charge de paiement des frais et moyennant le versement d'un cautionnement. Si aucune réclamation touchant les bestiaux ou objets saisis n'a été formulée dans le délai de cinq jours à dater de la saisie ou si, dans le même délai, le réclamant ne peut fournir de cautionnement, les autorités ci-dessus visées ordonneront la vente aux enchères et taxeront les frais du séquestre et de vente.
La vente aux enchères s'effectuera sur le marché le plus voisin, à la diligence du secrétaire-greffier ou caïd sous la surveillance de l'autorité de contrôle, ou de leurs délégués, qui la feront publier vingt-quatre heures à l'avance.
Le prix de vente servira à couvrir successivement les frais de séquestre et de vente, le montant des condamnations.
Le surplus sera restitué à qui de droit.
S'il s'agit de bestiaux, il ne sera mis en vente, à moins que le propriétaire ne reste inconnu, que le nombre d'animaux nécessaires pour que leur prix couvre le paiement des condamnations pécuniaires encourues, et dont le montant sera fixé par le service des forêts.
En cas d'acquittement, le propriétaire aura droit à la restitution de l'intégralité du prix de vente, les frais taxés de séquestre et de vente restant à la charge du service forestier.
Toutefois, si la réclamation n'a lieu qu'après la vente des bestiaux saisis, le propriétaire n'aura droit, s'il est acquitté, qu'à la restitution du produit net de la vente, déduction faite de tous les frais.

Article 65 : Les procès-verbaux écrits et signés par deux agents supérieurs ou préposés français des eaux et forêts font preuve, jusqu'à inscription de faux, des faits matériels relatifs aux délits et contraventions qu'ils constatent, quelles que soient les condamnations auxquelles ces délits et contraventions peuvent donner lieu. Il ne sera en conséquence, admis aucune preuve outre ou contre le contenu de ces procès-verbaux, à moins qu'il n'existe une cause légale de récusation contre l'un des signataires. (Deux derniers alinéas modifiés, D. 5 avril 1949 - 6 joumada II 1368.)

Lorsque les procès-verbaux ne seront dressés et signés que par un seul officier ou préposé français, ils feront de même preuve jusqu'à inscription de faux, mais seulement lorsque le délit ou la contravention n'entraînera pas une condamnation de plus de 10.000 francs, tant pour amende que pour dommages-intérêts.

Lorsqu'un de ces procès-verbaux constatera à la fois contre divers individus des délits et des contraventions distincts et séparés, il n'en fera pas moins foi, aux termes du présent article, pour chaque délit ou contravention qui n'entraînerait pas une condamnation de plus de 10.000 francs, tant pour amende que pour dommages-intérêts, quelle que soit la quotité à laquelle pourraient s'élever toutes les condamnations réunies.

Article 66 : Les procès-verbaux qui, d'après les dispositions qui précèdent, ne font point foi et preuve suffisante jusqu'à inscription de faux feront foi jusqu'à preuve contraire.

Article 67 : Les actions en inscription de faux seront, quelle que soit la nationalité du prévenu, portées devant la juridiction française.

Le prévenu qui voudra s'inscrire en faux contre un procès-verbal sera tenu d'en faire en personne ou par un fondé de pouvoir spécial institué par acte notarié, la déclaration au greffe du tribunal ou de la justice de paix avant l'audience indiquée par la citation.

Cette déclaration sera reçue par le greffier et signée par le prévenu ou son fondé de pouvoir ; dans le cas où il ne saurait ou ne pourrait signer, il en sera fait mention expresse.

Au jour fixé pour l'audience, le tribunal donnera acte de la déclaration et fixera un délai de trois jours au moins et de huit jours au plus, pendant lequel le prévenu sera tenu de faire au greffe le dépôt des moyens de faux et des noms, qualités et demeures des témoins qu'il voudra faire entendre.

A l'expiration de ce délai et sans qu'il soit besoin d'une citation nouvelle, le tribunal admettra les moyens de faux s'ils sont de nature à détruire l'effet du procès-verbal et il sera procédé sur le faux conformément aux lois.

Dans le cas contraire, ou faute par le prévenu d'avoir rempli toutes les formalités ci-dessus prescrites, le tribunal déclarera qu'il n'y a lieu à admettre les moyens de faux et ordonnera qu'il soit passé outre au jugement.

Dans le même cas, si le prévenu est marocain, il sera renvoyé devant la juridiction chérifienne compétente pour l'application des peines du présent dahir. Il en sera de même dans le cas où, l'inscription de faux étant admise, il subsisterait néanmoins contre le prévenu marocain un chef de prévention.

Tout prévenu débouté de son inscription de faux sera condamné à une amende de 300 francs.

Article 68 : Le prévenu contre lequel aura été rendu un jugement par défaut sera admissible à faire sa déclaration d'inscription en faux, pendant le délai qui lui est accordé par la loi pour se présenter à l'audience sur l'opposition par lui formée.

Article 69 : Lorsqu'un procès-verbal sera rédigé contre plusieurs prévenus, et qu'un ou quelques-uns seulement d'entre eux s'inscriront en faux, le procès-verbal continuera de faire foi à l'égard des autres, à moins que le fait sur lequel portera l'inscription de faux ne soit indivisible et commun aux autres prévenus.

Titre VIII : Poursuites Et Réparations Des Délits 19
Dispositions Générales

Article 70 : Toutes les actions et poursuites exercées à la requête de l'administration des eaux et forêts sont portées, suivant le cas, devant les tribunaux correctionnels ou les juges de paix dont la compétence est déterminée par l'article 9 du dahir du 12 août 1913 sur l'organisation judiciaire du protectorat.
Pour les indigènes marocains les poursuites seront exercées dans les conditions prévues à l'article 57.

Article 71 : Les préposés forestiers pourront, dans les actions et poursuites exercées au nom de l'administration des eaux et forêts, faire toutes citations et notifications sans avoir à présenter la requête prévue à l'article 13 du dahir formant Code de procédure criminelle. Ils ne peuvent procéder aux saisies exécutions.
L'acte de citation doit à peine de nullité contenir la copie du procès-verbal.

Article 72 : Les agents supérieurs des eaux et forêts ont le droit d'exposer l'affaire devant le tribunal et sont entendus à l'appui de leurs conclusions.

Article 73 : Les agents supérieurs des eaux et forêts peuvent au nom de l'administration interjeter appel des jugements et se pourvoir contre les arrêts et jugements en dernier ressort, mais ils ne peuvent se désister de leurs appels sans une autorisation spéciale de l'autorité supérieure.
Le droit attribué à l'administration des eaux et forêts et à ses agents de se pourvoir contre les jugements et arrêts par appel ou recours en cassation est indépendant de la même faculté qui est accordée par la loi au ministère public, lequel peut toujours en user même lorsque l'administration ou ses agents auraient acquiescé aux jugements et arrêts.

Article 74 : L'administration des eaux et forêts est autorisée à transiger sur les délits et contraventions prévus et punis par le présent dahir.
Après jugement, la transaction ne pourra porter que sur les condamnations pécuniaires et réparations civiles.
Les transactions sont approuvées par le chef du service des eaux et forêts.

Article 75 : Les actions en réparation de délits et contraventions en matière forestière se prescrivent par six mois à dater de la clôture du procès-verbal de constatation et par le délai de trois ans, à dater du jour du délit, si aucun procès-verbal n'a été dressé, sans préjudice à l'égard des adjudicataires et entrepreneurs de coupes des dispositions contenues aux articles 17, 18 et 20 du présent dahir.
Les actions ayant pour objet les défrichements de bois et broussailles effectués en contravention aux dispositions de l'article 24, se prescrivent par deux années grégoriennes à dater de l'époque où le défrichement a été effectué.

Article 76 : Si, dans une instance en réparation d'une infraction prévue par le présent dahir ou par les arrêtés d'application, le prévenu excipe d'un droit de propriété ou autre droit réel, le tribunal saisi de la plainte statuera sur l'incident en se conformant aux règles suivantes :
L'exception préjudicielle ne sera admise qu'autant qu'elle sera fondée soit sur un titre apparent, soit sur des faits de possession équivalents, personnels au prévenu ou à ses auteurs et par lui articulés avec précision, et si le titre produit ou les faits articulés sont de nature, dans le cas où ils seraient reconnus par l'autorité compétente, à ôter au fait qui sert de base aux poursuites tout caractère délictueux. Dans le cas de renvoi à fins civiles, le 20 jugement fixera un délai, qui ne pourra être supérieur à deux mois, dans lequel la partie qui aura soulevé l'exception préjudicielle devra saisir les juges compétents de la connaissance du litige et justifier de ses diligences, sinon il sera passé outre au jugement sur l'infraction.
Toutefois, en cas de condamnation, il sera sursis à l'exécution du jugement en ce qui concerne l'emprisonnement s'il était prononcé, et le montant des condamnations pécuniaires et réparations civiles sera consigné pour être remis à qui il sera ordonné par le tribunal, qui statuera sur le fonds du droit.

Article 77 : L'article 463 du Code pénal français, l'article 365 paragraphe 2, du Code d'instruction criminelle, le dahir du 18 mai 1914 ne sont pas applicables aux peines prévues par le présent dahir, en dehors du cas visé par l'article 56. Ils restent applicables aux peines prononcées par le Code pénal français auxquelles se réfère le présent dahir.

Article 78 : Les maris, pères, mères et tuteurs seront civilement responsables des infractions commises par leurs femmes, enfants mineurs et pupilles demeurant avec eux.

Les maîtres et commettants seront civilement responsables des délits commis par toute personne à leur service, dans les fonctions auxquelles ils les auront employés.
Cette responsabilité s'étendra aux restitutions, dommages et frais.
En ce qui concerne les indigènes marocains, déférés aux juridictions chérifiennes, leur responsabilité civile sera appréciée conformément aux principes généraux du droit coranique.

Article 79 : Il y aura lieu à l'application des lois pénales de droit commun dans tous les cas non spécifiés au présent dahir.

Article 80 : (D. 18 janvier 1935 - 12 chaoual 1353) : La contrainte par corps pour l'exécution des jugements en matière forestière sera exercée, suivant le cas, conformément aux dispositions en vigueur relatives à la matière.

Article 81 : Les jugements rendus à la requête de l'administration des eaux et forêts ou sur la poursuite du ministère public, seront signifiés par simple extrait contenant le nom et le domicile des parties et le dispositif du jugement. Cette signification fera courir les délais de l'opposition et de l'appel des jugements.

Article 82 : (Modifié, D. 4 septembre 1918 - 27 kaada 1336) : Toutes les dispositions du présent dahir ou des arrêtés viziriels pris pour son application relative à la conservation et à la régie des bois et forêts faisant partie du domaine de l'Etat ainsi qu'à la constation, à la poursuite et à la réparation des délits et contraventions commis dans ces bois sont applicables aux bois indivis ou litigieux mentionnés à l'article 1er.
Les recettes provenant des ventes, restitutions ou dommages-intérêts seront consignées pour être remises à leur propriétaire après jugement définitif au prorata de leurs droits reconnus et tenant compte des frais de garderie et de gestion, sans qu'il puisse être élevé aucune contestation ni réclamation d'indemnité ou de dommages-intérêts au sujet des actes de gestion. (D. 7 décembre 1921 - 6 rebia II 1340.)
Les dispositions du présent dahir ou des arrêtés viziriels pris en application sont également applicables aux terrains non forestiers sur lesquels l'administration a entrepris des travaux de reboisement, de plantation ou de fixation de dunes.

Article 83 : (Modifié, D. 4 septembre 1918 - 27 kaada 1336 ; D. 30 novembre 1951 - 29 safar 21 1371) : Les infractions au présent dahir et aux arrêtés viziriels pris pour son application seront constatées par les ingénieurs et agents assermentés des eaux et forêts, surveillants de la défense et de la restauration des sols, militaires assermentés de la gendarmerie, préposés des douanes,

agents de police et tous officiers de police judiciaire, ainsi que par les caïds, khalifas et cheiks.
Les procès-verbaux de constatation de délits dressés par les agents n'appartenant pas à l'administration forestière seront transmis dans les dix jours aux fonctionnaires chargés, aux termes de l'article 57 d'exercer les poursuites.

Article 84 : Toutes les dispositions contraires à celles du présent dahir sont abrogées. Jurisprudence (Article 78) Le propriétaire d'un troupeau, dont les dégâts ont donné naissance à un délit forestier, peut être condamné aux peines prévues par le Code forestier quoiqu'il n'ait été cité devant le tribunal de répression que comme civilement responsable de son berger (Trib. 1er inst., Rabat 25 juin 1943).

3- Documents relatifs a la foret de Maamora

- Les forêts du Maroc

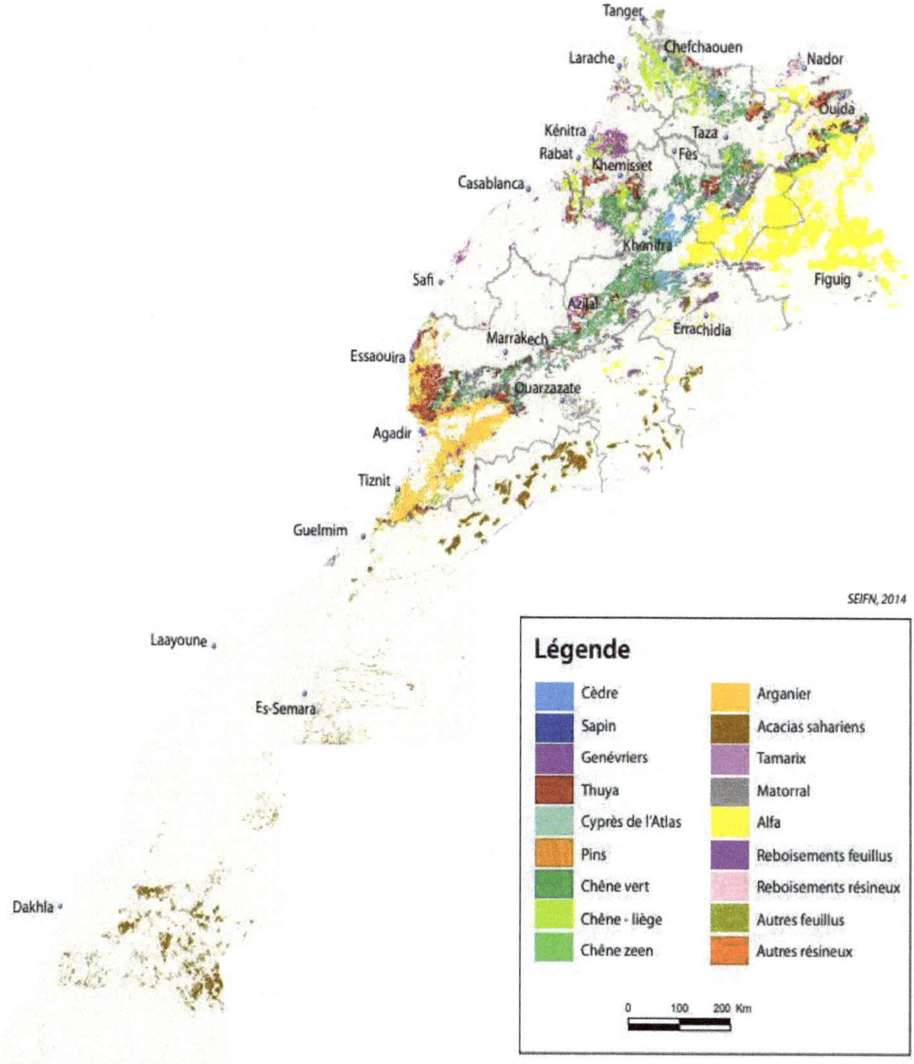

Source : www.eauxetforets.gov.ma

Les zones forestières boisées couvrent une superficie de 6 212 056 hectares, majoritairement composée à 71% d'essences feuillues tels que le chêne vert, le chêne-liège, l'arganier et les acacias sahariens, et à 18 % d'arbres résineux comme le cèdre, le thuya, le genévrier, le pin, le cyprès de l'Atlas et le sapin. Les 11 % restants de la surface sont occupés par des formations de végétation basse (matorrals et essences secondaires) souvent causées par la dégradation des forêts.

Le taux moyen de couverture forestière dans le pays est d'environ 9 %, ce qui est inférieur au taux optimal, compris entre 15 et 20 %, nécessaire pour maintenir l'équilibre écologique et environnemental.

(% par rapport à la surface du domaine boisé sans les nappes alfatières)

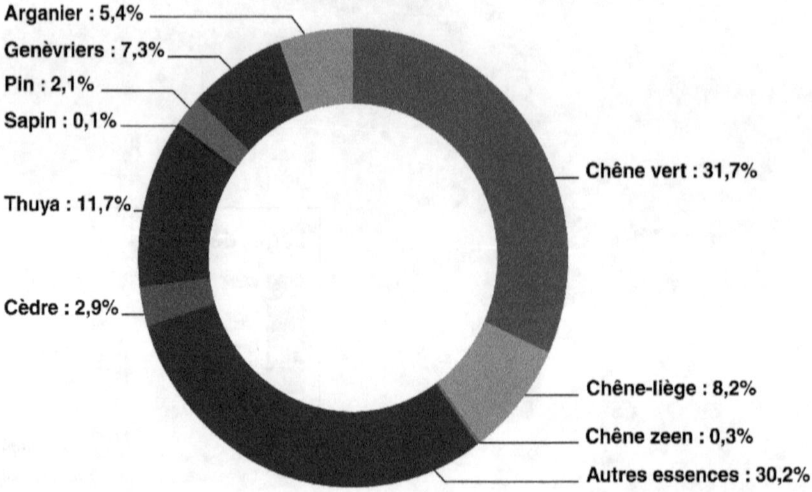

Source : www.eauxetforets.gov.ma

- **Situation générale de la forêt de Maâmora**

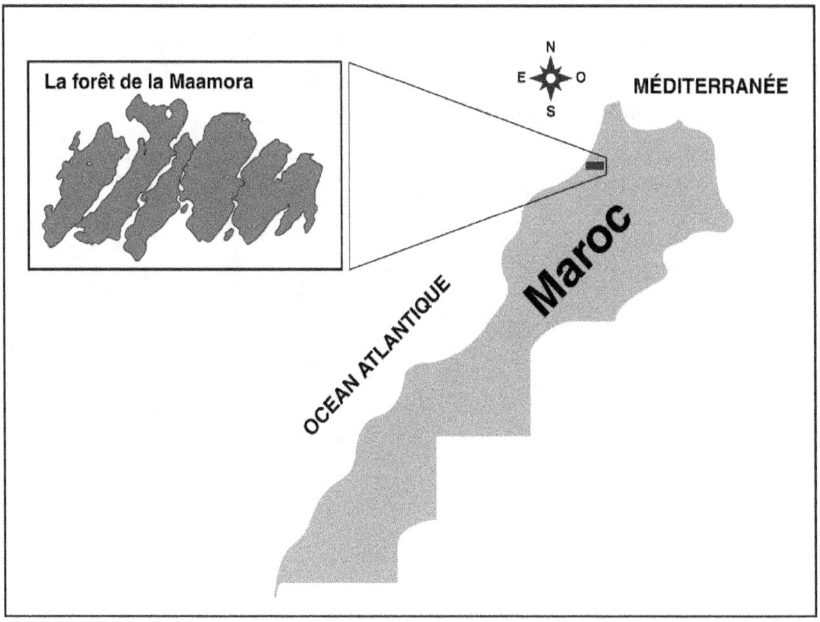

Source : Khalid CHERKI, Analyse de la répartition spatiale des incendies de forêt en fonction des facteurs anthropiques, écologiques et biophysiques. Le cas de la forêt de la Maâmora (Maroc septentrional), Études caribéennes, décembre 2011.

- Description générale du site pilotes

S'étendant sur 68 km (Ouest-Est) et 38 km (Nord- Sud), la forêt de la Maâmora se situe en bordure de l'océan atlantique. La figure ci-après situe globalement la forêt susmentionnée.

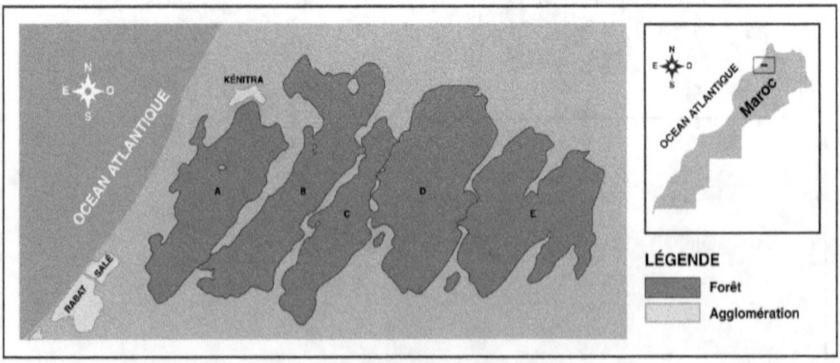

- Superficie totale actuelle : 123.000 ha.
- Le régime de propriété : la totalité du site est la propriété de l'Etat
- Population : 71 000 ménages (usagers des espaces boisés)
- **Principaux écosystèmes** : écosystème de subéraie de plaine (Quercus suber) d'essences résineuses (Pinus sp) et de feuillus (Eucalyptus et Acacia), et zones ouvertes.

Source : Planbleu.org, Mohamed Qarro, Forêt de Maâmora, Maroc, Améliorer la gouvernance des espaces boisés méditerranéens à travers la mise en œuvre de démarches participatives, fiche 7.

- Carte des formations forestières du site pilote de la forêt de la Maâmora.

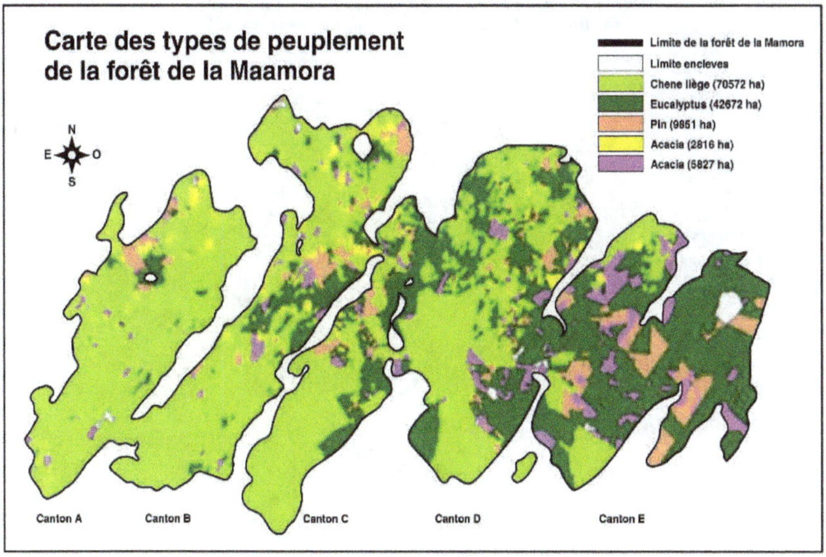

Source : Bawinabadi Maguiliwe BAGARAM, Élaboration d'une base de données géographiques et catalogue des stations de la subéraie de la Maâmora, mémoire, 2014, École Nationale Forestière d'Ingénieurs.

- La répartition de la forêt de Maâmora sur la Région Rabat-Salé-Kenitra

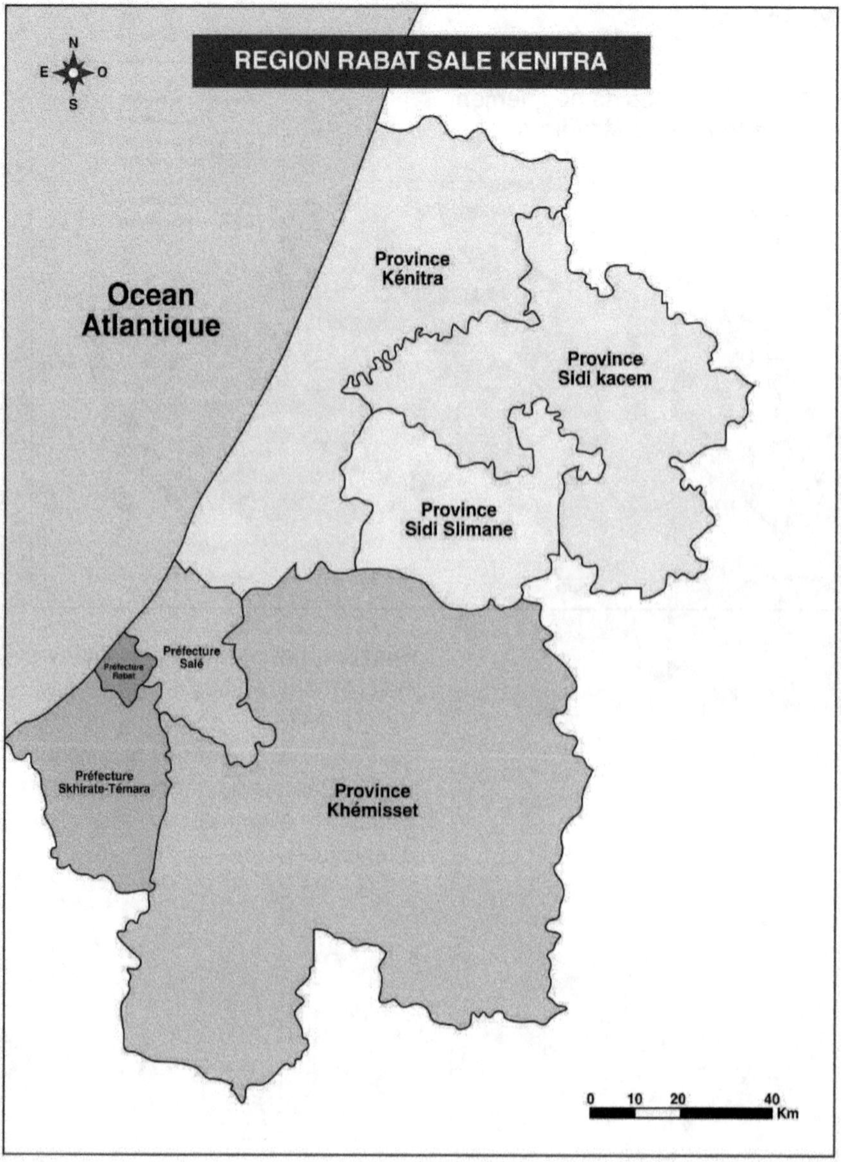

Source : Ministère de l'intérieur (Direction des collectivités locales), Monographie générale, La région de Rabat-Salé-Kénitra, 2015.

- **Gain net de superficie forestière au Maroc**

Le Maroc est l'un des pays dans le monde où les terres agricoles ont reculé au profit de la superficie forestière.

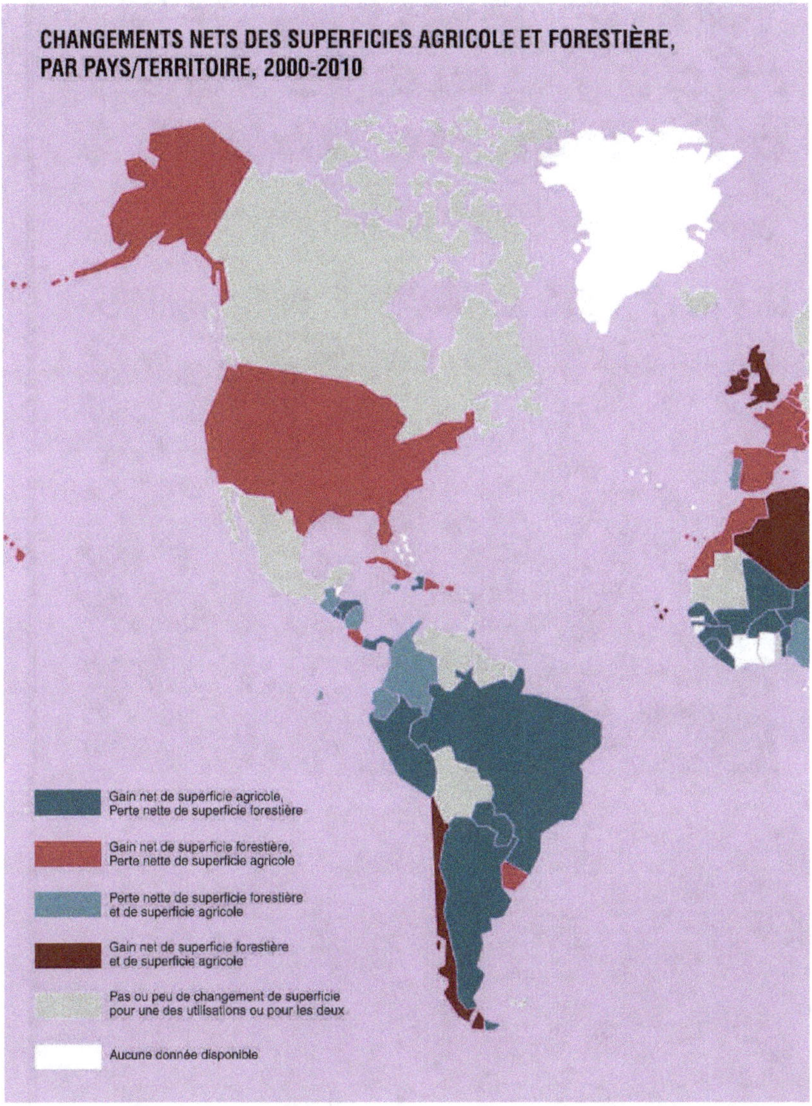

Source : FAO, Situation des forêts du monde, résumé, 2016, *Forêts et agriculture : défis et possibilités concernant l'utilisation des terres.*

- Insolite : Une ancienne photo d'une énorme Panthère tuée par des indigènes tout de près de Rabat.

Une panthère rôdait dans la forêt à 25 km. de Rabat...

...aux abords de la piste de Skrirat à Sidi-Bettache

LE FAUVE A ÉTÉ ABATTU PAR DES INDIGÈNES

La panthère du Maroc est un bel animal, témoin celle-ci, qui fut abattue l'an dernier à proximité d'Ifrane

Rabat, 12 avril. — Samedi après-midi, à 25 kilomètres de Rabat, une grosse panthère a été tuée par des indigènes, dans la tribu des Beni-Abid des Zaër. Le fait est assez remarquable pour être relaté en détail. En effet, si tous les ans on tue des panthères au Maroc, cela se produit généralement dans la région d'Azrou ou de Boulemane. Une panthère tuée tout près de Rabat, c'est donc un cas tout-à-fait exceptionnel.

Donc dans l'après-midi de samedi vers 15 heures, près du domaine de M. Maurice, colon et apiculteur, situé à 25 kilomètres de Skrirat, sur la piste de Skrirat à Sidi-Bettache, un gardien de chèvres vit subitement apparaître une grosse panthère au milieu de son troupeau. Affolé, il courut dans sa tribu pour demander du secours. Pendant ce temps le fauve s'attaquait aux chèvres qui se dispersaient effrayées.

Peu après, les indigènes organisaient une battue et cernèrent le fauve dans le ravin dit de « Nocitrine », un peu au-dessus des ruches de M. Maurice. Les indigènes tirèrent sur la bête. Un coup de fusil lui cassa les reins.

Voyant que la panthère ne se traînait plus que péniblement, un indigène, Bouazza ben Abdallah s'approcha d'elle et lui logea une balle dans l'œil.

La panthère tomba foudroyée. Elle a été transporté ce matin à Rabat où nous avons pu la voir. Il s'agit d'un énorme mâle aux griffes et aux crocs impressionnants.

Il est heureux que le fauve ait été abattu, car, les abords de l'endroit où il fut tué, sont les dimanches et jour de fête, durant la belle saison, un rendez-vous de pique-niqueurs très fréquenté par les habitants de Rabat et de Casablanca.

NOTES

[i] Les principales conventions internationales dont le but est la protection de l'environnement sont :
– La Convention de Carthagène en Colombie du 24 mars 1983 ayant pour but la lutte contre la pollution, de protéger le milieu marin et d'évaluer les impacts environnementaux ;
– La Convention de Vienne adoptée le 22 mars 1985 sous l'égide du PNUE et entrée en vigueur le 22 septembre 1988 pour donner suite au constat dans les années 1970-1980 de l'appauvrissement de la couche d'ozone stratosphérique qui protège la terre de l'ultraviolet B et de la progression des émissions des chlorofluorocarbures et des hydrofluorocarbures ;
– La Convention de Bale et le protocole de Madrid sur le contrôle des mouvements transfrontaliers de déchets dangereux, mis en place afin de réduire la circulation des déchets dangereux entre les pays, notamment le transfert de déchets dangereux des pays développés vers les pays en développement ;
– La Convention-cadre des Nations unies sur les changements climatiques pour remédier à l'accroissement du niveau des gaz à effet de serre dans l'atmosphère.

[ii] L'environnement est juridiquement et politiquement un nouveau droit de l'Homme consacré aujourd'hui dans plus de 150 États dans de nombreuses constitutions. La Cour américaine des droits de l'Homme a consacré, dans un avis consultatif du 15 novembre 2017 (OC-23/17), les liens étroits entre droits de l'Homme et droit de l'environnement.

[iii] Le *hard Law* et la *soft Law* ne s'opposent pas, elles se complètent puisque dans les deux cas, c'est du droit. L'expression *soft Law* est utilisée pour désigner des accords, des principes et des déclarations qui ne sont pas juridiquement contraignants. Les instruments de la *soft Law* par contre se retrouvent favorablement dans la sphère internationale. Les résolutions de l'Assemblée générale des Nations unies sont un exemple de la *soft Law*. Le *hard Law* fait généralement référence aux obligations légales qui s'imposent aux parties concernées, et qui peuvent être légalement appliquées devant un tribunal.
[iv] L'expression *soft Law* fait référence à des instruments quasi juridiques (tels que des recommandations ou des lignes directrices) qui n'ont pas de force juridiquement contraignante, ou dont la force contraignante est un peu plus faible que la force contraignante du droit traditionnel. Le *soft Law* est souvent opposé au *hard Law*.

[v] Une étude d'impact sur l'environnement (EIE), parfois appelée étude d'incidence sur l'environnement, est à la fois une procédure administrative et une étude technique, préalable à la réalisation d'un projet important, et qui a pour finalité de donner une estimation optimale des conséquences de l'action humaine, notamment sur l'environnent et la santé. Voir. www.toupie.org.

[vi] Les normes de qualité des eaux superficielles utilisées pour la production de l'eau potable ;

Les normes de qualité des eaux destinées à l'irrigation ;
Les normes de qualité des eaux de surface ;
Les normes de qualité des eaux piscicoles.

[vii] La législation marocaine en matière d'environnement est fortement influencée par le régime français, mais le Maroc dispose également d'un régime musulman datant d'avant le protectorat. Le Maroc disposait donc d'une législation environnementale avant que la question relative à l'environnement ne devienne un souci majeur à l'échelle internationale. Il lui reste encore d'harmoniser la législation environnementale nationale avec les conventions internationales auxquelles il est partie prenante.

[viii] Une multinationale dont l'activité semble purement économique peut jouer un rôle instrumental au service de la politique étrangère du pays où son siège se situe. Ainsi, compte tenu de leur pouvoir traversant les frontières nationales et même si elles sont craintes par les États, les multinationales peuvent être sollicitées par ces derniers pour jouer un rôle politique stratégique en leur faveur.

[ix] Les sociétés-écrans sont des sociétés vides qui n'exercent aucune activité substantielle et créées dans le seul but de contourner les règles de nationalité pour bénéficier d'avantages quant à des investissements.

[x] « Les lois de l'éducation sont les premières que nous recevons. Et, comme elles nous préparent à être citoyens, chaque famille particulière doit être gouvernée sur le plan de la grande famille qui les comprend toutes ». *Voir.* Montesquieu, De l'esprit des lois I, éditions GF Flammarion, p. 155.

[xi] Il existe actuellement plus de 36 ONG (organisations non gouvernementales) œuvrant dans le domaine environnemental, qui représentent les 12 régions du Royaume. La plupart d'entre elles sont très actives et promeuvent une éducation et une sensibilisation à l'environnement, et mènent des activités de sensibilisation du grand public. Ces ONG se réunissent dans un espace créé et baptisé par la fondation Mohammed VI « associations : tous acteurs » où elles présentent diverses initiatives de terrain, des programmes, des projets locaux de développement et plusieurs réalisations.

Les modalités de l'éducation environnementale existent donc bel et bien, vu que le Maroc a fait preuve d'initiative en mettant en place un programme d'éducation à l'environnement et au développement durable ayant pour but de simplifier la compréhension du concept de développement durable au profit des élèves et des jeunes, et de créer un réseau national des clubs d'environnement. Ce programme comprend :

– Une Charte nationale de l'environnement et du développement durable ;
– Une Charte nationale pour l'éducation et la formation ;
– Des Conventions régionales entre le Gouvernement et les 16 régions du pays (actuellement 12 régions) signées devant Sa Majesté à Fès le 14 avril 2009 ;
– Une Convention-cadre de partenariat avec les partenaires (ministère de l'Éducation nationale, ministère de la Jeunesse et Sport, Fondation Mohamed VI pour la protection de l'Environnement, l'Association des Enseignants des Sciences de la Vie et de la Terre « AESVT ».

[xii] En vertu des dispositions de l'article 24 du *Dahir du 10 octobre 1917* sur la conservation et l'exploitation des forêts : « Aucun particulier ne peut user du droit d'arracher ou de défricher ses bois qu'après en avoir fait la déclaration à l'autorité locale de contrôle au moins douze mois à l'avance... ». L'article 26 ajoute que « les collectivités indigènes et les établissements publics ne peuvent faire aucun défrichement de leurs bois, quelle que soit leur situation, sans une autorisation expresse et spéciale de l'autorité supérieure donnée par arrêté Viziriel ».

[xiii] Un accord-cadre a été signé pour un coût de 290 millions de dirhams, dont 150 millions de dirhams financés par l'Agence Nationale des Eaux et Forêts (ANEF) en vue de financer le dispositif de gestion de crise qui s'est révélé être fonctionnel et efficace lors des incendies qui s'étaient propagés en 2022 dans différentes forêts du Royaume.

[xiv] Le ravageur bombyx disparate, un papillon parmi les plus célèbres au monde. Il fait partie des espèces constituant les écosystèmes subéricoles (forêt de chêne-liège) au Maroc, notamment dans la forêt de Maâmora.

[xv] Après la période coloniale, l'État malgache s'est lancé dans un nouveau chantier révolutionnaire ayant pour but de préserver ses forêts. Ainsi, il a commencé à déléguer la gestion de ses forêts aux populations locales. Cependant, ne sont concernés que les forêts domaniales, les forêts classées et les réserves forestières, les stations forestières, les peuplements artificiels, les zones d'utilisation et d'occupations contrôlées et les zones périphériques de ces aires. Ainsi, par le biais d'un contrat, ces processus de transfert de gestion cherchent à trouver un commun accord entre les différents usagers et gestionnaires de ces ressources, afin de mettre en place une gestion durable des ressources forestières. La croissance démographique ainsi que l'arrivée de nouveaux utilisateurs de la forêt sont des facteurs qui ont ajouté plus de pression sur les ressources forestières malgaches, ce qui a causé leur dégradation dont les effets continuent de sévir jusqu'à aujourd'hui.

[xvi] Il existe à Madagascar deux dispositifs de transfert de gestion des ressources forestières : les contrats dits GELOSE (GEstion LOcale SEcurisée) et les contrats dits GCF (Gestion Contractuelle des Forêts).

[xvii] La relation entre pays développés et pays en développement n'a pas toujours été bénéfique à ces derniers. En effet, en 2006, un navire en provenance d'Amsterdam, le Probo Koala, a débarqué à Abidjan ses déchets dangereux. Cette affaire a fait écho vu les graves répercussions sanitaires, économiques et écologiques que ce déversement a causées. Voir. Delphine DENOISEAUX, l'exportation de déchets dangereux vers l'Afrique : le cas de Probo Koala, Courrier hebdomadaire du CRISP, n° 2071, 2010, p. 5.

[xviii] Jusqu'à maintenant, le Maroc n'a pas encore intégré le programme REDD dans sa politique environnementale et demeure uniquement un partenaire de l'UN-REDD. Pour l'instant, tout ce qui se rapporte à ce mécanisme n'est que simples spéculations et questionnements, vu qu'il n'a pas encore été appliqué sur l'intégralité des forêts marocaines.

[xix] Un projet-pilote est une étude préliminaire à petite échelle qui sert à déterminer les potentialités du projet et à évaluer les risques. Ce qui explique le fait que la forêt de la Maâmora soit la seule forêt au Maroc où le programme REDD a été expérimenté. Cette forêt a été particulièrement choisie parce qu'elle est le milieu forestier le mieux étudié du Royaume. Ce qui implique que, pour démarrer, le programme REDD a au moins une base préexistante, y compris le mécanisme de CMD.

[xx] En plus des droits et obligations substantiels (comme le droit à un environnement sain), la Déclaration de Rio reconnaît d'autres droits de nature procédurale, parmi lesquels le principe 10 occupe une place prépondérante. Ce principe garantit aux individus le droit à l'information, à la participation aux processus décisionnels et à l'accès à la justice en matière environnementale. Plutôt que d'être des objectifs autonomes, ces droits servent de moyens pour atteindre les objectifs principaux. En Europe, la mise en œuvre du principe 10 a été facilitée par l'adoption de la Convention d'Aarhus sur l'accès à l'information. Cet instrument de démocratie environnementale a renforcé l'efficacité de ces trois droits procéduraux au sein des États de l'Union européenne.

[xxi] L'élevage fournit plus de la moitié de la valeur de la production agricole mondiale et un tiers de celle des pays en développement. Voir. Martin Upton, Rôle de l'élevage dans le développement économique et lutte contre la pauvreté, résumé analytique.

[xxii] Hardin est célèbre par son fameux article publié en 1968 dans lequel il a souligné que la demande en ressources naturelles allait sensiblement augmenter à cause de l'accroissement de la population mondiale, et que le risque de générer des relations conflictuelles quant à l'accès à ces ressources serait élevé et causerait la ruine d'un bon nombre d'entre elles.

[xxiii] Le Maroc dénombre actuellement plus de 150 associations pastorales. Ce qui correspond à 7000 adhérents. Dans la forêt de la Maâmora, il existe 19 associations et une coopérative qui perçoivent des rémunérations en contrepartie du respect des mises en défens.

[xxiv] Le document intitulé « les limites à la croissance (dans un monde fini) », également connu sous le nom de Rapport du Club de Rome ou Rapport Meadows, a été rédigé par les écologues Donella Meadows et Dennis Meadows. Commandé par le club de Rome, ce rapport a été publié en 1972 et a depuis fait l'objet de mises à jour en 1992, 2004 et 2012. Il demeure une référence majeure dans les débats et les critiques concernant les liens entre les conséquences écologiques de la croissance économique, la limitation des ressources et l'évolution démographique.

[xxv] Le sommet mondial du développement durable (SMDD), qui s'est tenu à Johannesburg du 26 août au 4 septembre 2002, marque la conclusion de dix années de discussions sur le développement durable ainsi que de trente années de débats sur l'environnement, en commençant par la conférence des Nations unies de Stockholm en 1972.

[xxvi] Sous les tendances actuelles de globalisation et de déréglementation, la protection de l'environnement au niveau national comme au niveau international est en train d'échapper au contrôle des institutions publiques. Effectivement, les institutions privées ainsi que les grandes entreprises sont en train d'accaparer cette tâche de protection environnementale, ce qui leur permet d'en profiter à leur guise en mettant la pression sur les législations nationales afin de réaliser des objectifs qui n'intéressent pas vraiment l'intérêt général.

[xxvii] Le droit pénal moderne repose sur des principes philosophiques fondateurs qui datent de la Révolution française de 1789 et qui ont acquis par la suite une valeur constitutionnelle dans plusieurs États. La Déclaration universelle des droits de l'homme et du citoyen, qui viendra après en 1971 et qui fera office de préambule à la première Constitution de la Révolution française, est la traduction des théories relatives au contrat social, élaborées par Hobbes, puis par Rousseau.

Structures éditoriales du groupe L'Harmattan

L'Harmattan Italie
Via degli Artisti, 15
10124 Torino
harmattan.italia@gmail.com

L'Harmattan Hongrie
Kossuth l. u. 14-16.
1053 Budapest
harmattan@harmattan.hu

L'Harmattan Sénégal
10 VDN en face Mermoz
BP 45034 Dakar-Fann
senharmattan@gmail.com

L'Harmattan Cameroun
TSINGA/FECAFOOT
BP 11486 Yaoundé
inkoukam@gmail.com

L'Harmattan Burkina Faso
Achille Somé – tengnule@hotmail.fr

L'Harmattan Guinée
Almamya, rue KA 028 OKB Agency
BP 3470 Conakry
harmattanguinee@yahoo.fr

L'Harmattan RDC
185, avenue Nyangwe
Commune de Lingwala – Kinshasa
matangilamusadila@yahoo.fr

L'Harmattan Congo
219, avenue Nelson Mandela
BP 2874 Brazzaville
harmattan.congo@yahoo.fr

L'Harmattan Mali
ACI 2000 - Immeuble Mgr Jean Marie Cisse
Bureau 10
BP 145 Bamako-Mali
mali@harmattan.fr

L'Harmattan Togo
Djidjole – Lomé
Maison Amela
face EPP BATOME
ddamela@aol.com

L'Harmattan Côte d'Ivoire
Résidence Karl – Cité des Arts
Abidjan-Cocody
03 BP 1588 Abidjan
espace_harmattan.ci@hotmail.fr

Nos librairies en France

Librairie internationale
16, rue des Écoles
75005 Paris
librairie.internationale@harmattan.fr
01 40 46 79 11
www.librairieharmattan.com

Librairie des savoirs
21, rue des Écoles
75005 Paris
librairie.sh@harmattan.fr
01 46 34 13 71
www.librairieharmattansh.com

Librairie Le Lucernaire
53, rue Notre-Dame-des-Champs
75006 Paris
librairie@lucernaire.fr
01 42 22 67 13

www.ingramcontent.com/pod-product-compliance
Lightning Source LLC
LaVergne TN
LVHW080930071026
849535LV00013B/4160